湖南民营经济发展报告

(2023)

湖南省工商业联合会 编

中华工商联合出版社

图书在版编目（CIP）数据

湖南民营经济发展报告.2023 / 湖南省工商业联合会编.-- 北京：中华工商联合出版社，2024.8.
ISBN 978-7-5158-4073-4

Ⅰ.F127.64

中国国家版本馆CIP数据核字第2024TG6482号

湖南民营经济发展报告（2023）

编　　　者：	湖南省工商业联合会
出 品 人：	刘　刚
责任编辑：	李红霞　孟　丹
装帧设计：	山海慧（北京）文化传媒有限公司
责任审读：	付德华
责任印制：	陈德松
出版发行：	中华工商联合出版社有限责任公司
印　　刷：	长沙印通印刷有限公司
版　　次：	2024年8月第1版
印　　次：	2024年8月第1次印刷
开　　本：	710mm×1000mm　1/16
字　　数：	288千字
印　　张：	15.5
书　　号：	ISBN 978-7-5158-4073-4
定　　价：	89.00元

服务热线：010—58301130—0（前台）
销售热线：010—58302977（网店部）
　　　　　010—58302166（门店部）
　　　　　010—58302837（馆配部、新媒体部）
　　　　　010—58302813（团购部）
地址邮编：北京市西城区西环广场A座
　　　　　19—20层，100044
http://www.chgslcbs.cn
投稿热线：010—58302907（总编室）
投稿邮箱：1621239583@qq.com

工商联版图书
版权所有　侵权必究

凡本社图书出现印装质量问题，请与印务部联系。
联系电话：010—58302915

编委会

顾　问：隋忠诚

主　任：张　健

副主任：陈献春　刘事青　王卫安　向世聪
　　　　钱俊君　谢商文　刘卫东　向延华
　　　　欧阳志刚

编　委：（按姓氏笔画排序）
　　　　刘建平　李征宇　姚　玲　贺　勇
　　　　夏俊辉　梁宏梅　符巨波　蒋春辉
　　　　熊福义

主　编：湖南省工商业联合会

协　编：湖南省工业和信息化厅
　　　　湖南省统计局
　　　　湖南省市场监督管理局

支持单位： 湖南省人民政府办公厅

湖南省发展和改革委员会

湖南省科学技术厅

湖南省民政厅

湖南省财政厅

湖南省人力资源和社会保障厅

湖南省商务厅

国家税务总局湖南省税务局

中国人民银行湖南省分行

湖南省民营经济研究会

撰 稿 人：（按姓氏笔画排序）

文 韬　卢盛勇　伍帝灵　向 勇

向雪真　刘潇婷　李诗林　李 唯

杨兴林　肖成晃　陈 荣　张 军

周玉林　周建华　周振坤　周颖江

赵 静　侯勇毅　姚承慧　夏威龙

黄 群　曹亚臻　蒋春辉　喻多娇

谭妍滢

目 录

报告篇

湖南省民营经济发展报告 …………………………………………………… 1
三湘民营企业百强调研分析报告 …………………………………………… 15
湖南省中小企业发展工作情况报告 ………………………………………… 59
湖南民营经济发展情况统计分析报告 ……………………………………… 63
湖南省经营主体发展报告 …………………………………………………… 67
湖南省民间投资发展现状报告 ……………………………………………… 117
湖南省高新技术产业民营经济发展情况分析报告 ………………………… 120
湖南省行业协会商会发展报告 ……………………………………………… 126
促进民营经济发展工作情况报告 …………………………………………… 130
湖南省民营经济对外贸易发展情况分析报告 ……………………………… 136
湖南省金融支持民营经济发展报告 ………………………………………… 141
湖南省民营经济纳税情况分析报告 ………………………………………… 146
湖南省民营企业产品质量情况分析报告 …………………………………… 150

市州篇

长沙市民营经济发展报告 …………………………………………………… 157
衡阳市民营经济发展报告 …………………………………………………… 163

株洲市民营经济发展报告	169
湘潭市民营经济发展报告	176
邵阳市民营经济发展报告	185
岳阳市民营经济发展报告	190
常德市民营经济发展报告	197
张家界市民营经济发展报告	202
益阳市民营经济发展报告	208
郴州市民营经济发展报告	214
永州市民营经济发展报告	220
怀化市民营经济发展报告	227
娄底市民营经济发展报告	232
湘西自治州民营经济发展报告	238

报 告 篇

湖南省民营经济发展报告

湖南省工商业联合会

2023年是全面贯彻党的二十大精神的开局之年，湖南全省围绕实现"三高四新"美好蓝图，坚持"稳进高新"工作思路，深入实施"湘商回归"工程，持续推进民营经济"六个一"工作，开展"经营主体提升年"活动。在党中央、国务院出台"民营经济31条"后，及时出台湖南省"民营经济30条"，民营经济主要指标稳中有进、稳中向好，成为湖南省高质量发展重要引擎。同时，也要看到，外部环境仍然复杂严峻、市场整体走弱，民营经济恢复不及预期，生存和发展压力较大，发展信心还需进一步提振，仍须综合施策、纾困解难、加快发展。

一、湖南省民营经济发展现状和特点

（一）主要经济指标稳定增长，市场主体地位保持稳固

1. 总量占比继续扩大

2023年，全省地区生产总值50 012.9亿元，同比增长4.6%。其中，民营经济增加值34 428.56亿元，同比增长4.5%，增速较上年加快0.2个百分点，占全省地区生产总值的68.8%。全省14个市州民营经济稳步增长，其中长沙、

株洲、湘潭、衡阳、邵阳、郴州、怀化和娄底8个地区分别增长4.9%、4.8%、4.8%、5.4%、4.9%、4.9%、6.1%和4.8%，增速高于全省平均水平，为拉动全省经济增长作出了突出贡献（见图1）。同时，2023年全年规模以上工业增加值比上年增长5.1%。其中，民营企业增加值增长5.2%，占规模以上工业的比重为64.4%，有力带动了全省工业恢复和发展。

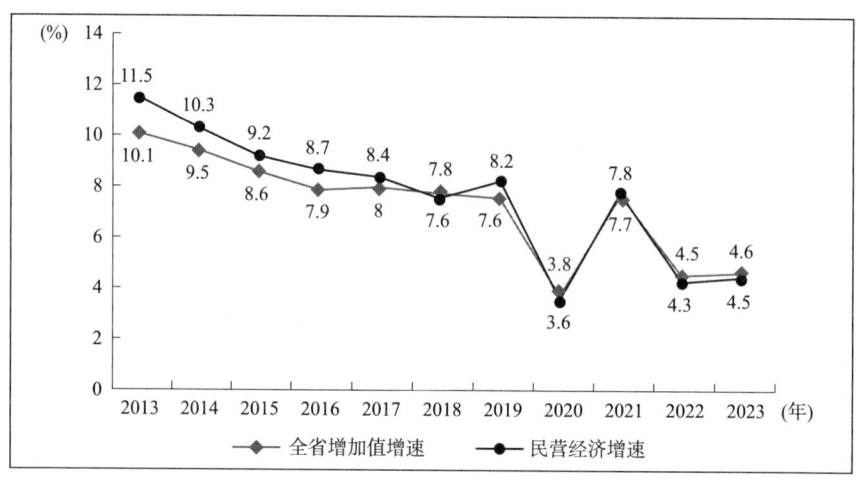

图1　2013—2023年湖南全省、民营经济发展增速

2. 投资外贸稳步回升

全省民间投资增长0.8%，较全省固定资产投资增速快3.9个百分点，较全国民间投资增速快1.2个百分点，占全部投资的64%，排全国第2位（江苏66.5%），成为拉动全省投资回升的主要力量。2023年，全省新增外贸注册企业4 900余家，累计2.9万余家，其中AEO企业总量104家、增长67.7%。2023年，全省有进出口记录的经营主体共8 384家，其中，民营企业为7 930家，进出口额共计4 927.7亿元，占外贸总值的79.8%。"一带一路"倡议提出十年来，湖南省累计新增境外企业1 040家，对外实际投资额达126亿美元，其中，民营企业占比超九成，境外投资已走进109个国家和地区，更好地带动了湖南产品、装备、技术、服务、标准"走出去"。另一方面，2023年民营企业进出口值增速同比下降了14.67%，表明外部经济整体复苏乏力对湖南省外贸企业影响较大（见图2）。

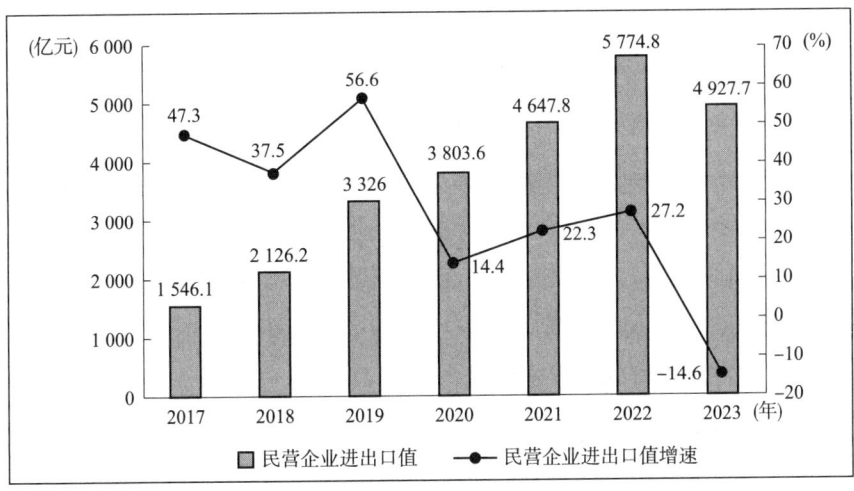

图2　2017—2023年湖南民营企业进出口情况

3. 市场主体持续增长

2023年，全省实有经营主体突破700万户，达到712.78万户，增长12.2%。其中，民营市场主体为697.48万户，增长12.1%，占全省市场主体的97.85%；全省企业数突破190万户，达到190.02万户，增长20.4%。其中私营企业有174.71万户，增长21.0%，占全省企业数92.1%；个体工商户突破500万户，达到510.55万户，增长9.6%；农民专业合作社突破12万户，达到12.22万户，增长2.2%（见表1）。

表1　2023年全省经营主体情况

单位：户、亿元、%

		户数		资本总额	
		绝对值	增幅	绝对值	增幅
全部经营主体		7 127 835	12.2	140 506.96	9.5
1. 企业		1 900 184	20.4	131 501.54	9.8
其中	国有、集体及其控股企业	139 268	15.1	41 737.94	9.4
	私营企业	1 747 138	21.0	80 736.91	10.8
	外商投资企业	13 778	9.4	9 026.69	3.2
2. 个体工商户		5 105 471	9.6	5 660.02	8.1
3. 农民专业合作社		122 180	2.2	3 345.40	1.3

4. 湘商回归成果丰硕

2023年，省市县三级统战部、工商联广泛开展"情暖湘商"行动，全省14个市州招商引资热情高涨。春节期间，全省开展项目推介226场次，签约项目900个、投资4856亿元；国庆中秋举办对接活动1514场，签约项目596个、投资1697亿元。2023年，湘商回归新注册企业、到位资金历史性突破1000家、5000亿元关口，达到1360家、5916.2亿元，分别增长42.7%、32.2%。到年末，全球湘商超400万人，产业遍布世界180多个国家和地区，在外湘商资产规模超4万亿元，在湘投资的世界500强企业达211家。

（二）规模实力不断增强，主要行业支撑有力

1. 企业实力逐年增强

2022年三湘民营企业百强入围门槛由营业收入21.90亿元上升到27.75亿元，提高26.71%（见图3）。

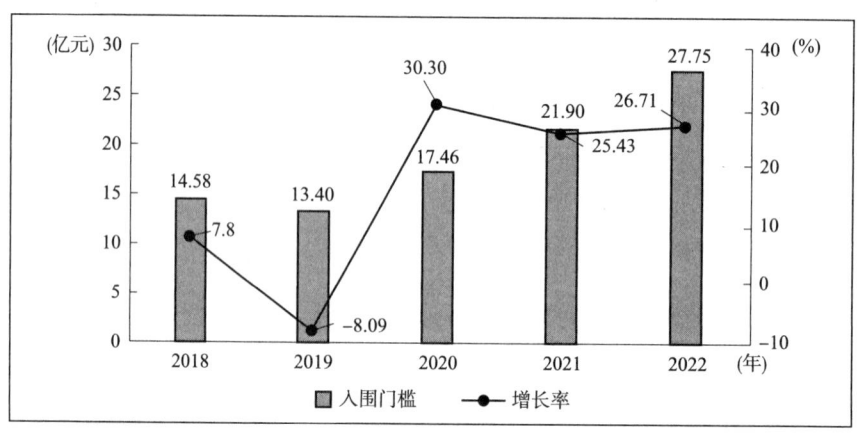

图3　2018—2022年三湘民营企业百强入围门槛变化情况

上榜"2023中国民营企业500强"的企业7家，分别是三一集团、大汉控股集团、湖南博长控股集团、湖南裕能新能源电池材料有限公司、湖南五江控股集团、金东投资集团、唐人神集团。营收过千亿元的企业1家，为三一集团有限公司，较上年减少1家（蓝思科技集团本年度未申报）。上榜在湘企业行业分布较集中，主要是制造业、商务服务业（见表2）。至2003年年末，湖南股交所共有挂牌企业1553家，累计实现融资1306.3亿元，其中98%以上为

民营企业。全省共有 A 股上市公司 146 家，其中，民营上市公司 86 家。

表 2　上榜"2023 中国民营企业 500 强"的在湘企业

单位：亿元

2022 年排名	2021 年排名	企业名称	所属行业	2022 年营业收入	2021 年营业收入
68	49	三一集团有限公司	专用设备制造业	1 262.27	1 545.60
165	143	大汉控股集团有限公司	商务服务业	636.70	675.32
177	161	湖南博长控股集团有限公司	黑色金属冶炼和压延加工业	612.31	621.58
282	—	湖南裕能新能源电池材料股份有限公司	电气机械和器材制造业	427.90	70.68
288	313	湖南五江控股集团有限公司	金属制品业	418.46	369.87
371	365	金东投资集团有限公司	酒、饮料和精制茶制造业	335.46	319.49
432	—	唐人神集团	农副食品加工业	308.52	217.42

2. 创新能力不断提高

2023 年，全省高新技术企业 16 427 家，评价入库科技型中小企业 33 184 家，其中，民营企业分别占 98.3% 以上、95% 以上。全省企业研发经费 984.72 亿元，占全省研发经费 83.79%。全省立项的 12 个科技攻关"揭榜挂帅"项目，民营企业参与 10 项；省"三尖"创新人才工程支持人才 132 人，其中民营企业 98 人，占 74%；创新创业领军人才计划立项 65 项，民营企业 61 项，占比 94%。目前，民营企业共牵头组建 1 家国家工程技术研究中心（全省 14 家）、3 家国家工程研究中心（全省 12 家）、35 家国家企业技术中心（全省 68 家）、8 家省重点实验室（全省 389 家）、364 家省工程技术研究中心（全省 811 家）。截至 2023 年年底，湖南省累计拥有国家级制造业单项冠军企业 72 家，国家级专精特新"小巨人"企业 496 家（2023 年新增 116 家），省级专精特新"小巨人"企业 3 762 家（2023 年新增 1 787 家），全省民营企业科技创新水平正不断提高，已成为全省科技创新的重要力量。

3. 主要行业支撑有力

2023 年，全省民营经济行业整体运行比较平稳。其中，住宿餐馆业、交通运输仓储邮政业、批发和零售业、工业和金融业增加值增速高于或等于全省平均水平，发挥了重要支撑作用，分别同比增长 11.4%、6.1%、5.8%、5.0% 和 4.5%。

受房地产市场不景气影响，建筑业增长1.5%、房地产业下降2.8%。民营经济三次产业协调发展，呈现"三二一"格局，结构为13.3∶38.1∶48.6。其中，一、二、三产业分别实现增加值4 588.80亿元、13 107.37亿元、16 732.39亿元，同比分别增长3.5%、4.3%、5.0%，表明第三产业发展最快，成为民营经济发展的领头羊。

4. 区域发展态势良好

长株潭地区民营经济增加值13 659.76亿元，占全省民营经济总量的39.7%；洞庭湖地区民营经济增加值8 057.61亿元，占全省民营经济总量的23.4%；湘南地区民营经济增加值7 109.28亿元，占全省民营经济总量的20.7%；大湘西地区民营经济增加值5 582.48亿元，占全省民营经济总量的16.2%。

（三）税收占比有所提高，社会贡献依然突出

受经济复苏拉动，叠加上年增值税留抵退税带来的低基数影响，2023年湖南民营经济税收[①]实现恢复性增长，缴纳各项税收2 146.8亿元，同比增长19.3%，较整体增速快7.7个百分点，对全省税收增收的贡献率达到74.5%，为拉动全省税收增长的主要力量。民营经济税收占全省税收总量的比例达到47.8%，较2022年上升3.1个百分点，在不含外资的情况下，已接近税收总量的五成，显示民营经济在湖南经济社会中举足轻重的作用。从税种看，增值税和企业所得税是湖南省民营经济规模前两名的税种，2023年民营经济入库增值税1 075.5亿元，在上年办理大规模留抵退税带来的低基数上，同比增长56.7%，占全部民营税收的50.1%，高于增值税整体占比14.5个百分点；入库企业所得税348.6亿元，同比下降4.7%，占全部民营税收的16.2%，高于企业所得税3.6个百分点（整体占比）。增值税反应当前企业交易状况，企业所得税反映当前企业盈利能力，民营经济两者占比高于整体水平，表明相较于其他经济类型，湖南省民营经济发展质效更好，税收"含金量"更高。但民营经济企业所得税较上年出现了下滑，表明在经济波动下，民营经济发展承受一定压力。民生事业中，民营企业"扛大旗""出大力"，贡献了全省90%以上的新

---

① 根据国家税务总局新民营经济税收口径进行了调整，现口径下民营经济包括民营企业和个体工商户，其中民营企业包括股份合作企业、联营企业（非国有控股）、有限责任公司（非国有控股）、股份有限公司（非国有控股）、私营企业、其他内资企业，较以前有所变化。

增城镇劳动就业。8 179家企业结对帮扶7 265个村,实施兴村项目近1万个,总投资1 132亿元,乡村振兴参与企业、帮扶村、投资项目和投入资金分别增长77%、72%、82%和66%。93家民营企业、商协会赴15个重点县考察签约,实施"民企兴县 跨越同行"行动。其中,在新化县民营企业投入资金8 750万元,帮扶销售农产品2 600多万元。参加"中国光彩事业西藏行"活动,签约项目4个、总投资2亿元。开展"民企高校携手促就业"等招聘活动,5 546家民营企业为高校毕业生提供11万余个就业岗位。

二、推动民营经济发展壮大实际举措

(一)积极实施"湘商回归"工程

1. 织密商会招商"工作网"

持续扩大全球湖南商会组织网络,全省工商联联系指导服务的异地商会达950家。其中,省外湘籍商会664家、省内异地商会286家。与46家境外湖南商会保持常态化联系。

2. 打好情暖湘商"乡情牌"

湖南省委、省政府连续高规格召开民营企业家座谈会、湘商回归座谈会等会议,并将会场搬到上海、深圳、北京、老挝、印度尼西亚,省主要领导与湘商及其家属共迎中秋、共叙乡情。省市县三级统战部、工商联积极开展"春暖湘商"大走访大慰问大招商活动,仅春节期间就发送慰问信9万余份,看望慰问湘商及其父母2万余人次,召开新春团拜会、座谈会、招商推介会1 000多场,签约项目1 065个,投资总额4 243.39亿元。

(二)支持民营企业科技创新

1. 成功举办"双创大会"

积极争取全国工商联将科技创新和标准创新大会首次合并会在湖南举办,包括52家民营企业500强负责人在内的500余人参会,签约项目59个、投资427.6亿元。以把长沙打造为全球研发中心城市为契机,推动澳优乳业陈卫院士、爱尔眼科苏国辉院士、北斗微芯张培震院士、继善高科何继善院士、鲲鹏智汇周建平院士、德荣医疗王松灵院士等一批院士专家工作站和巴斯夫杉杉、中伟新能源、楚天科技等研发中心落户湖南、落户长沙。

2. 积极对接高端智力资源

积极争取全国学会支持，先后走访中国机械工程学会、中国汽车工程学会等10余家全国学会，就引进学会资源推动长沙全球研发中心城市建设、深化"科创中国"试点城市、服务科技经济深度融合等方面谋划交流合作。先后赴武汉、上海、广州等地拜访张平文、刘经南等20余位湘籍院士，争取支持和助力。开展中国科协院士专家湖南行暨国情考察活动，邀请省内外多个领域20余位院士专家来长沙考察、调研，引流带动人才、技术等创新要素下沉园区、企业一线。

3. 加强企业创新主体培育

把培育发展创新主体作为稳经济、保增长、促发展重要手段，制订并实施创新主体培育工作方案，分层分类、梯度培育、精准施策。累计培育专精特新中小企业3 702家、专精特新"小巨人"企业496家、国家制造业单项冠军72个；开展规模工业企业创新研发活动全覆盖行动，实施制造业关键产品"揭榜挂帅"和"100个产品创新强基"项目，培育省级企业技术中心1 393个、省级工业设计中心170个、产业技术基础公共服务平台73家。充实科创板上市后备企业库，加大对后备企业的培育和辅导，支持湖南华曙高科技股份有限公司、湖南航天环宇通信科技股份有限公司在上交所科创板上市，融资金融超19亿元。瞄准高端化、智能化、绿色化方向，开展制造业"三品工程"（增品种、提品质、创品牌），培育全国质量标杆企业15家；"智赋万企"行动，60万户企业上云、近4万户企业上平台；绿色制造体系建设加快，国家级绿色工厂136家、绿色园区13个。

（三）依法保护民营企业家合法权益

1. 做实"六个一"工作

建强湖南省民营企业服务中心，完善三级工作体系。湖南省民营企业服务中心覆盖12个市州70个县市区。全年牵头办理70多起重大维权诉求事项，维护了企业合法权益。湖南省民营企业服务中心打造的"五位一体"维权投诉受理体系，被全国工商联推介为10大优秀实践案例。发布2023三湘民营企业百强榜单，营收、资产总额均创历史新高。做好第二届新湖南贡献奖评比，

79个先进集体、100个先进个人受到表彰。

2. 深化涉案企业合规改革

推动213家涉案企业开展合规整改，落实涉案企业合规第三方监督评估机制，促进民营企业合规守法经营。推进商会调解组织建设，全省商会调解组织达到212家。深入推进"万所联万会"，900多家所属商协会与600多家律师事务所建立合作机制。

3. 推动清理拖欠民营企业账款

全面收集惠企政策不兑现和账款支付不到位的问题线索，通过重点个案督促办理一批，通过民营企业服务中心转交一批，通过拖欠中小企业款项登记（投诉）平台交办一批，通过纪检监察机关与公检法司机关协调解决了一批。

（四）金融支持民营企业发展

1. 扩大信贷投放"供血"

2021—2023年，湖南省金融监管局会同省财政厅，对符合条件的银行机构进行风险补偿2.67亿元。2023年全省企业贷款加权平均利率为4.04%，同比下降31个基点；新发放普惠口径小微企业贷款加权平均利率为4.94%，同比下降42个基点。截至2024年3月，全省28家银行机构（不含外资银行、村镇银行）各项贷款余额7.14万亿元，同比增长9.9%，较年初新增3 006.4亿元，其中民营企业贷款余额1.67万亿元，同比增长13.3%，比年初新增1 007.2亿元。新增贷款中民营经济贷款占比较年初提升7.5个百分点。

2. 发展资本市场"赋能"

大力发展多层次资本市场，在区域性股权市场设立科技创新、专精特新、先进制造等特色专板，支持和推动民营企业股权融资。2021—2023年，对75家投资机构给予1.2亿元补助资金。全力支持合格民营企业上市融资，精选优质企业纳入省上市后备资源库培育，2021—2023年，全省共有27家企业首发上市、募资总额372.4亿元。其中，民营上市公司20家、募资164.9亿元。2021—2023年，全省共有39家（次）民营上市公司实现再融资485.7亿元。通过资本赋能，培育壮大了一批民营骨干上市公司，如爱尔眼科、华曙高科、金博股份。

3. 推动融资担保"增信"

推动建设覆盖全省的融担体系，引导融资担保机构持续加大对战略性新兴产业融资增信。到2023年年末，全省共有融资担保公司109家（含再担保公司1家），注册资本520.76亿元。再担保体系机构达62家，支小支农业务规模539.70亿元，实现了政府性融资担保市州机构全覆盖和县市区业务全覆盖，名单制管理内政府性融资担保机构直接融资担保年化综合率0.9%。积极开发特色产品精准服务支持民营中小微企业发展，如湖南农业信贷融资担保有限公司针对开发"粮食贷""油茶贷"等17个一级产品、85个二级产品及华容芥菜、汉寿甲鱼等10个"一县一特"子产品，长沙经济技术开发区担保推出"专利贷""电子商务贷"，浏阳市中小企业融资担保有限公司推出"花炮互助贷"等。截至2023年年末，全省小微企业在保金额847.12亿元，同比增长14.3%。小微企业政策性业务年平均担保费率0.77%，年平均贷款利率为4.44%。

（五）构建亲清新型政商关系

1. 健全落实定期沟通协商机制

全面落实领导干部联系民营企业家机制、民营企业家参与涉企政策制定机制、领导干部与非公经济代表人士交朋友机制、民营企业运行状况季度调查机制等。

2. 开展营商环境主观评价

组织民营企业家参与全国工商联"万家民营企业评营商环境"，2020年湖南综合排名全国第10，2021年第8，2022年第7，2023年获评营商环境"前10省份"。其中，由民营企业填报的"主观数据"五大指标，湖南省均居全国前3位。对全省14个市州、122个县市区和139个省级及以上产业园区开展营商环境主观评价，发挥营商环境"指挥棒"作用。

3. 引导民营企业守法经营

湖南省工商联与省委统战部驻部纪检组共同出台《关于加强湖南省工商联企业家副主席、副会长有关行为规范监督管理办法（试行）》。举办"公检法律企"五方同堂培训，提升民营企业合法经营水平。

三、现阶段湖南民营经济发展存在的主要问题

（一）市场信心回升基础尚不稳固

当前，我国发展面临的外部环境依然复杂严峻，市场整体走弱影响民营企业经营发展预期。湖南省相当一部分民营企业集中在科技含量较低的领域，设备和技术相对落后，产品竞争力不强，议价能力弱，流动资金较少，面临市场需求不足、企业利润下降，经营成本上升，产品缺乏价格优势等问题，民营企业抗风险能力不强，生存和发展压力较大。民营企业运行状况调查结果显示，民营企业对2023年宏观经济运行和生产经营状况的预期尽管有所改善，60.5%的企业预期增长，但仍有39.5%的企业预期下降；从融资计划情况看，仅有不足四成民营企业有融资需求，或者计划扩大生产经营和投资，六成左右持谨慎观望态度，个别民营企业存在"躺平""半躺平"现象。经济回升基础尚不稳固，市场信心有待进一步提振。

（二）对比发达地区实力差距较大

从全国看，浙江、江苏、山东、广东四省民营经济发展水平处于全国前列，湖南民营经济的整体发展水平差距明显。2023年，湖南民营市场主体数量仅占广东（1 744.7万家）的39.97%、山东（1 449.7万家）的48.11%、江苏（1 396.5万家）的49.94%、浙江（1 001万家）的69.67%。"2023中国民营企业500强"中，浙江、江苏、山东、广东分别以108家、89家、52家、50家位居榜单前4位，湖南仅7家入围，全国排名第14位（与天津、安徽并列），在中部6省与安徽并列第4位，仅高于江西。

（三）民营企业创新水平亟待提升

一是推动创新成本较大。据湖南星邦智能装备股份有限公司反映，目前一个国际专利申请成本达10万元，知识产权申请和维护成本较高；作为先进导航技术引领者，湖南中森通信科技股份有限公司反映，由于芯片设计对人才、资金、设备等要求均较高，其企业研发投入占总营收30%以上，研发人员占企业总人数70%以上，研发投入压力大。二是创新型企业较少。湖南省大多

数民营企业仍分布在劳动密集型、中低端技术等传统行业，处于技术含量偏低、附加值低的产业链中下游位置，从事战略性新兴产业的企业数量不多，重生产轻研发现象较为普遍。三是综合创新实力较弱。2023年10月，全国工商联发布的"2023研发投入前1 000家民营企业创新状况报告"显示，湖南入围民营企业仅有22家，居全国第14位，中部地区第5位；研发投入经费171亿元，居中部地区第4位（安徽、江西、河南分别为201亿元、178亿元、175亿元）。四是产业配套率成果转化率不高。除轨道交通外，大部分产业本土配套率不足30%。如汽车产业，长沙本地配套率不高，无法满足整车企业配套需求。科技成果转化率较低，目前，在湘高校科技成果省内转化率约为三分之一。

（四）涉企惠企政策仍需不断完善

2023年，各级各部门密集出台了系列涉企惠企政策，为激发民营经济活力发挥了积极作用，但是有的政策没有达到预期效果。一是政策精准性不强。如"三险合一"规定出台后，工伤保险必须与养老等其他保险绑定购买，部分年龄偏大或返聘人员因无法购买养老保险，进而无法购买工伤险。二是政策操作性不够。有的政策简单地转发上级文件，缺少实用性和可操作性。在人工智能、生命工程、新能源、前沿材料等一些前期投资规模大、研发周期长、不确定性的战略性新兴产业和未来产业领域支持力度弱，缺乏长期稳定的政策措施。

（五）优化营商环境仍需久久为功

营商环境没有最好，只有更好。2023年，湖南省工商联就省营商环境建设进行了专题调研，存在的不足和短板主要体现在四个方面。一是要素支撑有待加强，成本控制面临挑战。电价、气价、物流成本均高于周边省份，民营企业贷款利率高于国有企业。二是创新资源有待整合，驱动能力依然偏弱。三是政务服务有待优化，效率流程存在梗阻。数据共享尚未打通，证照材料要求偏多。四是监管执法有待规范，法治水平亟待提升，过多检查、过度处罚、政府诚信、拖欠账款等问题仍存在。

四、支持民营企业发展壮大的建议

（一）持续提振发展信心

党中央、国务院，湖南省委、省政府先后出台"民营经济31条""民营经济30条"。下一步，要坚决贯彻各项政策部署，继续加大扶持力度，抓实抓好促进民营经济发展壮大一揽子政策和措施落地见效，适时开展各项涉企惠企政策民主监督，增强广大民营企业政策获得感；破除制约民营企业公平参与市场竞争的制度障碍，鼓励民间资本进入法律法规未明确禁止的行业和领域，为民企提供广阔的发展空间；依法维护民营企业产权和企业家权益，采取更有效的措施支持中小微企业和个体工商户发展，把构建亲清政商关系落到实处，为民营经济营造更加优良的发展环境。

（二）加大领军企业培育

立足制造业存量基础优势，加快传统制造业企业的技术改造和设备更新。加大财政资金对民营企业技术改造的支持力度，同时鼓励企业增加研发升级投入，提升制造工艺和技术装备水平，提高技术创新能力，促进产业加快迈向中高端。抓住长沙打造全球研发中心城市机遇，支持企业不断提升核心竞争力，建设一批具有国际竞争力和带动效应的本土创新型领军企业。加快培育专精特新企业和制造业单项冠军企业，量质并举壮大高新技术企业队伍，鼓励互联网平台企业依托市场、技术、数据等优势，赋能实体经济，在创造就业、拓展消费、国际竞争中大显身手，帮助领军企业不断提升市场占有率和产品优势，增强行业影响力，引领带动全省民营经济更快发展。

（三）推动企业转型升级

一是加大对产业转型升级的扶持。进一步研究完善鼓励民营企业大规模设备更新配套支持政策。每年安排一定规模的资金，滚动支持民营企业数字化转型升级，推动传统产业高端化、智能化、绿色化转型发展。二是加大对重点产业链的扶持。研究制定促进新质生产力发展的支持政策，培育发展战略性新兴产业、未来产业。结合湖南省重点产业倍增计划，推动企业强身健体，坚持科技创新与产业创新融合，对 11 条重点产业链制定"一链一策"支持政策。三是加大对企业科技创新的扶持。推进落实园区体制机制改革，建立支持企业科技创新主体地位的工作体制和公共服务体系。在民营企业研发投入、研发设备购置、新技术新产品应用等方面，延续和优化完善相关优惠政策。制定全省促进创业投资高质量发展政策措施，推进科技金融创新，引导集聚创新投资金支持民营科技企业成长。

（四）推动政策落地见效

加强和改进涉企惠企政策的可及性、获得感和满意度。一是在完善政策形成机制上下功夫。凡是涉企政策的制定出台和调整，都要做好广泛调研，要充分征求、听取、吸收企业、企业家和有关商协会意见建议，邀请其参与重大涉企政策制定、审议，提高政策针对性、可操作性。二是在完善政策精准推送上下功夫。要紧紧围绕企业难点堵点痛点，谋划政策顶层设计。现阶段要聚焦降低企业经营成本、创新企业融资模式、招引企业人才等难点痛点问题，提升政策推送精准度。三是在抓实政策督导评估上下功夫。开展促进民营经济发展政策举措落实情况民主监督，加强政策督导评估力度，破解政策落实不到位的主要症结，避免执行过程中的"肠梗阻"。

（五）持续优化营商环境

一是夯实要素支撑。落实市场准入负面清单，持续降低物流、融资、用能等成本，一视同仁对待各类市场主体。二是打造创新生态。探索建立"科技成果价值评估＋市场＋投资基金＋政策性担保＋科技银行"融资模式，加快形成省市县三级联动、线上线下同步的技术市场服务体系。三是优化政务服务。推动民营经济有关的法律法规立改废释，完善知识产权保护体系，完善政府诚信履约机制，开展拖欠民营企业账款专项清理，建立健全涉企审批事项结果及时披露的督查考核机制。四是改进监管执法。推进跨部门综合监管，积极推行"首违不罚＋公益减罚＋轻微处罚"柔性执法，进一步优化省"双随机一公开"综合监管平台，实现实时统计各部门抽查事项覆盖情况、多业务重合检查对象的一次性任务下发、一次性完成多业务事项检查。

三湘民营企业百强调研分析报告

湖南省工商业联合会

经湖南省委、省人民政府批准，从2021年起将"湖南民营企业100强"榜单升级为"三湘民营企业百强榜"，以进一步提升活动层次，扩大活动影响，增强民营企业发展信心，充分展示湖南省民营经济发展成就，促进民营经济高质量发展。2022年，面对需求收缩、供给冲击、预期转弱三重压力，三湘民营企业百强聚焦主业、做精实业，坚持创新驱动，聚焦新技术、新业态、新模式，持续加大研发投入力度，加快数字化转型、绿色低碳发展、品牌培育步伐，自觉走高质量发展道路，努力提升发展质量和水平，实现全年营业收入总额11 026.12亿元，较上年增长2.28%，资产总额11 305.35亿元，较上年增长1.57%。

一、基本情况

（一）三湘民营企业百强整体规模持续提升

2022年，三湘民营企业百强营业收入总额、资产总额均呈现持续增长趋势；三湘民营企业百强入围门槛为27.75亿元，比上年入围门槛增长26.71%；上榜"2023中国民营企业500强"的企业有7家，与上年上榜数量持平。

1. 营业收入总额持续增长

2022年年末，三湘民营企业百强营业收入总额合计为11 026.12亿元，较上年年末提高245.90亿元，同比增长2.28%（见图1）。

2022年三湘民营企业百强营业收入总额突破100亿元的企业为21家，较上年减少1家[①]；营业收入总额在50亿~100亿元的企业为34家，较上年增加14家；

---

① 上年度排第2位的蓝思科技集团本年度未申报。

营业收入总额在20亿~50亿元的企业为45家，较上年减少13家；由于入围门槛的提高，连续两年没有营业收入在10亿~20亿元的企业入围。（见图2）

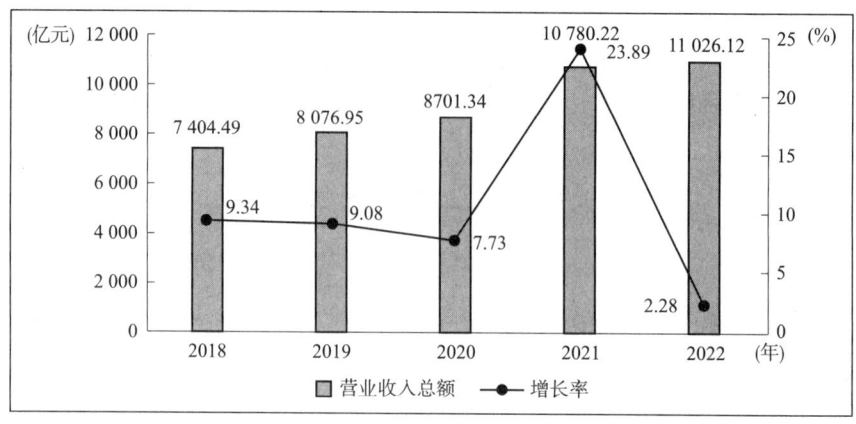

图1　2018—2022年三湘民营企业百强营业收入总额变化情况

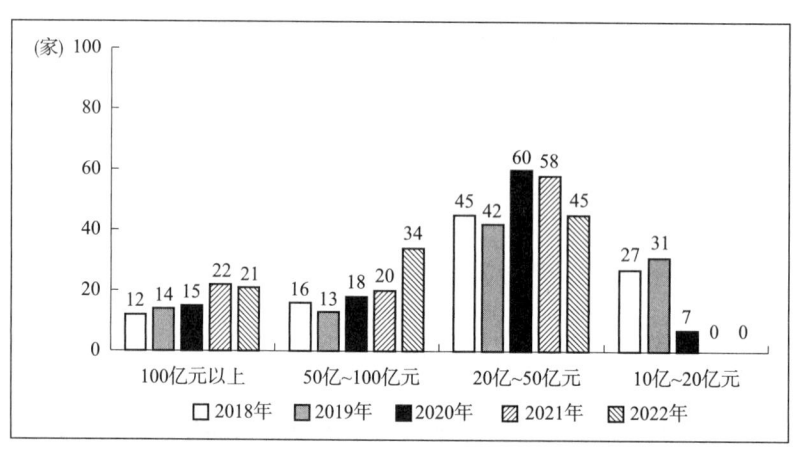

图2　2018—2022年三湘民营企业百强营业收入结构

2022年，三一集团有限公司以1 262.27亿元的营业收入位列榜首，较上年的1 545.60亿元减少283.33亿元；长沙市比亚迪汽车有限公司以878.18亿元的营业收入位居第二，较上年的288.69亿元增加589.49亿元，增幅为204.19%；大汉控股集团有限公司以636.70亿元的营业收入位列第三。2022年三湘民营企业百强营业收入排名前20家的企业入围门槛为123.49亿元，较上年111.56亿元提高10.69%，入围企业主要集中在制造业（11家）和批发零售业（4家）（见表1）。

表1 2022年三湘民营企业百强营业收入前20家

单位：亿元

2022年排名	2021年排名	企业名称	所属市州	所属行业	2022年营业收入	2021年营业收入
1	1	三一集团有限公司	长沙市	专用设备制造业	1 262.27	1 545.60
2	8	长沙市比亚迪汽车有限公司	长沙市	汽车制造业	878.18	288.69
3	3	大汉控股集团有限公司	长沙市	商务服务业	636.70	675.32
4	4	湖南博长控股集团有限公司	娄底市	黑色金属冶炼和压延加工业	612.31	621.58
5	—	湖南裕能新能源电池材料股份有限公司	湘潭市	电气机械和器材制造业	427.90	70.68
6	6	湖南五江控股集团有限公司	娄底市	金属制品业	418.46	369.87
7	7	金东投资集团有限公司	长沙市	酒、饮料和精制茶制造业	335.46	319.49
8	10	唐人神集团	株洲市	农副食品加工业	308.52	217.42
9	21	湖南中伟控股集团有限公司	长沙市	综合	307.39	201.36
10	11	湖南博深实业集团有限公司	长沙市	商务服务业	249.08	169.23
11	12	老百姓大药房连锁股份有限公司	长沙市	零售业	201.76	156.96
12	13	益丰大药房连锁股份有限公司	常德市	零售业	198.86	153.26
13	20	湖南邦普循环科技有限公司	长沙市	废弃资源综合利用业	187.72	111.56
14	—	岳阳东方雨虹防水技术有限责任公司	岳阳市	其他制造业	169.99	17.45
15	14	爱尔眼科医院集团股份有限公司	长沙市	卫生	161.10	150.01
16	—	安克创新科技股份有限公司	长沙市	软件和信息技术服务业	142.51	125.74
17	15	株洲旗滨集团股份有限公司	株洲市	非金属矿物制品业	133.13	146.97
18	18	金杯电工股份有限公司	长沙市	电气机械和器材制造业	132.03	128.32
19	17	湖南联创控股集团有限公司	长沙市	批发业	124.92	132.71
20	16	湖南兰天集团有限公司	株洲市	零售业	123.49	135.26

2. 资产总额稳步上升

2022年，三湘民营企业百强资产总额为11 305.35亿元，较上年11 131.02亿元增加174.33亿元，增长1.57%（见图3）。

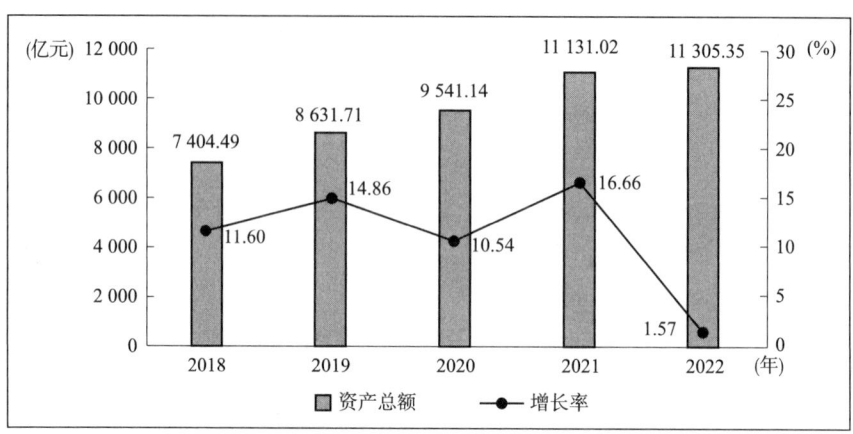

图 3　2018—2022 年三湘民营企业百强资产总额变化情况

从资产总额结构分布来看，2022 年三湘民营企业百强中资产总额超过 100 亿元的企业为 27 家，较上年增加 1 家；资产总额在 50 亿~100 亿元的为 16 家，较上年减少 3 家；资产总额在 10 亿~50 亿元的为 42 家，较上年增加 1 家；资产总额在 10 亿元以下的为 15 家，较上年增加 1 家（见表 2）。

表 2　2018—2022 年三湘民营企业百强资产总额结构

资产总额（亿元）	2022 年企业数量（家）	2021 年企业数量（家）	2020 年企业数量（家）	2019 年企业数量（家）	2018 年企业数量（家）
≥100	27	26	18	14	13
50~100	16	19	18	16	15
10~50	42	41	49	52	48
<10	15	14	15	18	24

2022 年，仅三一集团有限公司资产总额超过千亿元，以 2 788.60 亿元的规模位居三湘民营企业百强资产总额榜首，较上年 2 447.37 亿元增加 341.23 亿元，增幅为 13.94%；湖南五江控股集团有限公司以 689.32 亿元的资产总额位列第二，较上年 657.99 亿元增加 31.33 亿元，增幅为 4.76%；湖南三湘银行股份有限公司以 573.80 亿元的资产总额位列第三。2022 年三湘民营企业百强资产总额排名前 20 家的企业入围门槛为 152.77 亿元，较上年 126.72 亿元提高 20.56%，主要集中在制造业（10 家）和批发零售业（3 家）（见表 3）。

表3 2022年三湘民营企业百强资产总额前20家

单位：亿元

2022年排名	2021年排名	企业名称	所属市州	所属行业	2022年末资产总额	2021年末资产总额
1	1	三一集团有限公司	长沙市	专用设备制造业	2788.60	2447.37
2	3	湖南五江控股集团有限公司	娄底市	金属制品业	689.32	657.99
3	4	湖南三湘银行股份有限公司	长沙市	货币金融服务	573.80	583.76
4	—	湖南中伟控股集团有限公司	长沙市	综合	552.06	294.11
5	12	长沙市比亚迪汽车有限公司	长沙市	汽车制造业	403.53	189.68
6	7	金东投资集团有限公司	长沙市	酒、饮料和精制茶制造业	273.40	237.57
7	8	爱尔眼科医院集团股份有限公司	长沙市	卫生	265.79	218.49
8	—	湖南裕能新能源电池材料股份有限公司	湘潭市	电气机械和器材制造业	264.34	87.26
9	10	株洲旗滨集团股份有限公司	株洲市	非金属矿物制品业	244.34	209.41
10	6	大汉控股集团有限公司	长沙市	商务服务业	218.63	242.81
11	14	老百姓大药房连锁股份有限公司	长沙市	零售业	213.97	169.58
12	13	益丰大药房连锁股份有限公司	常德市	零售业	210.39	172.52
13	11	山河智能装备股份有限公司	长沙市	专用设备制造业	205.80	192.46
14	9	湖南友谊阿波罗控股股份有限公司	长沙市	零售业	201.58	214.65
15	16	唐人神集团	株洲市	农副食品加工业	184.32	145.45
16	15	湖南和立东升实业集团有限公司	长沙市	装卸搬运和仓储业	157.11	155.19
17	25	湖南邦普循环科技有限公司	长沙市	废弃资源综合利用业	156.84	101.64
18	18	湖南博深实业集团有限公司	长沙市	商务服务业	153.82	128.46
19	19	湾田控股集团有公司	长沙市	煤炭开采和洗选业	153.46	127.80
20	17	长沙中联重科环境产业有限公司	长沙市	专用设备制造业	152.77	138.33

3. 参评企业覆盖面扩大，入围门槛再创新高

2022年，湖南省工商联组织的全省上规模民营企业调研，进一步扩大参评企业覆盖面，参与调研的企业数量为281家，较上年增加18家。2022年三湘民营企业百强入围门槛由营业收入21.90亿元上升到27.75亿元，提高26.71%，增长速度持续攀升，入围门槛再创历史新高。

4. 上榜"中国民营企业500强"的数量与上年持平

上榜"2023中国民营企业500强"的企业为7家，分别是三一集团有限公司（第68位）、大汉控股集团有限公司（第165位）、湖南博长控股集团有限公司（177位）、湖南裕能新能源电池材料股份有限公司（第282位）、湖南五江控股集团有限公司（第288位）、金东投资集团有限公司（第371位）、唐人神集团（第432位）。营收过千亿元的企业1家（三一集团有限公司），较上年减少1家①。长沙市比亚迪汽车有限公司营业收入总额为878.18亿元，已达到"2023中国民营企业500强"的入围标准，但由于该公司系"中国民营企业500强"上榜企业比亚迪股份有限公司的子公司，不再重复计入500强榜单。湖南中伟控股集团有限公司营业收入总额已达到"2023中国民营企业500强"的入围标准，但由于该公司旗下上市公司中伟新材料股份有限公司作为贵州企业申报为"2023中国民营企业500强"企业，根据不重复申报原则，该公司未作为湖南企业入围。在行业方面，上榜在湘企业行业分布较集中，主要是制造业、商务服务业领域（见表4）。

表4 上榜"2023中国民营企业500强"的在湘企业

单位：亿元

2022年排名	2021年排名	企业名称	所属行业	2022年营业收入	2021年营业收入
68	49	三一集团有限公司	专用设备制造业	1 262.27	1 545.60
165	143	大汉控股集团有限公司	商务服务业	636.70	675.32
177	161	湖南博长控股集团有限公司	黑色金属冶炼和压延加工业	612.31	621.58
282	—	湖南裕能新能源电池材料股份有限公司	电气机械和器材制造业	427.90	70.68
288	313	湖南五江控股集团有限公司	金属制品业	418.46	369.87
371	365	金东投资集团有限公司	酒、饮料和精制茶制造业	335.46	319.49
432	—	唐人神集团	农副食品加工业	308.52	217.42

（二）三湘民营企业百强利润水平小幅回落

2022年，三湘民营企业百强的利润水平有所下降；销售净利率、资产净利

---

① 上年度排第2位营业收入过千亿元的蓝思科技集团本年度未申报。

率出现小幅下降;单位员工创收能力(人均营业收入)、人均净利润、总资产周转率出现不同程度的上升;但亏损状况有所改善。

1.利润水平有所下降

2022年,三湘民营企业百强税后净利润合计为494.38亿元,较上年减少49.33亿元。因疫情等因素影响,百强企业税后净利润总额连续两年下降(见图4)。

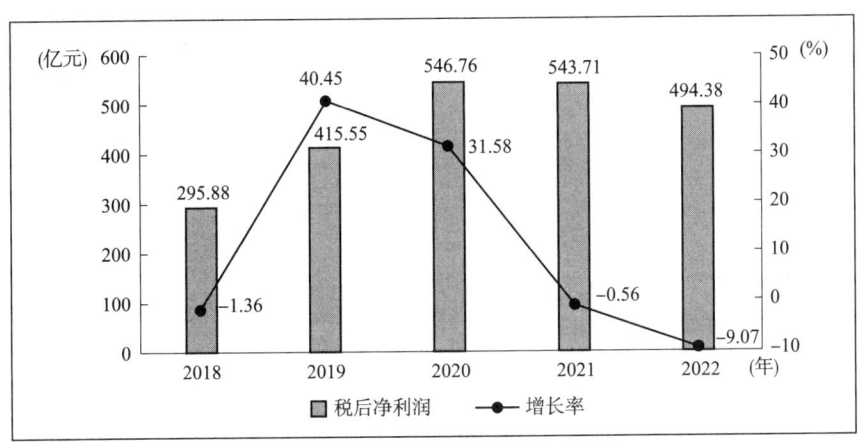

图4 2018—2022年三湘民营企业百强税后净利润变化情况

2022年,三湘民营企业百强税后净利润超过10亿元的企业共14家,较上年增加2家,税后净利润超过10亿元的14家企业合计贡献了税后净利润额323.95亿元,占百强企业税后净利润总额(494.38亿元)的65.53%。其中,三一集团有限公司以67.03亿元的税后净利润位居第一,较上年141.93亿元减少74.9亿元;湖南五江控股集团有限公司以34.5亿元的税后净利润位列第二,较上年34.3亿元增加0.2亿元,增幅为0.58%;湖南裕能新能源电池材料股份有限公司以30.06亿元的税后净利润位列第三,较上年11.84亿元增加18.22亿元,增幅为153.89%。2022年,税后净利润前20家企业的入围门槛为7.52亿元,较上年6.9亿元增加0.62亿元,增幅为8.98%。从行业结构来看,税后净利润前20家企业主要分布在制造业(9家)、批发零售业(2家)、租赁和商务服务业(2家)、综合(3家)等行业。

2.盈利能力和经营效率整体略有下降

从盈利情况来看,2022年三湘民营企业百强销售净利率为4.48%,资产净利率为4.37%,较上年均有所下降(见图5)。

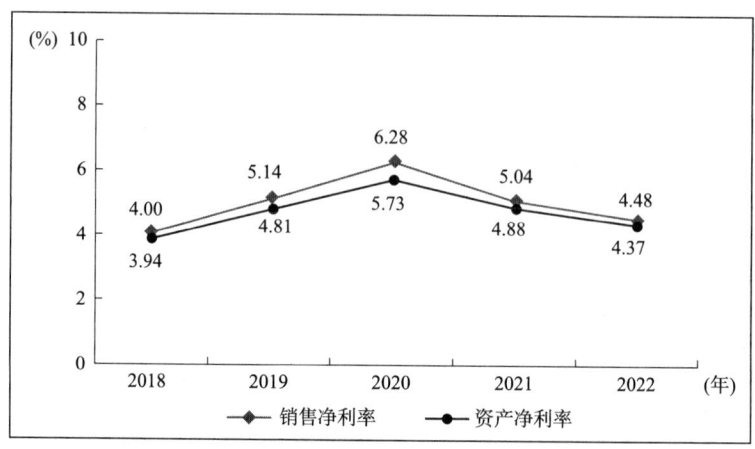

图 5　2018—2022 年三湘民营企业百强盈利变化情况

从经营效率来看，三湘民营企业百强经营效率有所提高。2022 年，三湘民营企业百强人均营业收入为 206.98 万元/人，为近 5 年最高，较上年增加 39.86 万元/人，增幅为 23.85%；总资产周转率为 97.53%，较上年增加 0.68 个百分点；人均净利润为 9.28 万元/人，较上年增加 0.85 万元/人，增幅为 10.09%（见图 6）。

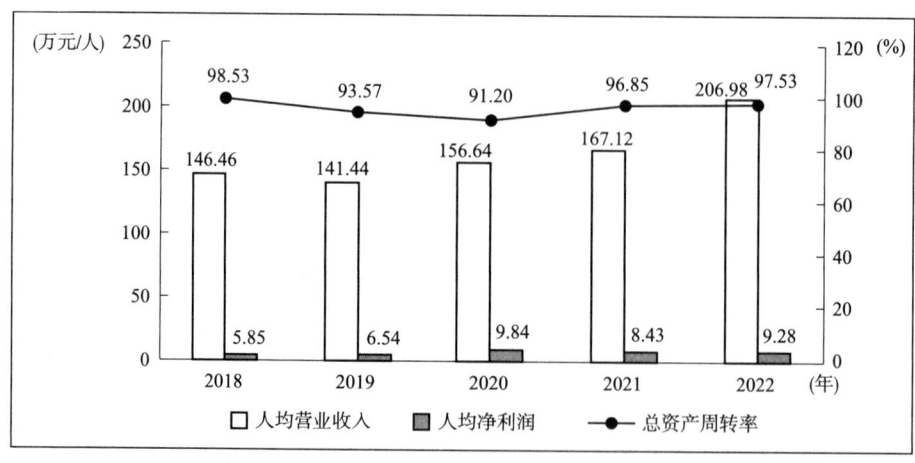

图 6　2018—2022 年三湘民营企业百强经营效率变化情况

2022 年，因疫情影响等原因，三湘民营企业百强共有 7 家企业出现亏损，与上年持平。亏损总额为 20.35 亿元，较上年减少 4.16 亿元，亏损情况有所改善，亏损企业户均亏损额为 2.91 亿元。亏损企业分别为山河智能装备股份有限公司、道道全粮油股份有限公司、湖南博长控股集团有限公司、湖南友谊阿波罗控股股份有限公司、佳邦建设集团有限公司、湖南恒安纸业有限公司、湖南申湘汽车星沙商务广场有限公司。

（三）三湘民营企业百强社会贡献突出

2022年，三湘民营企业百强社会贡献成绩显著，税收贡献度进一步提升，但纳税总额和吸纳就业总数较上年有所下滑。

1. 税收总额有所下降但对全省的贡献度进一步提高

受减税降费力度持续加大影响，三湘民营企业百强纳税总额较上年有所降低。2022年，百强企业纳税总额为348.53亿元，较上年减少26.78亿元，降幅为7.14%。从对全省税收贡献来看，百强企业纳税总额占全省税收总额（2 004.50亿元）的17.39%[①]，较上年增加0.68个百分点，百强企业对全省的税收贡献度进一步提高。（见图7）

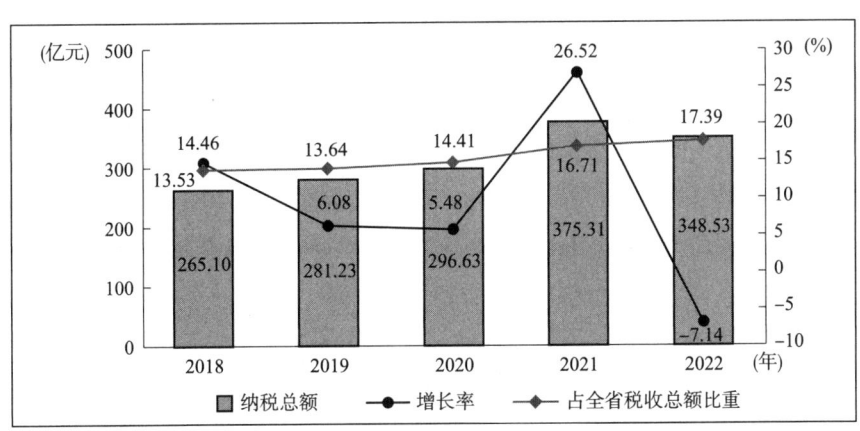

图7　2018—2022年三湘民营企业百强纳税总额变化情况

从纳税额的结构分布看，2022年，三湘民营企业百强中纳税额在5 000万元以上的企业为84家，较上年减少1家。其中，纳税额超过10亿元的企业为7家，较上年增加1家；纳税额在1亿~10亿元的企业为57家，与上年持平；纳税额在5 000万元~1亿元的企业为20家，较上年减少2家；纳税额在5 000万元

---

① 2022年全省税收数据来源于《湖南省2022年国民经济和社会发展统计公报》，2018—2021年全省税收数据来源于《湖南省统计年鉴2022》。

以下的企业为16家，较上年增加1家。

2022年，三一集团有限公司以61.51亿元的纳税额位居榜首，较上年的88.20亿元降低26.69亿元；金东投资集团有限公司以35.74亿元的纳税额位列第二；湖南五江控股集团有限公司、长沙市比亚迪汽车有限公司、湾田控股集团有限公司、株洲旗滨集团股份有限公司、益丰大药房连锁股份有限公司纳税额也超过10亿元，依次为15.63亿元、12.66亿元、12.33亿元、12.13亿元、10.53亿元。2022年三湘民营企业百强纳税额排名前20家的企业入围门槛为4.32亿元，较上年3.82亿元提高13.09%。从细分行业看，2022年，三湘民营企业百强纳税总额排名前五的细分行业分别为专用设备制造业，酒、饮料和精制茶制造业，零售业，房屋建筑业，电气机械和器材制造业。其中，房屋建筑业有14家企业入围。前五大细分行业纳税总额为177.21亿元，占百强企业纳税总额的50.84%，户均4.66亿元。

2. 就业总数有所下降

2022年，三湘民营企业百强就业总数为53.27万人，较上年减少17.42%。主要原因是用工量较大的蓝思科技集团本年度未参与上规模民营企业调研。大企业就业拉动作用明显，吸纳就业人数排名前五的企业共吸纳就业人数19.42万人，占百强企业吸纳就业总人数的36.46%，占比较上年下降7.67个百分点。其中，三一集团有限公司吸纳就业人数最多，达到4.86万人，较上年增加1.16万人，增幅为31.35%；长沙市比亚迪汽车有限公司和益丰大药房连锁股份有限公司吸纳就业人数分别为4.14万人和3.59万人。吸纳就业人数排名前20家企业主要分布在制造业（11家）、批发零售业（3家）、建筑业（1家）等劳动密集型行业。

从行业大类来看，制造业对就业的拉动作用十分明显。百强企业中吸纳就业人数最多的为制造业，达到29万人，占百强企业就业总数的54.44%；其次是批发零售业和建筑业，吸纳就业人数分别为10.11万人和3.67万人，分别占百强企业员工总数的18.99%和6.89%。

从细分行业来看，2022年，三湘民营企业百强吸纳就业人数前五大细分行业分别为零售业、专用设备制造业、汽车制造业、房屋建筑业和金属制品业，员工总数合计为27.7万人，占百强企业员工总数的52%。其中，零售业员工人数最多，达到9.84万人，占百强企业员工总数的18.47%。

（四）三湘民营企业百强产业结构保持稳定

2022年，三湘民营企业百强产业结构分布仍以第二产业为主，制造业依然是主导产业，专用设备制造业、汽车制造业、电气机械和器材制造业等新兴产业表现突出。

1. 产业结构略有调整，第二产业比重最大，第三产业比重有所下降

2022年，三湘民营企业百强的三大产业企业数量比例为4∶62∶34，与上年相比，第一产业增加1家，第二产业数量与上年持平，第三产业减少1家，第一产业企业数量上升，受疫情等因素冲击，第三产业企业数量连续三年下降（见图8）。从产业规模来看，第二产业营业收入总额为7 524.65亿元，占比68.24%；资产总额为7 755.79亿元，占比68.60%；税后净利润为339.70亿元，占比68.71%；缴税总额278.39亿元，占比79.88%；员工总人数为33.32万人，占比62.55%。由此可见，第二产业经营指标规模和社会效益均远高于第一、第三产业。

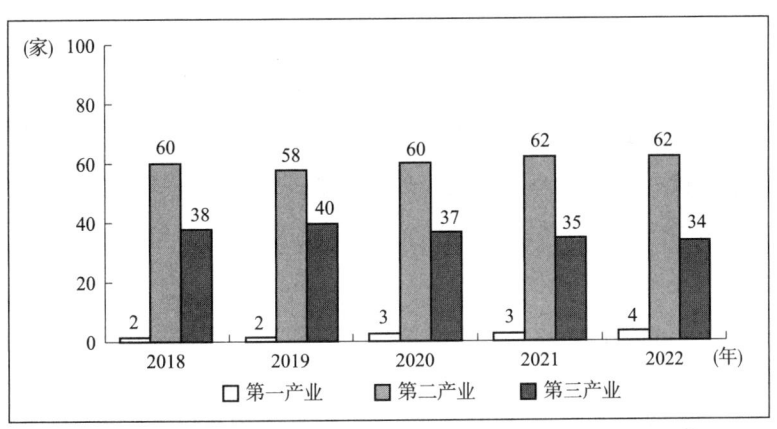

图8 2018—2022年三湘民营企业百强产业结构变化情况

2. 百强企业近五成为制造业企业，数量、规模持续增长，但净利润略有下降

2022年，三湘民营企业百强仍以制造业为主，企业数量46家，较上年增长1家，46家企业共实现营业收入6 735.07亿元，占百强营业收入总额的61.08%；资产总额为7 263.99亿元，占百强资产总额的64.25%；实现税后净利润296.07亿元，占百强税后净利润总额的59.89%；纳税总额为242.78亿元，

占百强纳税总额的69.66%；员工总人数为29.00万人，占百强员工总数的54.44%。百强企业中的制造业企业数量、营业收入连续三年增加，占百强企业的比重也均呈连续增长趋势，但资产总额、税后净利润、缴税总额、员工人数均有所下降，分别较上年减少352.70亿元、95.11亿元、23.88亿元、9.95万人。

3. 前五大细分行业分布稳中有变

2022年，三湘民营企业百强营业收入前五大细分行业包括28家企业，较上年减少12家企业，营业收入总额为5 232.81亿元，占百强营业收入总额的47.46%。其中，专用设备制造业和零售业达到千亿元级别，分列一、二位，营业收入总额分别为1 529.41亿元和1 010.51亿元，分别占百强营业收入总额的13.87%和9.16%。2022年，三湘民营企业百强的制造业企业中，三一集团有限公司营业收入达到千亿元，位列行业第一位，营业收入为1 262.27亿元；长沙市比亚迪汽车有限公司营业收入为878.18亿元，位居制造业企业第二位；湖南博长控股集团有限公司位居制造业企业第三位，营业收入为612.31亿元。2022年，三湘民营企业百强的服务业企业中，大汉控股集团有限公司、湖南博深实业集团有限公司、老百姓大药房连锁股份有限公司，分列行业一、二、三位，营业收入分别为636.70亿元、294.08亿元和201.76亿元。2022年，三湘民营企业百强的建筑业企业中，湖南省沙坪建设有限公司、湖南望新建设集团股份有限公司、湖南乔口建设有限公司，分列行业一、二、三位，营业收入分别为92.95亿元、70.06亿元、67.57亿元。

4. 行业间经营效益分化明显

2022年，三湘民营企业百强整体销售净利率、资产净利润较上年有所下降。百强企业共涉及38个行业，其中有33个行业与上年一致，有色金属冶炼和压延加工、软件和信息技术服务业、煤炭开采和洗选业、道路运输业和农、林、牧、渔专业及辅助性活动5个行业为新增行业，机动车、电子产品和日用产品修理、互联网和相关服务以及纺织业3个行业今年未有企业进入百强名单。总体来说，百强企业覆盖范围进一步扩大。

从销售净利率来看，2022年三湘民营企业百强的平均销售净利率为4.48%，较上年减少0.56个百分点，共有19个行业的销售净利率高于三湘民营企业百强销售净利率的平均水平（4.48%），且有6个行业的平均销售净利率在10%

以上。其中，煤炭开采和洗选业以25.24%的销售净利率居首位；其次是医药制造业和卫生，分别为18.58%和15.67%；有4个行业销售净利率不足1%，分别为化学纤维制造业（0.01%），农副食品加工业（-0.21%），黑色金属冶炼和压延加工业（-0.22%），造纸和纸制品业（-1.49%）。

从资产运营效率来看，2022年三湘民营企业百强的平均资产净利率为4.37%，较上年减少0.51个百分点，有20个行业资产净利率高于三湘民营企业百强的平均水平。其中，8个行业平均资产净利率在10%以上，分别是农、林、牧、渔专业及辅助性活动、道路运输业、化学原料和化学制品制造业、医药制造业、农业、软件和信息技术服务业、煤炭开采和洗选业、废弃资源综合利用业，其中农、林、牧、渔专业及辅助性活动和道路运输业资产净利率较高，分别为114.44%和20.61%。5个行业平均资产净利率低于2%，分别为货币金融服务（0.61%）、化学纤维制造业（0.03%）、农副食品加工业（-0.29%）、黑色金属冶炼和压延加工业（-0.98%）、造纸和纸制品业（-1.56%）。

（五）三湘民营企业百强审慎布局投融资活动

2022年，三湘民营企业百强稳步参与乡村振兴、"两新一重"建设、污染防治等国家重大决策部署，在高质量发展中找准定位，通过企业自身改革发展、合规经营、转型升级，不断提升发展质量。面对内外部环境的不确定性，企业投资意愿有所降低，上市融资、并购重组等活动有所放缓；面对构建以国内大循环为主体、国内国际双循环相互促进的新发展格局，企业采取各项措施积极主动融入。

1. 百强企业新增投资主要来源仍然是自有资金和银行贷款

2022年三湘民营企业百强新增投资资金依靠自有资金和银行贷款的企业数量增幅明显。其中，87家企业选择依靠自有资金，较上年增加36家，增幅为70.59%；61家企业选择通过银行贷款，较上年增加29家，增幅为90.63%；引入战略投资者的企业为11家，较上年增加3家，增幅为37.50%；获得政策性资金的企业为17家，较上年增加10家；通过资本市场开展直接融资的企业中，通过股票市场融资的企业为11家，较上年增加2家，通过债券市场融资的企业为4家，较上年增加2家。

2. 面对内外部环境的不确定性，企业投资意愿持续下降

2022年，三湘民营企业百强中有48家企业认为"企业具有独特竞争优势，经济下行压力下继续保持积极投资"，选择该选项的较上年减少10家；有21家企业表示"企业内外部风险加大，减少投资，优先确保当前生产经营稳定"，选择该选项的企业数量与上年持平；有25家企业表示"企业运行较为平稳，投资意愿不强"，选择该选项的较上年增加5家；还有1家企业表示"企业投资摊子铺得较大，负债较高，经营困难，无力进行投资"，选择该选项的较上年增加1家。

3. 并购重组活动有所放缓

2022年，三湘民营企业百强发生14起并购事件，较上年减少2起。其中国内并购事件11起，较上年减少3起；境外并购3起，较上年增加1起。从规模看，企业开展境内并购交易对价主要集中在5 000万元~2亿元；企业开展境外并购交易对价在100万美元以下的为1起、交易对价在1 000万~5 000万美元的为1起、交易对价在5 000万美元以上的为1起。从细分行业看，开展并购活动较多的行业是专用设备制造业、医药制造业，共发生5起并购活动，涉及企业数量分别为2家和1家。从布局金融领域情况来看，2022年三湘民营企业百强中有19家企业已进入金融领域，较上年增加5家，增幅为35.71%；有9家企业尚未进入但有意向进入金融领域，较上年减少4家。进入金融领域的企业中，4家企业进入投资公司，较上年增加1家；5家企业进入银行，与上年持平；1家企业进入小额贷款公司，较上年减少3家；担保公司、融资租赁机构、保险公司、典当行均只有1家企业进入，基金公司、财务公司、资产管理公司、证券公司、互联网金融、信托公司均无百强企业布局。

4. 积极参与国家重大决策部署和区域协调发展

2022年，三湘民营企业百强继续保持较高的热情参与国家战略。其中，参与防范化解重大风险、污染防治、乡村振兴战略的企业分别为95家、73家和73家；参与"两新一重"建设、混合所有制改革和"一带一路"建设的企业分别为50家、21家和11家。

在参与乡村振兴战略的73家企业中，其中43家企业参与"巩固脱贫成果，改善民生保障"，占填报企业的58.90%；38家企业参与"促进产业兴旺，带

动农民增收",占填报企业的52.05%;32家企业参与"保护青山绿水,美化人居环境",占填报企业的43.84%。参与"强化基层党建,提升治理能力""引进优秀人才,培育新型农民""繁荣农村文化,培育文明新风"的企业分别为26家、19家、16家。

在参与"两新一重"建设的50家企业中,35家企业参与新型基础设施建设,占填报企业的70%;31家企业参与新型城镇化建设,占填报企业的62%;18家企业参与交通、水利等重大工程建设,占填报企业的36%。

在参与混合所有制改革的21家企业中,1家企业已控股国有企业,数量与上年持平;4家企业已参股国有企业,数量与上年持平;8家企业与国有企业共同发起设立新企业,数量与上年持平;11家企业表示有国有资本入股本企业,较上年增加1家。

参与混合所有制改革的百强企业中,前三大领域主要为专用设备制造业、房地产业、农副食品加工业,企业数量分别为4家、2家、2家,分别占参与混合所有制改革的百强企业比例的19.05%、9.52%、9.52%。

三湘民营企业百强中参与了区域协调发展战略的企业为51家,较上年减少6家。其中,参与最多的是中部地区崛起战略,为33家,较上年增加1家;其次参与长江经济带发展、西部大开发和粤港澳大湾区建设的企业分别为22家、17家和14家,较上年分别减少4家、1家和6家;还有少数企业参与了革命老区振兴、京津冀协同发展、东北振兴、长三角一体化发展、黄河流域生态保护和高质量发展以及雄安新区建设。

5. 积极融入新发展格局

2022年,三湘民营企业百强认为构建新发展格局带来的机遇主要是"科技创新带来的机遇"和"国内超大规模市场带来的机遇",分别有57家和48家选择,占实际填报企业数量的63.33%和53.33%;其次是"重大工程、重大项目建设带来的机遇"和"实施国际化、融入全球经济带来的机遇",均为36家,均占实际填报企业数量的40%。

三湘民营企业百强认为面临的主要挑战是"产业链、供应链风险加大"和"企业自身在创新、人才、管理等方面尚存在短板"的企业分别为54家和37家,分别占填报企业数量的60%和41.11%;其次是"科技竞争日益加剧"和"供求脱节，国内有效需求不足"，分别为30家和24家，占填报企业比例分别为33.33%和26.67%。为了把握新发展格局带来的机遇，百强企业对企业发展战略进行了适应性的调整。采取"聚焦实业、做精主业，防范化解风险"和"进一步加强创新，参与或实施关键领域核心技术攻坚"作为调整措施的企业数量分别为71家和65家，占填报企业数量的78.89%和72.22%；采取"实施数字化转型，培育新业态、新模式"和"积极扩大有效投资，实现自身结构调整"作为调整措施的企业分别为62家和52家，占填报企业数量的68.89%和57.78%。

6. 银行贷款依然是三湘民营企业百强债务融资的主渠道

2022年，三湘民营企业百强中有56家存在债务融资。债务融资的主要类型为银行贷款，共52家企业，占填报比例的92.86%，有少部分企业通过融资租赁、非银行机构融资、股东借款和公司债方式等进行融资。2022年年末，通过银行贷款进行债务融资的百强企业共涉及28个行业、52家企业。前五大行业分别为房屋建筑业、电气机械和器材制造业、零售业、商务服务业、专用设备制造业和综合。其中，房屋建筑业有6家企业通过银行贷款进行债务融资，占银行贷款企业的11.54%；电气机械和器材制造业有5家企业选择银行贷款，占比9.62%。2022年年末，实际填报的百强企业中，银行贷款余额占融资总额比例在30%以下的企业数量为30家，占填报比例的34.88%；银行贷款余额占融资总额比例在50%以上的企业数量为42家，占填报比例的48.83%。

(六) 三湘民营企业百强持续强化科技创新和品牌建设

2022年，三湘民营企业积极参与"三高四新"，持续加大研发投入，提升研发人员占比，多途径获取关键技术，推进企业数字化转型，促进企业转型升级，实现企业高质量发展。

1. 企业稳定投入研发人员、研发经费

2022年，三湘民营企业百强中研发人员占比在20%以上的企业为10家，较上年增加2家；占比在10%~20%的企业为17家，与上年持平；占比在1%~10%的企业有30家，较上年减少3家；占比在1%以下的企业为5家，较上年减少3家。研发费用占营业收入总额（研发强度）大于3%的企业为25家，较上年减少2家；研发强度在1%~3%的企业为16家，较上年减少5家；研发强度在 0~1% 的企业为 39 家，较上年增加 8 家。2022 年，研发费用排名前五位的企业均为长沙市企业，且制造业企业为主。其中，三一集团有限公司以 93.38 亿元研发费用位居第一，较上年 84.96 亿元增加 8.42 亿元，增幅为 9.91%。长沙市比亚迪汽车有限公司、安克创新科技股份有限公司研发费用为 32.04 亿元、10.80 亿元，与上年的 11.03 亿元、7.78 亿元比较，增幅为 190.51%、38.88%。截至 2022 年年底，三湘民营企业百强的研发人员中，拥有博士研究生的企业有 38 家，其中占企业研发人员比例 10% 以上的有 4 家；拥有硕士研究生的企业有 60 家，占企业研发人员比例 20% 以上的有 19 家；拥有本科学历研发人员的企业有 63 家，占企业研发人员比例 20% 以上的有 54 家。在三湘民营企业百强的研发人员中，有 51 家企业拥有高级职称研发人员，占比 50% 以上的有 4 家；拥有中级职称研发人员的企业有 54 家，占比 50% 以上的 15 家。

在人才方面，有 23 家企业拥有国家级人才，共 92 人；33 家企业拥有省级人才，共计 440 人。

从研发费用来源看，百强企业研发费用仍主要来自企业内部，获取外部经费支持较低。2022 年，36 家百强企业获取了外部经费。其中，获取外部经费占企业研发费用比例在 10%~30% 的企业为 7 家；小于 10% 的企业为 29 家。

三湘民营企业百强持续加强与高校、科研院所等外部单位的研发合作。2022 年，向高校、科研院所等外单位支付研发经费的百强企业为 32 家。其中，支付的研发经费占企业研发费用比例超过 10% 的企业为 6 家。从研发经费支出构成来看，主要为人员劳务费、仪器和设备支出费用。2022 年，26 家企业人员劳务费占企业研发费用比例超过 30%，18 家企业人员劳务费占企业研发费用比例在 10%~30%。10 家企业仪器和设备支出费用占企业研发费用比例超过 30%，18 家企业仪器和设备支出费用占企业研发费用比例在 10%~30%。2022 年，三湘民营企业百强中与科研院所、高等院校开展合作的企业有 73 家。从合作方式看，62 家企业选择开展项目合作；25 家企业选择共建研发机构；选择共建学科专业和其他方式的企业分别为 7 家和 17 家。

在产学研合作方面，三湘民营企业百强中共有 73 家开展产学研合作，50 家企业认为合作产生的作用很大，占填报企业比例的 68.49%；21 家企业认为合作产生的作用一般，占填报企业比例的 28.77%。

影响百强企业产学研合作的主要因素为高校院所技术与市场脱节和对企业研发支持力度不大，上述两项分别有24家和21家企业选择。另外，技术转让费用高、科技成果的所有权不清晰和与高校院所沟通不畅也是影响部分百强企业开展产学研合作的因素（见图9）。

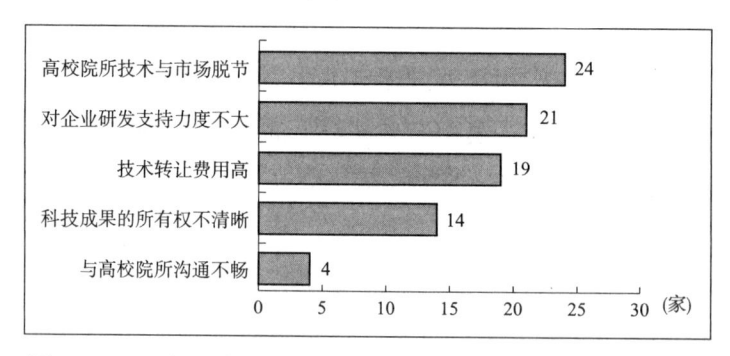

图9　2022年影响三湘民营企业百强产学研合作的主要因素

2. 企业关键技术来源方式多样，创新能力持续增长

2022年，三湘民营企业百强通过自主开发与研制、引进技术或人才、产学研合作的形式作为技术来源渠道的企业分别为72家、59家、54家，较上年均有所降低。

2022年，百强企业共申请国内专利14 690项，较上年增长118.93%；其中发明专利5 021项，较上年增长91.28%；国内专利授权量为7 658项，较上年增长69.42%；其中发明专利授权量1 087项，较上年增长46.50%（见图10）。

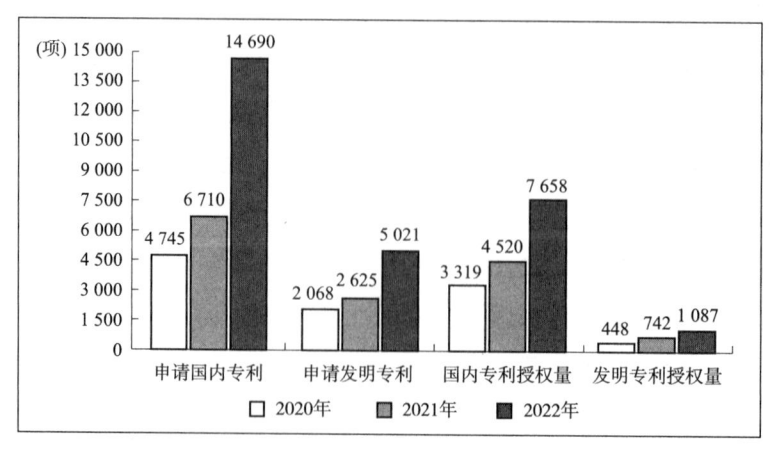

图10　2020—2022年三湘民营企业百强专利申请和授权情况

百强企业在持续加大投入科技研发的同时,积极申请知识产权的保护。截至2022年年末,国内外有效专利数量合计为29 156项,拥有国内有效专利28 888项,较上年增长31.92%(见表5)。

表5　2021—2022年三湘民营企业百强拥有国内外有效专利情况

专利类型		2022年(项)	2021年(项)
国内有效专利数	有效发明专利	14 428	8 297
	总计	28 888	21 898
国外有效专利数	有效发明专利	162	186
	总计	268	190

国内外有效专利数量最多的企业为三一集团有限公司,达到13 505项;其次是楚天科技股份有限公司和威胜控股有限公司,专利数量分别为2 468项和1 870项(见表6)。

表6　2022年三湘民营企业百强有效专利数量前三的企业

企业名称	国内有效专利(项)	有效发明专利(项)	外国有效专利(项)	有效发明专利(项)	国内外有效专利之和(项)	所属行业	所属市州
三一集团有限公司	13 495	11 425	10	7	13 505	专用设备制造业	长沙市
楚天科技股份有限公司	2 446	442	22	22	2 468	专用设备制造业	长沙市
威胜控股有限公司	1 870	169	0	0	1 870	仪器仪表制造业	长沙市

在参与标准制定方面,三湘民营企业百强中有42家企业参与国际标准、国家或行业标准及团体标准的制定,参与制定的标准共计1 169项。其中,国际标准248项、国家标准331项、行业标准379项、团体标准211项,在"企业标准信息公共服务平台"公开标准1 164项。

在参与科技创新平台建设方面,三湘民营企业百强中,参与经认定的省部级研发机构的企业合计44家,拥有认定省部级研发机构175个。其中,参与"湖南省工程研究中心"建设的企业为23家;参与"湖南省企业技术中心"建设的企业为24家;参与"湖南省工程实验室"建设的企业为6家。

三湘民营企业百强中，参与国家科技创新基地建设的企业合计20家，12家参与了"国家级企业技术中心"建设，5家参与了"国家重点实验室"建设，参与"国家工程研究中心"建设、"国家技术创新中心"建设、"国家产业创新中心"建设的企业分别为5家、3家、1家。百强企业本体及其下属公司中，拥有高新技术企业、科技型中小企业分别为203个、106个，较上年分别增加25个、29个，拥有省级专精特新企业24个，国家专精特新"小巨人"企业36个。近5年获得了位列获奖单位前三名的国家级科技奖励的企业有12家，近5年获得位列获奖单位前三名的省部级科技奖励的企业有20家。获得中国质量奖、省级政府质量奖的企业数量分别为7家、23家。

3. 大力推动科技成果转化

2022年三湘民营企业百强科技成果转化资金主要来源仍以自筹资金、银行贷款、政府资金为主，自筹资金、政府资金有所减少，银行贷款有所提高。2022年，75家企业科技成果转化资金来源于自筹资金，较上年减少5家；资金来源于银行贷款的为21家，较上年增加7家；资金来源于政府资金的为23家，较上年减少1家；资金来源于合作方资金投入的企业为7家，较上年减少2家。百强企业在科技成果转化中获得的扶持政策仍然以"专项资金支持或财政补贴""税收减免"和"人才引进与培养"为主，与上年保持一致。其中，获得"专项资金支持或财政补贴"的为54家，较上年减少7家；获得"税收减免"的为41家，较上年减少3家；获得"人才引进与培养"的为25家，较上年减少6家。除此之外，获得"用地等要素保障"政策扶持的为5家，较上年减少1家；获得"信用担保、科技保险"的企业为3家，与上年持平；获得知识产权质押贷款的企业为3家，较上年增加2家。在支持企业创新政策效应方面，三湘民营企业百强认为税收减免政策作用最为显著。认为"税收减免政策"发挥作用的企业数量最多，为77家，与上年数量持平；认为"产业政策""科技人才奖励政策""知识产权保护"发挥较大作用的分别为55家、53家、38家；认为"政府采购"在企业创新中发挥较大作用的企业为20家，较上年增加4家。

百强企业认为制约企业科技创新的主要外部因素是"外部市场不确定性大""科技成果产业化困难"，选择这两项的企业分别为45家、40家，其次是"相关政策落实不到位"和"缺少技术创新服务平台"，选择这两项的企业分别为32家和30家，另有27家企业认为"技术市场不健全"，24家企业认为"支持创新的氛围不够"，认为"缺乏公平的竞争环境"和"知识产权保护力度不够"的企业分别为19家和11家。在希望政府提供新技术、新产品应用支持方面，三湘民营企业百强主要希望政府提供新产品新技术对接平台、应用试点和政府采购。希望获得新产品新技术对接平台、新技术新产品应用试点、政府优先采购公司产品服务支持的企业数量分别为58家、50家、48家，占实际填报企业比例分别为69.88%、60.24%、57.83%。

4. 积极推进数字化转型和绿色低碳发展

三湘民营企业百强顺应数字技术与实体经济融合发展趋势，加快实施数字化转型。2022年，三湘民营企业百强从战略层面、管理层面、人才层面和业务层面积极推进数字化转型，并取得一定成效。战略层面，有55家企业已制定数字化转型战略规划，较上年增加14家，有29家企业着手制定数字化转型战略规划，较上年减少7家。管理层面，有48家企业已根据数字化转型需要进行整体布局，有38家企业已进行局部布局，较上年分别增加4家和1家。人才层面，有48家企业已有数字化专业人才，较上年增加2家，有40家企业拟培养和引进数字化专业人才，较上年增加5家。业务层面，有52家企业已实现降本增效，有14家投入后成效不明显，较上年分别增加4家和6家，有18家在投入期尚未见成效，较上年减少6家。在数字化转型的实施途径上，通过"加强企业数字化人才队伍建设""依托工业互联网平台等数字化服务商，实现企业生产、获客、销售、物流等业务数字化转型""应用数字化产品和服务"和"推进智能制造，实现网络化协同、个性化定制、服务化延伸、数字化管理"的企业数量最多，分别为65家、57家、57家、54家，占实际填报企业比例分别为70.65%、61.96%、61.96%、58.70%。2022年，三湘民营企业百强为落实碳达峰、碳中和目标任务，积极调整优化生产方式、运营模式，加快绿色低碳转型发展。百强实际填报的78家企业中，仍主要采取"实施技术改造和设备更新，应用绿色低碳技术与设备""推动产业链绿色协同发展，共建绿色产业生态"和"开展全要素全流程的'绿色化+智能化'改造，促进数字经济与绿色经济深度融合"等措施实施绿色低碳转型发展的企业数量最多，分别为50家、35家和30家，占实际填报企业比例分别为64.10%、44.87%和38.46%。

5.品牌保护意识持续增强

2022年，三湘民营企业百强拥有的国内外有效商标总量达16 820个，较上年的14 020个增加2 800个，增幅为19.97%。其中，国内商标有效注册量为14 433个，马德里国际商标有效注册量为2 387个，较上年分别增加1 608个、1 192个，增幅为13.54%、99.75%。平均每个百强企业拥有国内商标有效注册量达到229件，三湘民营企业百强共拥有38件中国驰名商标。

（七）三湘民营企业百强审慎开拓海外市场

自新冠疫情发生以来，国际贸易形势更加变化莫测，对于出口企业而言，国外客户的订单波动不稳。2022年，三湘民营企业百强出口总额有所下滑，且由于国际贸易环境日趋复杂，企业开展海外投资的企业数量也有所下降，对于海外项目投资保持相对理性和谨慎。

1.出口总额有所下滑

2022年，三湘民营企业百强出口总额为109.72亿美元，较上年减少32.05亿美元，降幅为22.61%，在复杂多变的国际形势下出口额出现较大下滑（见图11）。

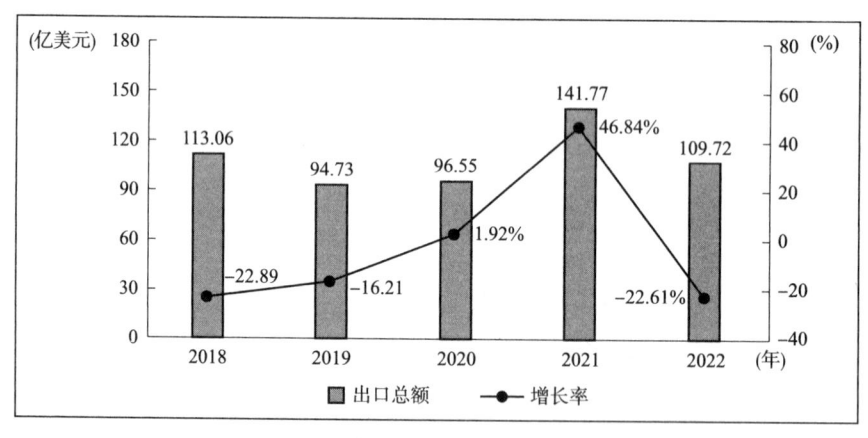

图11　2018—2022年三湘民营企业百强出口总额变化趋势

2.百强民营企业国际化发展基本情况

47家布局了国际化经营项目的三湘民营百强企业，截至2022年年底，境外资产总额共计1 888.47亿元，其中三一集团有限公司境外资产达1 266.59亿元，占47家企业境外资产总额的67.07%；境外营业收入总额共计840.95亿元，其中三一集团有限公司境外营业收入达415亿元，占47家企业境外资产总额的49.35%；境外员工共计13 848人，境外研发费用投入共计0.72亿元。国际有效专利298件，其中安克创新科技股份有限公司国际有效专利146件，占47家企业国际有效专利总量的48.99%；国际有效商标注册量2 162件，其中安克创新科技股份有限公司国际有效专利758件，占47家企业国际有效专利总量的35.06%；企业境外分支机构所涉及国家和地区数量累计达232个，其中爱尔眼科医院集团股份有限公司境外分支机构所涉及国家和地区数量达118个，占47家企业境外分支机构所涉及国家和地区数量总量的50.86%。

3. 保持理性和谨慎进行海外布局

2022年，三湘民营企业百强继续落实国家"走出去"战略，谨慎进行全球化布局。开展海外投资的企业数量为18家，较上年减少3家，共投资海外项目86个。三湘民营企业百强"走出去"的国家和地区较为广泛，海外投资地区分布在亚洲、欧洲、北美洲、非洲、南美洲和大洋洲，其中亚洲地区是上规模企业对外投资的重点区域，有16家企业在该地区投资企业或项目（见表7）。

表7　2022年三湘民营企业百强海外投资情况

投资地区	企业数量（家）	主要国家、地区
亚洲	16	柬埔寨、泰国、越南、韩国、马来西亚、印度、新加坡、缅甸、老挝、阿联酋阿治曼、日本、菲律宾、印尼、中东、中国香港、中国台湾
欧洲	10	法国、德国、俄罗斯、西班牙、比利时、荷兰、英国、意大利、奥地利
北美洲	8	墨西哥、美国、加拿大
非洲	6	坦桑尼亚、南非、肯尼亚、埃及
南美洲	3	巴西
大洋洲	3	澳大利亚、新西兰

百强企业继续稳步参与"一带一路"建设。2022年，共有11家百强企业投资"一带一路"建设；25家企业表示在未来三年有意向投资"一带一路"，并且，有11家企业加入了境外中资商（协）会。2022年，三湘民营企业百强"走出去"的主要动因仍然是拓展国际市场和获取品牌、技术、人才等要素，选择上述动因的企业分别为34家和17家；选择优势产能合作、获取国外原材料等

资源和利用当地劳动力等要素降低产品成本为"走出去"动因的企业分别为12家、11家和8家。企业"走出去"的主要方式为产品和服务出口、对外直接投资。2022年，实际填报的40家企业中，采取产品和服务出口方式的企业为24家，占填报企业比例的60.00%；采取对外直接投资的企业为23家，占填报企业比例的57.50%（见表8）。

表8 2021—2022年三湘民营企业百强"走出去"的主要形式

"走出去"主要形式	2022年企业数量（家）	2021年企业数量（家）	占填报企业比例（%）
产品和服务出口	24	34	60.00
对外直接投资	23	23	57.50
对外工程承包	8	12	20.00
对外劳务合作	6	10	15.00

2022年，三湘民营企业百强进行海外经营最主要的方式是建立国际营销网络和物流服务网络，采取该方式的企业为26家，其次是对外投资办厂，采取该方式的企业为11家。进行海外并购的百强企业数量增加，由2021年的6家增加到2022年的8家，进行境外加工装配的企业数量与上年持平，为6家。（见表9）

表9 2022年三湘民营企业百强海外经营类型

单位：家

投资方式	亚洲	欧洲	北美洲	南美洲	非洲	大洋洲	合计
建立国际营销和物流网络	8	6	4	2	4	2	26
对外投资办厂	3	1	3	1	2	1	11
进行海外并购	1	3	2	1	1	0	8
境外加工装配	1	1	1	1	1	1	6
建设境外经济贸易合作区	1	1	1	0	0	1	4
其他	1	0	0	0	1	0	2
境外资源开发	3	0	0	0	0	0	3
从事国际农业合资合作	3	0	0	0	1	0	4
境外研发中心	1	0	1	0	0	0	2
合计	22	12	12	5	10	5	66

在参与"一带一路"建设的过程中，企业面临的主要劣势和困难是缺人才（包

括国际经营管理人才、专业技术人才等人才）、对东道国贸易保护主义、单边主义了解不够，以及缺境外市场的销售渠道且规模效应不够是影响百强企业开拓海外市场面临的最主要困难。其中，选择缺人才的企业为 25 家，较上年减少 9 家，说明百强企业海外人才缺乏的情况得到一定程度的缓解；选择对东道国贸易保护主义、单边主义了解不够的企业为 11 家，说明国外市场环境日趋复杂，企业需实时把握海外投资东道国的政策动向。企业主要的优势主要是能够提供质量过硬而且价格相对较低的产品、我国政府在政策上给予大力支持（比如协助建立交流平台）、能够快速地将产品推向市场以及巨大的中国市场为企业国际化积累了技术和资金。

4. 采取多种手段，妥善应对国际贸易摩擦

在复杂严峻的国际环境下，三湘民营企业百强采取更加谨慎的措施以应对和缓解相关事件对贸易的影响。2022 年，三湘民营企业百强中有 2 家企业在美国遭遇国际贸易摩擦。其中，企业遭遇过反倾销、特别保障措施各 1 起，企业遭遇过的知识产权纠纷 5 起，其他类型 10 起。面对国际贸易摩擦，绝大多数企业坚持以互利合作、共赢发展为原则，依法维护企业正当权益。2022 年，三湘民营企业百强中，选择通过协商措施的企业为 15 家，较上年减少 4 家；选择通过起诉措施的企业为 11 家，较上年减少 3 家；选择通过应诉和仲裁措施的企业数量分别为 13 家、12 家，与上年持平。2022 年，三湘民营企业百强在境外投资所遇到过的风险类型多样，其中主要包括疫情和灾害风险、政治风险以及合规风险、经营风险。2022 年，政府和专业机构是三湘民营企业百强遇到风险时主要依靠的外部力量。18 家企业会选择通过我国政府相关部门解决境外投资风险，有 13 家企业选择通过企业自身解决境外投资风险，还有 11 家企业会找寻专业机构解决境外投资风险。同时，在面临海外知识产权风险时希望能够获得海外知识产权申请流程、法律制度、纠纷应对等知识培训的企业为 20 家；希望获得海外知识产权实务指南、指引等，海外知识产权申请补贴、胜诉补助等资金支持，海外知识产权保护专家咨询、指导等服务的企业均为 17 家；还有 16 家企业希望得到律所或服务机构资源对接。

《区域全面经济伙伴关系协定》是亚太地区规模最大、最重要的自由贸易协定谈判，达成后将覆盖世界近一半人口和近三分之一贸易量，成为世界上涵

盖人口最多、成员构成最多元、发展最具活力的自由贸易区。2022年1月1日RCEP正式生效。在参与国际化经营的百强民营企业中，有3家企业对RCEP涵盖的范围有较为全面的认识并且阅读过具体条文或详细介绍，有12家企业对RCEP大致了解，关注减免关税的部分，有7家企业听说过RCEP，有8家企业不了解。对于RCEP协定的内容，企业较为关注的是关税减让承诺、海关程序与贸易便利化以及原产地规则等。

5. 企业积极布局本地化策略，推进跨文化管理

在企业本地化程度方面，14家百强民营企业为不同国家（地区）提供的产品和服务大部分一样，7家企业为不同国家（地区）提供的产品和服务大部分不一样，1家企业为不同国家（地区）提供的产品和服务完全一样，8家企业为不同国家（地区）提供的产品和服务本地化程度介于中间。

有31家企业认为企业的本地化策略符合企业国际化战略，2家企业认为企业的本地化策略不符合企业国际化战略。有27家企业认为企业本地化策略的发展前景较好，3家企业认为一般。为了更好地适应海外市场，企业采取了诸多的策略，有23家企业选择尊重及快速响应当地消费者的个性化需求，有23家企业选择按照当地市场特征制定产品和销售策略，有22家企业选择为适应当地市场研发或改良产品，22家企业选择在产品和服务中体现出尊重当地文化习惯，其他的策略包括从当地采购原材料、任用当地人担任公司高层和中层主管、给予当地子公司较大自主经营权等。

为更好地吸引本地人才，有27家企业通过提供具有竞争力的薪酬福利，24家企业提供广阔的发展平台，23家企业提供了完善的职业技能培训体系，还有部分企业提供了公平公正的晋升制度以及自由平等的企业文化等策略。

在企业跨文化管理的过程中，目前仍然存在对双方的社会文化缺乏了解、对合作中可能出现的困难没有做好充足准备、公司管理方式的"水土不服"、存在语言和沟通障碍等问题。为了更好地打造海外形象，企业采取多种措施，其中，28家企业选择提升产品及服务质量，加强自主创新；25家企业现在强化合规意识；选择处理好各方关系，增强当地认同以及打造有吸引力的企业文化的企业均为23家；还有部分企业选择了做好市场营销和广告宣传、积极参与慈善公益事业、企业领导人的形象建设等方式。

6. 企业国际化合规经营，妥善应对合规风险

19家企业已建立境外合规制度。企业在国际化过程中面临多种多样的合规问题，其中18家企业面临市场准入限制；16家企业面临外汇管制；14家企业面临劳动权利保护的合规问题；还有贸易管制、税务审查以及知识产权保护等也是企业在国际化过程中面临的合规问题。在遭遇法律纠纷时，有26家企业选择通过协商解决，有25家企业选择通过诉讼解决，有24家企业分别选择通过调解或者仲裁解决，有3家企业选择通过其他方式解决。关于合规问题的解决方式，有16家企业选择通过中国政府相关部门解决，有17家企业选择通过专业机构解决，有14家企业选择通过企业自身解决。

关于合规事宜（包括合规职责和预算等）负责等方面，有14家企业有独立的合规部门负责，有8家企业没有独立的合规部门，但有兼理的部门和专职的合规人员，有5家企业有兼职的合规人员，有4家企业没有合规部门和人员。企业通过多种形式开展合规管理工作，其中，有22家企业明确倡导企业合规文化，将发展战略、风险偏好与合规理念有机结合，有24家企业有要求员工在开展业务中遵从法律和公司规章制度的书面要求（如员工手册、董事会决议等），有19家企业将合规工作纳入董事会或最高管理层会议讨论事项。企业在国际化经营过程中，不断拓宽自身获取合规/法律信息的途径，有24家企业选择合规咨询、审核、考核和违规查处等内部途径识别合规风险，有23家企业选择向外部法律顾问咨询，17家企业选择持续跟踪监管机构有关信息，还包括部分企业参加行业组织研讨、梳理行业合规案例等（见图12）。

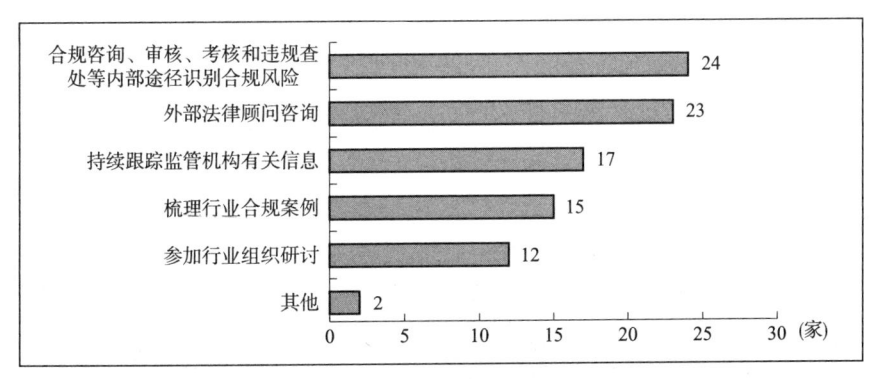

方面	家数
合规咨询、审核、考核和违规查处等内部途径识别合规风险	24
外部法律顾问咨询	23
持续跟踪监管机构有关信息	17
梳理行业合规案例	15
参加行业组织研讨	12
其他	2

图12　2022年三湘民营企业百强国际化经营获取合规/法律信息的方面

如果遇到合规风险，22家企业表示需要有关部门提供境外法律政策、规章制度等信息服务，有17家企业分别认为需要境外合规培训服务或结合行业特点的合规管理指引性文件，还有对接相关部门进行仲裁调解、寻找专业律师团队等（见图13）。

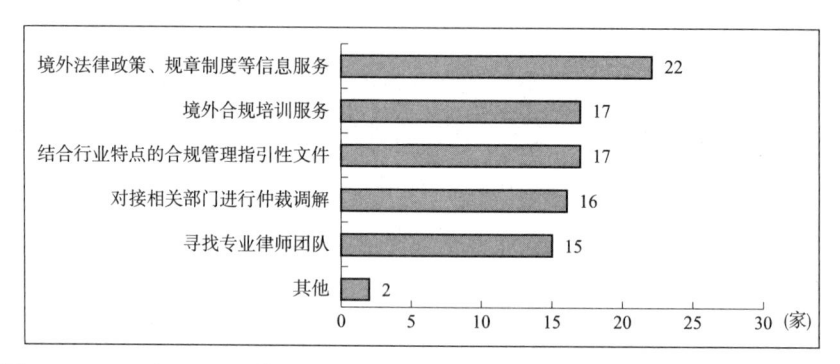

项目	数量（家）
境外法律政策、规章制度等信息服务	22
境外合规培训服务	17
结合行业特点的合规管理指引性文件	17
对接相关部门进行仲裁调解	16
寻找专业律师团队	15
其他	2

图13　2022年三湘民营企业百强遇到合规风险时需要有关部门提供的帮助

7. 企业关注可持续发展，贯彻落实绿色可持续发展要求

企业在国际化经营过程中，重视企业的国际化可持续发展，其中，有25家企业关注自身的ESG（环境、社会和治理）问题。但企业在海外ESG发展中面对的挑战仍然较多，主要是环境和社会风险评估和管理以及劳工和工作环境，分别有19家、18家企业选择；其次还包括节能减排、当地社区健康安全与保障、传统文化等。

同时，有25家企业的海外项目关注绿色可持续发展，其中，有23家企业对海外项目开展绿色可持续发展的原因是传承企业内部管理体系，有19家企业是源于集团环保方针、目标和愿景，有16家企业是基于项目所在国法律法规的要求（见图14）。

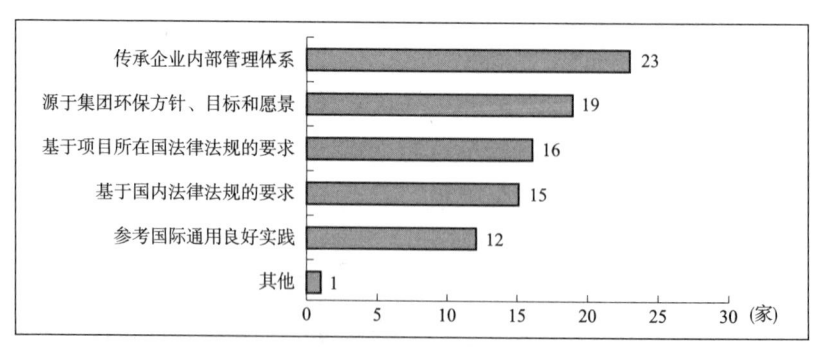

项目	数量（家）
传承企业内部管理体系	23
源于集团环保方针、目标和愿景	19
基于项目所在国法律法规的要求	16
基于国内法律法规的要求	15
参考国际通用良好实践	12
其他	1

图14　2022年三湘民营企业百强对海外项目开展绿色可持续发展的原因

对于海外项目绿色可持续发展的要求，有17家企业是根据项目所在国相关政府部门的指导等进行制定，有13家企业是根据国内相关政府部门的指导制定，有12家企业是公司自行对当地法律法规进行调研后自行制定，有10家企业是聘请外部第三方机构协助制定，有9家企业是收购当地企业并基于其现有环保要求调整。

在企业日常的经营管理过程中，根据企业的经验，在绿色化方面需要引起特别重视的工作，24家企业选择了搭建环境管理体系，21家企业认为是主管领导的重视，还有18家企业认为是建立培训机制或研发先进的环保技术，部分企业认为相关机构进行项目层面的定期监测评估、采用在线管理系统、引入第三方机构的监测评估机制等工作同样需要特别重视。

（八）三湘民营企业百强着力提升公司治理水平

2022年，三湘民营企业百强持续完善公司法人治理结构，积极建立现代企业制度，加强企业信用建设，坚持承担社会责任，公司治理结构、内部控制日趋完善。

1. 持续推进法治企业建设

2022年，随着企业对依法合规重视程度的不断提高，百强企业中设置法务部等公司专门机构的企业达到70家，较上年增加4家；聘请常年法律顾问的企业有23家，没有专门的机构但有专职法律员工的企业有3家。2022年，三湘民营企业百强依法合规经营，法制建设情况良好。调查结果显示，已执行现代企业制度，确保依法决策、民主决策、科学决策的企业有94家，占填报企业比例的94.95%；已建立健全合同审核、决策论证等相关环节法律风险控制体系和预警防范机制的企业有92家，较上年增加1家，占填报企业比例的92.93%；已形成讲法治、讲规则、讲诚信的企业法治文化的企业有89家，较上年减少4家，占填报企业比例的89.90%；已推进厂务公开和民主管理，妥善处理劳动争议，在法治框架内构建和谐劳动关系的企业有82家，占填报企业比例的82.83%。三湘民营企业百强处理法律纠纷的渠道主要为协商、调解、诉讼、仲裁。2022年，选择协商、调解、诉讼和仲裁方式解决法律纠纷的百强企业数量分别为91家、90家、76家和75家。在遭遇法律纠纷时，通过协商、调解、诉讼的方式解决的企业较上年均有所减少。

2. 持续提升信用建设水平

2022年，三湘民营企业百强主要采取建立企业诚信文化、建立企业信用制度体系等措施加强信用建设。数据显示，建立企业诚信文化的企业为97家，建立企业信用制度体系的企业为83家，开展信用修复的企业为32家。在建立和完善企业信用制度方面，三湘民营企业百强工作重点主要是建立守法合规经营制度、预防财务违规制度、遵守商业道德制度、建立信用承诺制度等。2022年，有94家企业已建立守法合规经营制度，89家企业已建立预防财务违规制度，77家企业已建立遵守商业道德制度，70家企业已建立企业内部信用奖惩制度；已建立信用承诺制度、企业信息披露制度和标准自我声明制度的企业分别为68家、67家和38家。2022年，三湘民营企业百强企业中有63家企业有信用管理专职人员；53家企业设置了信用管理部门；在参加过各级政府部门以及第三方信用服务机构举办的信用建设、信用修复等培训方面，46家百强企业参加了相关培训；在了解和获得"信易贷"方面，50家百强企业了解国家有关部门或金融机构推广的"信易贷"，其中有5家企业通过"信易贷"产品获得了信用贷款。在享受守信激励相关政策措施方面，90家企业享受守信激励相关政策措施，其中49家企业享受了"政府优惠政策予以重点支持"政策，享受了"行政审批'绿色通道'"政策、"选树为诚信典型"政策措施的企业数量均为34家，25家企业享受了"公共资源交易中信用加分"政策，24家企业享受了"行政检查中优化检查方式、检查频次"政策。在规范自律方面，多数企业已经参与行业自律、商会企业联合自律等活动。2022年，有78家企业开展行业自律、商会企业联合自律等活动，较上年增加1家，其中属于活动发起或牵头单位的为36家，较上年减少1家。三湘民营企业百强努力提升ESG治理能力。2022年，已在董事会设立ESG领导机构的企业为45家，占填报比例的49.45%；47家企业已明确ESG工作主管部门，占填报比例的55.95%；45家企业已制定ESG专项战略规划或在现有公司战略规划中包含ESG内容，占填报比例的56.96%；29家企业已公开披露ESG信息，占填报比例的34.12%。

3. 积极承担社会责任

2022年，三湘民营企业百强社会责任意识不断提高，主动承担社会责任，企业形象得到提升，受到社会普遍赞誉。调查结果显示，81家企业参与了社会捐赠，其中，参加教育、扶贫、助力乡村振兴，企业数量分别为57家、43家、42家；参与赈灾、医疗、公共卫生的企业数量分别为26家、18家、18家。46家企业发布了社会责任报告；69家企业参与了"万企兴万村"，较上年增加4家。

（九）三湘民营企业百强仍保持长株潭地区为主的格局

整体来看，2022年长株潭地区在三湘民营企业百强中仍占主导地位，长株潭地区百强企业数量最多，连续多年保持稳定。从市州分布来看，民营企业百强仍集中在长沙。

1. 从地区分布看，长株潭地区仍占主导地位

从地区分布看，长株潭地区（长沙、株洲、湘潭）入围66家，与上年持平；洞庭湖地区（岳阳、常德、益阳）入围15家，与上年持平；大湘南地区（衡阳、郴州、永州）入围11家，较上年减少1家；大湘西地区（邵阳、张家界、怀化、娄底、湘西自治州）入围8家，较上年增加1家。

从整体营业收入看，除大湘南地区外，各地区营业收入总额较上年均有所增长。其中，长株潭地区入围企业营业收入总额最高，达到8 252.60亿元，较上年增长51.69亿元，增幅为0.63%；占百强营业收入总额的74.84%，较上年下降1.23个百分点；其次是洞庭湖地区入围企业营业收入为915.93亿元，较上年增长319.32亿元，增长幅度明显高于其他两个地区，增幅为53.52%，占百强营业收入总额的8.31%，较上年提高2.78个百分点；大湘西地区入围企业营业收入总额为1 336.39亿元，较上年增长108.81亿元，增幅为8.86%，占百强营业收入总额的12.12%，较上年提高0.73个百分点。而大湘南地区入围企业营业收入总额为521.21亿元，较上年降低233.92亿元，降幅为30.98%，占百强营业收入总额的4.73%，较上年下降2.27个百分点。

从整体资产规模看，仅长株潭地区略有下降。其中，长株潭地区入围企业资产总额最大，达到9 164.91亿元，较上年减少8.54亿元，降幅为0.09%，占百强资产总额的81.07%；洞庭湖地区入围企业资产总额为819.33亿元，较上年增长150.08亿元，增幅为22.43%，占百强资产总额的7.25%；大湘西地区入围企业资产总额为995.15亿元，较上年增长21.92亿元，增幅为2.25%，占百强资产总额的8.80%；大湘南地区入围企业资产总额为325.96亿元，较上年增加10.87亿元，增幅为3.45%，占百强资产总额的2.88%（见表10）。

表10 2021—2022年三湘民营企业百强区域分布

区域		入围企业数量（家）		营业收入（万元）		资产总额（万元）	
		2022年	2021年	2022年	2021年	2022年	2021年
长株潭地区	数量	66	66	8 252.60	8 200.91	9 164.91	9 173.45
	占比	66%	66%	74.84%	76.07%	81.07%	82.41%
洞庭湖地区	数量	15	15	915.93	596.61	819.33	669.25
	占比	15%	15%	8.31%	5.53%	7.25%	6.01%
大湘南地区	数量	11	12	521.21	755.13	325.96	315.09
	占比	11%	12%	4.73%	7.00%	2.88%	2.83%
大湘西地区	数量	8	7	1 336.39	1 227.58	995.15	973.23
	占比	8%	7%	12.12%	11.39%	8.80%	8.74%

从销售净利率看，大湘南地区较上年增长明显，长株潭地区、洞庭湖地区、大湘西地区均有所下降。其中，大湘南地区入围企业的销售净利率为4.85%，居各地区首位，较上年增加2.01个百分点；洞庭湖地区入围企业的销售净利率为4.68%，较上年减少2.06个百分点；长株潭地区入围企业的销售净利率为4.65%，较上年减少0.63个百分点；大湘西地区入围企业的销售净利率最低，为3.19%，较上年减少0.81个百分点。

从总资产周转率看，长株潭地区、大湘西地区和洞庭湖地区均呈不同程度上涨，仅大湘南地区有所下降。其中，大湘南地区总资产周转率为159.90%，居各地区首位；大湘西地区和洞庭湖地区总资产周转率分别为134.29%和111.79%，较上年分别增加8.61个百分点和22.64个百分点，增幅为6.47%和25.40%；长株潭地区总资产周转率最低，为90.05%，较上年增加0.65个百分点，增幅为0.73%。

2.从市州分布看，长沙市仍占主导地位

三湘民营企业百强分布于全省12个市州，与上年数量持平。其中长沙市入围企业最多，达到55家，较上年增加2家，占据三湘民营企业百强榜半数以上的席位；除长沙外，入围企业数量出现增长的市州为岳阳市、娄底市和永州市，分别增长2家、1家和1家；入围企业数量出现减少的市州为株洲市、郴州市、衡阳市、常德市、湘潭市和益阳市，分别减少1家；邵阳市和怀化市入围企业数量均与上年持平；张家界市、湘西土家族苗族自治州无企业入围。

分市州看，2022年入围企业营业收入总额、资产总额和税后净利润总额长沙市仍居首位，其中营业收入总额为6 982.88亿元，较上年增长16.30亿元，增幅为0.23%，占百强营业收入总额的63.33%；资产总额为8 232.09亿元，较上年减少40.89亿元，降幅为0.49%，占百强资产总额的72.82%；税后净利润总额为333.87亿元，较上年减少58.45亿元，降幅为14.90%，占百强税后净利润总额的67.54%。娄底市入围企业营业收入总额、资产总额和税后净利润占比均位居第二位，分别为1 137.95亿元、853.89亿元和35.23亿元，占比依次为10.32%、7.55%和7.13%。

三、专题报告

（一）三湘民营企业百强转型升级专题

三湘民营企业百强通过引入先进技术和智能制造、加强创新和研发能力、优化管理和人才培养，以及开拓新市场和多元化发展等方式，以企业高质量发展为核心目标，积极探索数字化转型、绿色低碳转型，推动企业转型升级发展。

1. 外部环境的变化进一步推动三湘民营企业百强加速转型升级

2022年，做强做大企业的愿望（74家）仍是激发百强企业转型升级的最主要动力，但选择该项的企业较上年减少9家，降幅为10.84%，说明企业因做强做大而进行转型升级的意愿在收缩；因政策支持引导选择转型升级的企业为53家，较上年减少4家，降幅为7.02%；因产品技术升级换代选择转型升级的企业为40家，较上年减少2家，降幅为4.76%；选择企业生存的压力（49家）、国内经济增长趋缓（44家）和行业产能过剩（26家）而进行转型升级的企业数量较上年分别增加11家、5家和15家，增幅分别为28.95%、12.82%和136.36%；复杂严峻的外部环境倒逼着民营企业转型升级。

2. 工资成本成为三湘民营企业百强的首要成本负担

2022年，影响三湘民营企业百强发展最重要的成本因素仍是工资成本、原材料成本和缴税负担。从变化情况来看，选择原材料成本（60家）、缴税负担（58家）、社保成本（53家）、土地成本（22家）、缴费负担（25家）和能源成本（23家）这几个因素的企业数量均有所下降，较上年分别减少2家、5家、3家、8家、4家和1家。选择工资成本（62家）、融资成本（41家）、物流成本（39家）和制度性交易成本（17家）的企业数量较上年有所增加，分别增加1家、2家、2家和4家。其中，工资成本和原材料成本均占据百强比例六成，工资及原材料成本升高的压力进一步凸显。缴税负担则由去年的第一降到了第三，反映出国家减税降费力度的持续加大和政策效应的逐步显现。

3. 企业主要通过提升核心竞争力、提高产品质量推进转型升级

选择转型升级的最主要途径依然是"聚焦主业、提升核心竞争力""打造知名品牌，提升市场影响"和"通过管理创新提升管理水平，降低成本、提高效率"，选择上述途径的企业数量分别为88家、82家和82家；其次选择"严格质量控制，提升产品质量水平""运用互联网、大数据、人工智能等技术，发展新业态、新模式""通过技术创新，提升关键技术水平"和"提高现有产品环保性能"途径推动转型升级的企业分别为81家、70家、67家和67家。通过"通过管理创新，提升管理水平，降低成本、提高效率"和"建立国际化销售渠道途径推动转型升级"的企业数量增加较明显，较上年分别增加5家和3家。

（二）三湘民营企业百强参与"一带一路"建设专题

2022年，参与"一带一路"建设的11家企业中，共涉及9个细分行业，8家企业为制造业。其中，2家为专用设备制造业，其余3家企业分布在商务服务业、卫生和综合。表示未来三年在"一带一路"有投资意向的企业为25家，较上年减少10家，占填报企业的52.08%，降幅为28.57%；有16家企业没有投资意向，占填报企业的33.33%；还有7家企业未决定是否投资"一带一路"，占填报企业的14.58%。

从行业分布看，在"一带一路"有投资意愿的35家企业分布在5个行业大类 15 个行业细类。从行业大类看,制造业企业最多,为 20 家;其次是建筑业为 2 家;其余企业分布在租赁和商务服务业、卫生和社会工作以及综合。从地区分布看,在"一带一路"有投资意愿的 25 家企业中,长沙市企业最多,为 15 家,占有投资意愿企业总数的 60.00%,其次是岳阳市 4 家,占有投资意愿企业总数的 16.00%。

(三)三湘民营企业参与污染防治专题

三湘民营企业百强深入贯彻习近平生态文明思想,完整、准确、全面贯彻新发展理念,以数字化改革为引领,以实现减污降碳协同增效为总抓手,以改善生态环境质量为核心,坚持源头治理、系统治理、整体治理,保持力度、延伸深度、拓宽广度,以更高标准深入打好污染防治攻坚战。已参与污染防治攻坚战的百强企业共 73 家,较上年减少 3 家,尚未参与但打算参与的企业数量 10 家,较上年减少 4 家,降幅为 28.57%。

百强企业参与污染防治攻坚战的形式以节能减排为主,调整产业结构、加强绿色产品创新、投资环保产业为辅。参与污染防治攻坚战的 73 家企业中,企业参与加强资源节约与利用,降低能耗物耗的数量为 62 家,较上年减少 8 家,降幅为 11.43%,占比 84.93%;企业参与引进先进环保技术和装备,加强治污减排的数量为 58 家,较上年增加 1 家,增幅为 1.75%,占比 79.45%;企业参与调整产业结构,淘汰落后产能和加强绿色产品创新,建设绿色工厂的数量分别为 37 家和 31 家,占比分别为 50.68% 和 42.47%。百强企业更加注重节能降耗,治污减排,以绿色发展助力深入打好污染防治攻坚战。

从行业分布看,参与污染防治攻坚战的百强企业分布于 9 个行业大类、32 个细分行业。行业大类中,制造业仍然是已参与污染防治攻坚战企业数量最多的行业,有 40 家;其次是建筑业 11 家。细分行业中,房屋建筑业参与污染防治攻坚战的企业最多,有 10 家,占已参与污染防治攻坚战的百强企业的 13.70%。从市州分布看,参与污染防治攻坚战的百强企业中,分布在长沙市的企业为 34 家,占比 46.58%;其次是岳阳市,为 8 家,占已参与污染防治攻坚战企业的 10.96%;株洲市、郴州市、湘潭市、衡阳市、常德市等市州均有少数企业参与到污染防治攻坚战。

（四）三湘民营企业百强参与乡村振兴专题

着眼于高质量推进巩固拓展脱贫攻坚成果同乡村振兴有效衔接，湖南出台实施《湖南省乡村振兴促进条例》，明确抓党建促乡村振兴重点任务，提出实施铸魂赋能、队伍提质、兴业共富、强基善治、引智聚才、连心到户"六项行动"，打造乡村振兴湖南样板。三湘民营企业百强积极参与乡村振兴战略，主动投身"万企兴万村"行动，强化产业支持和就业帮扶，努力探索民营企业高质量发展助力乡村振兴新模式，成为带动乡村振兴的领跑者。

三湘民营企业百强参与乡村振兴战略的共有 73 家，较上年减少 1 家，降幅为 1.35%；尚未参加但有参与意向的企业有 12 家，较上年增加 6 家，增幅为 100.00%；未参与也无参与意向的企业有 7 家，与上年持平；其他为 2 家，与上年持平。在参与乡村振兴战略的形式上，主要集中在促进产业兴旺、带动农民增收，巩固脱贫成果、改善民生保障方面，参与的企业数量分别为 38 家（较上年减少 9 家）和 43 家（较上年减少 2 家）；其次是保护青山绿水、美化人居环境，强化基层党建、提升治理能力，参与的企业数量分别为 32 家（较上年新增 2 家）和 26 家（较上年新增 1 家）；引进优秀人才、培育新型农民，繁荣农村文化，培育文明新风方面，参与的企业数量分别为 19 家（与上年持平）和 16 家（较上年减少 2 家）。

分地区看，参与乡村振兴战略的百强企业分布于 12 个市州，与上年持平。其中，长沙市仍然为参与企业数量最多的市州，为 39 家，较上年减少 1 家，占参与乡村振兴战略百强企业的 53.42%，较上年减少 0.63%。

分行业看，参与乡村振兴战略的百强企业分布在 11 个行业大类、333 个细分行业，较上年增加 2 个细分行业；行业大类中，分布于制造业的企业仍然最多，为 31 家，占已参加乡村振兴战略百强企业的 42.47%；其次是建筑业、批发和零售业 2 个行业，分别为 12 家、10 家，分别占已参加乡村振兴战略百强企业的 16.44%、13.70%；细分行业中，分布于房屋建筑业的企业最多，为 11 家，占已参加乡村振兴战略百强企业的 15.07%；其次是零售业和电气机械和器材制造业，分别为 9 家和 6 家，分别占已参加乡村振兴战略百强企业的 12.33% 和 8.22%。2022 年，已经参与"万企兴万村"行动的百强企业数量为

69家，较上年增加2家，尚未参与但有意向参与的企业11家，尚未参与也无参与意向的企业8家。

在参与"万企兴万村"行动的方式上，"继续推进'万企帮万村'产业帮扶项目，巩固拓展脱贫攻坚成果"的企业数量最多，为43家；其次是以"开展消费帮扶，拓宽农产品销售渠道""培育乡村人才，积极吸纳重点群体就业"和"在乡村实施产业项目，或者开展医疗、教育等加强乡村公共服务体系建设"的形式参与的企业数量分别为30家、29家和19家。

分地区看，参与"万企兴万村"行动的百强企业分布于12个市州。其中，长沙市为参与企业数量最多的市州，有35家，占参与"万企兴万村"行动企业的50.72%。

（五）三湘民营企业百强营商环境专题

一直以来，湖南将优化营商环境视为企业高质量发展的生命线。湖南省政府部署"打好优化发展环境持久战"，创新打造"一码一网一平台"三位一体优化营商环境工作系统，以"营商码"全时全量收集诉求、"营商网"晒出典型案例、"营商平台"限时交办整改，为经济发展营造稳定、公平、透明、可预期的营商环境。

1. 影响三湘民营企业百强发展的主要因素分析

总体来看，2022年影响三湘民营企业百强发展的因素主要集中在用工成本上升、税费负担重、国内市场需求不足、融资难融资贵、市场秩序不够规范等方面。认为国内市场需求不足和市场秩序不够规范的企业数量较上年有所增加，分别为59家和38家，较上年分别增加4家和1家；认为用工成本上升、税费负担重、融资难融资贵的企业数量较上年有所减少，分别为76家、59家和34家，较上年分别减少4家、1家和9家。在市场环境方面，用工成本上升、国内市场需求不足和融资难融资贵依然是主要影响因素，选择上述几项的企业分别为76家、59家和34家。

在政策政务环境方面，税费负担重、节能减排压力大和垄断行业开放度不高成为企业存在的突出问题，选择上述几项的企业分别为59家、24家和13家。

在法治环境方面，市场秩序的规范性、民营企业在司法审判中的平等地位以及对企业和企业主合法财产权保护程度以及对知识产权的保护不够依旧是企业家关注的重点，选择上述几项的企业分别为38家、20家、16家和16家。

在政商环境方面，企业重点关注对民营经济的负面舆论较多、政府部门和国企拖欠账款较多、较久和政府沟通不畅，选择上述几项的企业分别为24家、18家和13家。

2.企业融资难融资贵问题得到进一步改善

在融资环境方面，有68家企业认为得到改善，占填报企业的76.40%，但仍有21家企业觉得没有得到改善，占填报企业的23.60%。其中，融资难融资贵具体改善的方面，整体较上年均有提升，其中金融机构对民营企业的信贷投放加大、贷款需求响应速度和审批时效提高、金融机构服务流程优化等方面进一步提高企业的体验感，选择上述几项的企业数量分别为44家、33家和30家，分别占填报企业的49.44%、37.08%和33.71%；其次是对民营企业票据融资的支持，选择该选项企业数量为23家，占填报企业的25.84%；对民营企业票据融资的支持力度加大、金融机构服务收费减免，选择上述几项的企业数量分别为26家、14家，较上年分别增加7家、2家。

在获得银行等金融机构融资方面，其中认为贷款利率高的企业数量最多，为35家，较上年增加4家，占填报企业比例的41.18%；仍有27家企业认为银行更愿意贷款给国有企业而不是民营企业，较上年减少8家，占填报企业比例的31.76%；其次是银行信贷审核趋紧的企业为24家，较上年减少7家，占填报企业比例的28.24%；另外，企业缺乏足够的抵押和担保、银行服务民营企业的能力有限、贷款周期太短需要过桥倒贷和政府性融资担保难获得费率高或存在反担保等因素也是部分民营企业融资时面临的问题（见表11）。

表11　2021—2022年三湘民营企业百强获取银行等金融机构融资面临的最大问题

获取银行等金融机构融资面临最大问题	2022年企业数量（家）	2021年企业数量（家）	2022年企业数量占填报企业比例
银行更愿意贷款给国有企业而不是民营企业	27	35	31.76%
银行信贷审核趋紧	24	31	28.24%

续表

获取银行等金融机构融资面临最大问题	2022年企业数量（家）	2021年企业数量（家）	2022年企业数量占填报企业比例
贷款利率高	35	31	41.18%
企业缺乏足够的抵押和担保	20	21	23.53%
银行服务民营企业的能力有限	19	18	22.35%
贷款周期太短，需要过桥倒贷	13	15	15.29%
政府性融资担保难获得，费率高或存在反担保等	12	12	14.12%
银行出现不合理的抽贷、断贷现象	5	5	5.88%
企业经营管理不规范	0	4	0.00%
贷款中间环节存在不合理收费	1	1	1.18%

在资本市场融资方面，认为受限于所处行业，资本市场投资意愿不高的企业为15家，占填报企业的22.06%，其中9家为制造业、2家为批发和零售业；其次认为股票市场融资难度大、投资者对民营企业的投资意愿不高和债券市场融资难度大的企业分别为16家、19家和14家，占填报企业的23.53%、27.94%和20.59%；认为市场对民营企业债券接受度降低的企业较上年增加1家。

在希望政府提供融资支持方面，希望加大银行对民营企业的信贷力度和信贷额度的企业最多，有64家，与上年持平，占填报企业的72.73%；希望加大银行对民营企业的长期贷款业务投放的企业为56家，占填报企业的63.64%，较上年减少1家；希望政府加大扶持项目资金力度的企业为49家；希望同等条件下能实现民营企业与国有企业政策一致的企业为46家；另外，希望出台针对企业不同融资需求的差异化融资政策、增加或创新民营企业贷款担保方式及抵质押物类型、加快首发上市及再融资审核进度的企业分别为34家、26家和6家，较上年分别减少8家、2家、4家。

3. 企业对进一步优化营商环境有更高的期待

在营商环境改善方面，认为政府服务企业力度加大的企业为53家，较上年增加1家，占填报企业的59.55%；有利于亲清政商关系进一步确立、税费负担有所降低、融资支持有所改善、政府部门和国企拖欠账款清欠工作成效显著等方面较上年均有进步；在市场监管进一步加强、认为民营经济发展的舆论氛围进一步加强、有利于科技创新的氛围进一步加强、市场信用体系建设有所改善、政府诚信有所改善、司法公正进一步加强、市场准入有所改善、涉企执法更加公正的企业较上年均有所减少。

在纾困扶持方面，57家百强企业享受到了相关政策，享受延期缴纳税款、得到普惠金融产品扶持、获得地方专项救助资金的企业分别为24家、18家、9家，较上年分别减少8家、5家、4家；10家企业在金融机构贷款获得展期、延期，还有部分企业获得政策性融资担保、纾困专项基金、国企对民企帮扶计划等纾困扶持；24家企业表示未得到相关支持，较上年增加8家，获得纾困扶持政策的企业数量较上年有所减少。

在减税降费方面，百强企业中81家企业享受到了不同程度的政策红利，其中，享受到研发费用税前加计扣除和增值税减免的企业较多，分别为43家和34家，较上年减少4家和5家；21家企业获得了社保费缴费基数、范围、费率减免，较上年减少7家。

政府系列减税降费政策红利释放，助力企业发展和产业转型升级。其中55家企业抓住机遇提升产品和服务质量，较上年增加1家，占填报企业的61.80%；增加研发费用投入和优化员工结构的企业分别为47家和43家，较上年分别减少3家；另有41家企业进一步拓展市场，较上年减少4家；提升企业附加值（产品及服务等）和加大新增投资的企业数量分别为35家和23家，较上年分别减少3家和7家。

百强企业中希望政府进一步减免税收、降低税率和进一步降低社保缴费基数、缴存费率的企业分别为80家和49家，占填报企业的90.91%和55.68%；希望进一步降低物流运输成本的企业为48家；希望加快出台鼓励企业创新的税收优惠政策的企业为46家；希望进一步优化电价、降低企业用电成本的企业为44家；此外，希望产业链上下游政策优惠统筹安排、停征或取消行政事业性收费项目范围、降低收费标准、统筹安排税费改革，合理调整税费种类设置、降低工会经费等方面也是部分企业的期望。

四、2023三湘民营企业百强榜单

表12 2023三湘民营企业百强榜单

排名	企业名称	所属市州	所属行业	营业收入（万元）
1	三一集团有限公司	长沙市	专用设备制造业	12 622 682
2	长沙市比亚迪汽车有限公司	长沙市	汽车制造业	8 781 835
3	大汉控股集团有限公司	长沙市	商务服务业	6 367 019
4	湖南博长控股集团有限公司	娄底市	黑色金属冶炼和压延加工业	6 123 093
5	湖南裕能新能源电池材料股份有限公司	湘潭市	电气机械和器材制造业	4 279 036
6	湖南五江控股集团有限公司	娄底市	金属制品业	4 184 646
7	金东投资集团有限公司	长沙市	酒、饮料和精制茶制造业	3 354 631
8	唐人神集团	株洲市	农副食品加工业	3 085 158
9	湖南中伟控股集团有限公司	长沙市	综合	3 073 917
10	湖南博深实业集团有限公司	长沙市	商务服务业	2 490 808
11	老百姓大药房连锁股份有限公司	长沙市	零售业	2 017 552
12	益丰大药房连锁股份有限公司	常德市	零售业	1 988 640
13	湖南邦普循环科技有限公司	长沙市	废弃资源综合利用业	1 877 189
14	岳阳东方雨虹防水技术有限责任公司	岳阳市	其他制造业	1 699 885
15	爱尔眼科医院集团股份有限公司	长沙市	卫生	1 610 995
16	安克创新科技股份有限公司	长沙市	软件和信息技术服务业	1 425 051
17	株洲旗滨集团股份有限公司	株洲市	非金属矿物制品业	1 331 268
18	金杯电工股份有限公司	长沙市	电气机械和器材制造业	1 320 274
19	湖南联创控股集团有限公司	长沙市	批发业	1 249 192
20	湖南兰天集团有限公司	株洲市	零售业	1 234 861
21	湖南金龙科技集团有限公司	长沙市	电气机械和器材制造业	1 018 283
22	长沙中联重科环境产业有限公司	长沙市	专用设备制造业	998 953
23	特变电工衡阳变压器有限公司	衡阳市	电气机械和器材制造业	973 215
24	湖南省沙坪建设有限公司	长沙市	房屋建筑业	929 463
25	衡阳富泰宏精密工业有限公司	衡阳市	计算机、通信和其他电子设备制造业	896 611
26	湖南佳惠百货有限责任公司	怀化市	零售业	890 073

续表

排名	企业名称	所属市州	所属行业	营业收入（万元）
27	澳优乳业（中国）有限公司	长沙市	食品制造业	779 551
28	山河智能装备股份有限公司	长沙市	专用设备制造业	730 228
29	道道全粮油股份有限公司	岳阳市	农副食品加工业	702 834
30	湖南望新建设集团股份有限公司	长沙市	房屋建筑业	700 550
31	湾田控股集团有限公司	长沙市	煤炭开采和洗选业	697 878
32	湖南海弘物流集团有限公司	娄底市	道路运输业	691 289
33	湖南力天汽车集团有限公司	长沙市	零售业	682 031
34	湖南乔口建设有限公司	长沙市	房屋建筑业	675 658
35	湖南和立东升实业集团有限公司	长沙市	装卸搬运和仓储业	672 282
36	湖南金弘再生资源集团有限公司	长沙市	废弃资源综合利用业	666 680
37	绝味食品股份有限公司	长沙市	农副食品加工业	662 284
38	圣湘生物科技股份有限公司	长沙市	医药制造业	645 035
39	楚天科技股份有限公司	长沙市	专用设备制造业	644 555
40	湖南高岭建设集团股份有限公司	长沙市	房屋建筑业	631 025
41	长沙格力暖通制冷设备有限公司	长沙市	其他制造业	625 052
42	湖南一力股份有限公司	长沙市	装卸搬运和仓储业	600 100
43	威胜控股有限公司	长沙市	仪器仪表制造业	585 584
44	望建（集团）有限公司	长沙市	房屋建筑业	585 326
45	长沙京东翰民贸易有限公司	长沙市	零售业	567 851
46	湖南金荣企业集团有限公司	长沙市	房地产业	551 000
47	湖南新长海发展集团有限公司	长沙市	综合	550 012
48	湖南九城投资集团有限公司	湘潭市	零售业	535 934
49	湖南盐津铺子控股有限公司	长沙市	食品制造业	527 925
50	湖南中科电气股份有限公司	岳阳市	电气机械和器材制造业	525 675
51	湖南科伦制药有限公司	岳阳市	医药制造业	523 709
52	长沙京东厚成贸易有限公司	长沙市	零售业	517 069
53	湖南长信建设集团有限公司	郴州市	房屋建筑业	513 136
54	陈克明食品股份有限公司	益阳市	食品制造业	501 979
55	湖南中科星城石墨有限公司	长沙市	非金属矿物制品业	501 884
56	湖南顺天建设集团有限公司	长沙市	房屋建筑业	495 108
57	红星实业集团有限公司	长沙市	综合	493 816

续表

排名	企业名称	所属市州	所属行业	营业收入（万元）
58	湖南友谊阿波罗控股股份有限公司	长沙市	零售业	473 155
59	水羊集团股份有限公司	长沙市	化学原料和化学制品制造业	472 239
60	恒飞电缆股份有限公司	衡阳市	电气机械和器材制造业	460 279
61	奥士康科技股份有限公司	益阳市	计算机、通信和其他电子设备制造业	456 748
62	湖南中钢智能制造股份有限公司	长沙市	通用设备制造业	453 129
63	湖南和顺石油股份有限公司	长沙市	零售业	451 326
64	湖南申湘汽车星沙商务广场有限公司	长沙市	零售业	417 401
65	湖南顺丰速运有限公司	长沙市	邮政业	416 412
66	株洲市云享信息技术有限公司	株洲市	商务服务业	415 627
67	湖南东亿电气股份有限公司	邵阳市	其他制造业	415 154
68	天元盛世控股集团有限公司	湘潭市	房地产业	410 822
69	湖南金煌实业集团	郴州市	综合	397 850
70	湖南省郴州建设集团有限公司	郴州市	房屋建筑业	397 724
71	株洲联诚集团控股股份有限公司	株洲市	铁路、船舶、航空航天和其他运输设备制造业	395 968
72	湘林集团有限公司	邵阳市	林业	393 502
73	湖南湘佳牧业股份有限公司	常德市	畜牧业	382 299
74	湖南鹏泰控股集团有限公司	娄底市	土木工程建筑业	380 516
75	大湖产业投资集团有限公司	常德市	综合	376 382
76	湖南长大建设集团股份有限公司	长沙市	房屋建筑业	373 676
77	永州温氏畜牧有限公司	永州市	农业	371 299
78	株洲麦格米特电气有限责任公司	株洲市	其他制造业	370 088
79	湖南天欣集团	岳阳市	非金属矿物制品业	359 116
80	开源置业集团有限公司	长沙市	房地产业	353 351
81	君泰控股有限公司	岳阳市	农、林、牧、渔专业及辅助性活动	350 403
82	湖南三湘银行股份有限公司	长沙市	货币金融服务	348 992
83	湖南艾华集团股份有限公司	益阳市	计算机、通信和其他电子设备制造业	344 487
84	湖南展威新材料科技有限公司	岳阳市	有色金属冶炼和压延加工业	341 421

续表

排名	企业名称	所属市州	所属行业	营业收入（万元）
85	佳邦建设集团有限公司	株洲市	房屋建筑业	337 649
86	湖南达嘉维康医药产业股份有限公司	长沙市	零售业	329 232
87	建滔（衡阳）实业有限公司	衡阳市	化学原料和化学制品制造业	328 334
88	湖南恒安纸业有限公司	常德市	造纸和纸制品业	328 209
89	长沙钢之梦电子商务有限公司	长沙市	批发业	320 461
90	九芝堂股份有限公司	长沙市	医药制造业	303 327
91	湖南省天宇建设工程有限公司	永州市	房屋建筑业	302 538
92	湖南联合城市建设集团有限公司	株洲市	房屋建筑业	300 854
93	湖南恒昌医药集团股份有限公司	长沙市	批发业	299 963
94	可孚医疗科技股份有限公司	长沙市	专用设备制造业	297 696
95	湖南英捷迅供应链有限公司	长沙市	商务服务业	296 789
96	湖南长沙丁字建筑（集团）有限公司	长沙市	房屋建筑业	295 290
97	湖南正和通银业有限公司	郴州市	有色金属冶炼和压延加工业	291 661
98	湖南省衡科实业集团有限公司	邵阳市	有色金属冶炼和压延加工业	285 582
99	湖南德泰建设集团	郴州市	房屋建筑业	279 411
100	湖南岳化化工股份有限公司	岳阳市	化学纤维制造业	277 509

湖南省中小企业发展工作情况报告

湖南省工业和信息化厅

2023年,在湖南省委、省政府的坚强领导下,湖南省工信厅认真贯彻落实党中央、国务院关于促进中小企业发展的决策部署,扎实推动中小企业专精特新发展,不断完善中小企业服务体系,促进中小企业高质量发展。

一、推动中小企业创新转型

1. 支持技术创新

落实"五首"(首台套、首批次、首版次、首轮次、首套件)产品奖励政策,开展规模工业企业创新研发活动全覆盖行动,实施制造业关键产品"揭榜挂帅"和"100个产品创新强基"项目,培育省级企业技术中心1 392个、省级工业设计中心170个、产业技术基础公共服务平台73家。

2. 推动三化发展

瞄准高端化、智能化、绿色化方向,开展制造业"三品"工程(增品种、提品质、创品牌),培育全国质量标杆企业15家。实施"湖湘精品"中小企业品牌能力提升行动,累计为6 000多家中小企业提供品牌服务活动166场。举办中小企业品牌宣传片大赛,集中宣传推介获奖企业。

3. 推动中小企业数字化转型

组织实施"智赋万企"专项行动和中小企业数字化服务节活动,引导中小企业开展数字化水平测评。建立湖南省"智赋万企"行动专家库,发布160余个典型服务案例、220余个产品及服务目录,有效扩大服务供给。推动13.3万家中小企业"上云"、1.31万家中小企业"上平台"。选取8个特色行业,组织

218家企业和44家服务商，开展2023年细分行业中小企业数字化转型试点。长沙市成功获批国家首批中小企业数字化转型城市试点，获1.5亿元中央财政资金支持。加快建设绿色制造体系，培育国家级绿色工厂136家、绿色园区13个。

4. 培育优质企业

围绕"4×4"现代化产业体系，突出关键领域"补短板""填空白""锻长板"，构建优质中小企业梯度培育体系。组织大企业"发榜"中小企业"揭榜"、小微企业质量管理体系认证提升、创新管理知识产权国际标准实施试点等活动，提升中小企业专精特新发展能力。举办专精特新"小巨人"企业培育政策解读会，凝聚专精特新发展共识。培育国家级专精特新"小巨人"企业116家、省级专精特新中小企业1 787家、创新型中小企业4 832家，累计分别达到496家、3 701家、6 747家。

5. 开展创新创业大赛

大众创业、万众创新深入推进，组织1 525家企业参加2023年"创客中国"湖南省中小微企业创新创业大赛，10家企业入选国赛500强，湖南碳康生物有限公司和爱芷生医疗科技有限公司分获全国总决赛二、三等奖，打破了湖南省历届获奖纪录，创史上最佳成绩。

二、帮助中小企业纾困解难

1. 缓解融资难问题

建立省中小企业融资服务平台，截至2023年年底，合作银行累计开展银企对接活动1 860场，服务企业10万家次，重点推荐信贷产品贷款余额超1 000亿元。推动商业价值信用贷款试点工作，利用大数据对企业进行多维度精准画像，归集16个部门涉企数据5.4亿条，筛选出3A级优质企业13.4万家，推动合作银行累计为企业放款517.39亿元，降低企业融资成本15%以上。开展中小企业股权融资对接，推动股权投资机构入园区，先后走访企业200余家，开展投融资对接路演20余场，成功撮合股权融资31.4亿元。联合人民银行等部门开展"一链一策一批"中小微企业融资行动，组织银企对接，发布制造业产融合作"白名单"企业2 796家、供应链金融核心企业487家，累计为

"白名单"企业融资超过2 000亿元,核心企业上下游中小微企业融资余额超过600亿元,中小微企业贷款增长20.9%。成功举办2023湖南专精特新企业金融服务大会。推动优质企业对接资本市场,累计推动38家专精特新企业成功登陆A股市场,2023年A股新上市挂牌的6家企业全部为专精特新企业,完成IPO融资为86.03亿元。推荐621家专精特新企业进入2023年全省上市后备企业资源库,占比达到68%。推动区域性股权市场设立专精特新专板,全省累计有近600家企业在专板挂牌,其中专精特新专板挂牌企业达到195家。

2. 缓解用人难问题

会同省人社厅出台人才赋能专精特新中小企业高质量发展十条措施,组织专精特新中小企业专场招聘等活动。实施"湘企英才"中小企业经营管理人员和领军人才培训,省级层面每年培训中层以上经营管理骨干2 000人,帮助中小企业引人育人。开展中小企业网上百日招聘等各类高校毕业生活动,6 357家中小企业发布岗位6.2万个,2.97万人签订意向就业协议。开展"湘企英才"中小企业经营管理人员培训,聚焦中小企业数字化转型实施8个专题培训,现场培训人数超过2 000人,近万人线上学习。联合清华大学、浙江大学分别举办2023年专精特新中小企业领军企业家研修班和高级经营管理人才研修班,160名学员参加培训。组织130余名专精特新企业负责人赴苏州大学参加"智赋万企·湖南省专精特新中小企业数字化转型培训班"。

3. 加强政策帮扶

编制惠企政策"口袋书",建立省级跨部门"一站式"涉企政策发布平台,广泛宣传解读政策,推动惠企政策直达快享。汇集涉企政策5.97万条、政策解读1.87万条。扎实开展中小企业服务月、"一起益企"等服务活动,深入园区、集群为中小企业送政策、送管理、送技术,为8.5万家中小企业"把脉问诊""对症开方",促成35个上下游产业链合作项目签约。牵头开展"万名干部联万企""三送三解三优"等纾困行动,2023年解决企业困难问题1.15万个。

4. 支持企业"走出去"

组织80家专精特新中小企业组团登上中博会、APEC技展会舞台,现场成功揽获近2亿元订单,"湖湘精品"惊艳全场、走向全球,两次展会均获评优秀组织单位。持续做好"一带一路"(长沙)中小企业合作区建设指导工作,推动金霞经济开发区快速融入"一带一路"建设。

三、优化中小企业发展环境

1. 强化公共服务

建成由 1 个省级枢纽、14 个市州、110 个县区和 20 个特色产业集群窗口平台组成的公共服务平台网络，入库企业 20 万家，注册各类机构近 1 万家，发布服务项目 3 万多个。体系建设走在全国前列，并代表湖南在工信部作经验交流。推动服务机构规范发展，培育省级中小微企业核心服务机构 307 家、国家中小企业公共服务示范平台 20 个。

2. 保障合法权益

开通"湖南省落实《保障中小企业款项支付条例》投诉平台"，健全工作机制，办理账款投诉线索 339 条。牵头开展清理拖欠企业账款专项行动，成立 22 个省直部门参与的全省清欠专班，建立专项行动联络员机制和日调度、周统筹、月通报督促化解机制、重点问题督办和约谈机制，组织开展实地督查和巡回指导，加大通报问责力度，推动账款及时化解清偿，实现年底无分歧欠款"应清尽清"。

3. 弘扬企业家精神

与湖南省委统战部、省工商联、省人社厅联合开展新湖南贡献奖评选表彰活动，树立一批民营企业和中小企业先进集体、先进个人，激发干事创业热情。加大推介力度，积极宣传优秀民营企业发展成绩、优秀企业家事迹，营造支持民营企业发展的良好氛围。

下一步，湖南省工信厅将进一步贯彻落实好党中央、国务院和省委、省政府支持中小企业发展各项政策措施，更好推动中小企业高质量发展。

湖南民营经济发展情况统计分析报告

湖南省统计局

民营经济是全面建设社会主义现代化国家的重要力量,是推进经济高质量发展的生力军。2023年,全省上下深入学习贯彻习近平总书记关于坚持"两个毫不动摇"和发展民营经济的重要论述,不断优化民营企业发展环境,促进民营经济发展壮大,全力推动全省民营经济向更高质量发展。

一、全省民营经济总体运行态势

2023年以来,湖南省委、省政府坚持稳中求进总基调,统筹推进民营经济高质量发展各项工作,取得了明显成效,总体呈现稳中向好的良好态势。

(一)经济发展稳中向好

2023年,全省民营经济增加值34 428.56亿元,同比增长4.5%,增速较上年加快0.2个百分点;民营经济增加值占全省地区生产总值的比重为68.8%。全省14个市州民营经济稳步增长,其中长沙、株洲、湘潭、衡阳、邵阳、郴州、怀化和娄底8个地区增速高于全省平均水平,分别增长4.9%、4.8%、4.8%、5.4%、4.9%、4.9%、6.1%和4.8%。

(二)三次产业协调发展

2023年,全省民营经济三次产业结构为13.3∶38.1∶48.6,民营经济产业结构呈现"三、二、一"格局;第三产业发展最快,经济额最大,是民营经济发展的领头羊。三次产业中,第一产业实现增加值4 588.80亿元,同比增长3.5%;第二产业实现增加值13 107.37亿元,同比增长4.3%;第三产业实现增加值

16 732.39 亿元，同比增长 5.0%。

（三）主要行业支撑有力

2023 年，全省民营经济主要行业运行平稳。民营经济分行业看，住宿和餐饮业，交通运输、仓储和邮政业，批发和零售业，工业，金融业增加值增速高于或等于全省平均水平，发挥了重要支撑作用，分别同比增长 11.4%、6.1%、5.8%、5.0%、4.5%。此外，受房地产市场不景气影响，建筑业增长 1.5%、房地产业下降 2.8%。

（四）区域发展态势良好

长株潭地区民营经济增加值 13 659.76 亿元，占全省民营经济总量的 39.7%；洞庭湖地区民营经济增加值 8 057.61 亿元，占全省民营经济总量的 23.4%；湘南地区民营经济增加值 7 109.28 亿元，占全省民营经济总量的 20.7%；大湘西地区民营经济增加值 5 582.48 亿元，占全省民营经济总量的 16.2%。

二、当前民营经济发展存在的主要问题

虽然民营经济运行总体上实现了稳中有进，但受国内外经济发展环境及自身发展的短板影响，仍然存在生产要素和发展信心不足、企业经营压力较大、创新能力不强等问题。

（一）关键生产要素短板较突出

湖南省民营经济不仅在科技创新、现代金融、人力资源等高端要素资源支撑方面存在短板，在传统金融信贷、原材料、土地等初级要素和资源供应方面也存在诸多制约因素，影响民营经济的平稳健康运行。如资金方面，目前民营企业应收账款增多，资金周转压力较大，企业财务费用持续增加的情况较多，融资难、融资贵的问题仍然存在。人工方面，企业存在招工难现象，主要缺口是熟练技术工；对人才的吸引力不够、薪资不高，难聘请到创新人才。

（二）企业经营发展的预期偏谨慎

当前，我国发展面临的外部环境依然复杂严峻，市场整体走弱影响民营企

业经营发展预期。湖南省民营企业主要集中在科技含量较低的领域，企业设备和技术落后，产品竞争力不强，议价能力弱，流动资金较少，面临市场需求不足、企业利润下降，经营成本上升，产品缺乏价格优势等问题，民营企业抗风险能力不强，生存和发展压力较大。

（三）参与市场竞争水平还需提高

因资金、技术、管理等方面的不足，湖南省大多数民营企业仍分布在劳动密集型、中低端技术等传统行业，处于技术含量低、附加值低的产业链中下游位置。在日趋激烈的市场竞争中，民营企业面对国有企业和外资企业，市场占有率相对偏低。

三、推动民营经济平稳健康运行的政策建议

（一）加大政策扶持力度，增强民营企业发展信心

在当前国际国内经济环境仍存在诸多不确定因素的影响下，民营企业未来经营仍存在一定风险和挑战。要认真落实习近平总书记"为民营企业和民营企业家排忧解难"的重要要求，进一步优化营商环境，在政策、资金、人才等方面给予更大的扶持，继续落实好纾困惠企政策，加大税收减免力度、加强财政资金对企业的帮扶，优化企业融资环境，保持惠企政策连续性、稳定性，多措并举扩大内需，刺激市场有效需求，为民营企业发展创造更加美好的环境。

（二）突出重点强化支撑，促进民营经济做大做强

坚持把发展民营经济的着力点放在实体经济上，促进民营经济发展壮大。一是抓工业帮扶挖潜，落实税收优惠政策，缓解融资瓶颈，保障企业用工需求；加大传统产业改造提升力度，加快发展新兴产业，重点支持装备制造、生物医药、新能源等新型优势产业建设，培育新支撑点。二是抓投资项目推进，把项目建设作为激发民营经济发展活力的主抓手，不断提升项目服务和保障机制。三是抓园区带动，坚持把园区作为民营经济发展的重要平台，推进生产要素向园区集中，为民营企业发展提供载体。

（三）支持提升科技创新能力，引导鼓励民营企业转型发展

全面提升民营企业核心竞争力，引导和鼓励民营企业立足自身实际，以市场为导向，加大科技创新力度，加强对尖端人才的引进和培养力度，加大高新技术的研发和使用力度，引导企业加大技改投入，不断提高产品的附加值和竞争力。培育一批关键行业民营科技领军企业、专精特新中小企业和创新能力强的中小企业特色产业集群。支持民营企业加大生产工艺、设备、技术的绿色低碳改造力度，加快推动数字化转型。

湖南省经营主体发展报告

湖南省市场监督管理局

2023年是贯彻落实党的二十大精神的开局之年，全省围绕实现"三高四新"美好蓝图，坚持打好打赢"发展六仗"，深入推进经营主体培育工程，稳步推进涉企审批服务"一照通"改革，简化企业开办和生产经营审批程序，实现"证照联办""一照通行"，持续激发市场活力，全省经营主体实现质的有效提升和量的合理增长。

一、各类经营主体发展概况

（一）全省实有经营主体保持较快增长

2023年，全省新登记注册经营主体122.91万户，日均新登记注册经营主体3 368户；新登记注册经营主体注册资本（金）13 080.91亿元。其中企业43.06万户，注册资本（金）12 195.24亿元；个体工商户79.28万户，出资金额765.67亿元；农民专业合作社5 726户，出资金额120.00亿元（见表1、图1）。

截至2023年年底，全省实有经营主体突破700万户，达到712.78万户，增长12.2%；注册资本（金）突破14万亿元，达到140 506.96亿元，增长9.5%。其中，企业突破190万户，达190.02万户，增长20.4%，注册资本（金）突破13万亿元，达到131 501.54亿元，增长9.8%；个体工商户突破500万户，达到510.55万户，增长9.6%，出资金额5 660.02亿元，增长8.1%；农民专业合作社突破12万户，达到12.22万户，增长2.2%，出资金额3 345.40亿元，增长1.3%（见表2、图2）。

表1 2023年全省经营主体新登记注册情况

单位：户、亿元、%

		户数		注册资本（金）	
		绝对值	增幅	绝对值	增幅
全部经营主体		1 229 142	-7.4	13 080.91	-10.0
1.企业	合计	430 576	4.8	12 195.24	-9.9
	国有、集体及其控股企业	23 677	-21.7	2 448.31	-35.2
	私营企业	405 278	6.8	9 259.93	6.8
	外商投资企业	1 621	21.1	487.00	-55.0
2.个体工商户		792 840	-12.8	765.67	-10.1
3.农民专业合作社		5 726	-17.5	120.00	-20.8

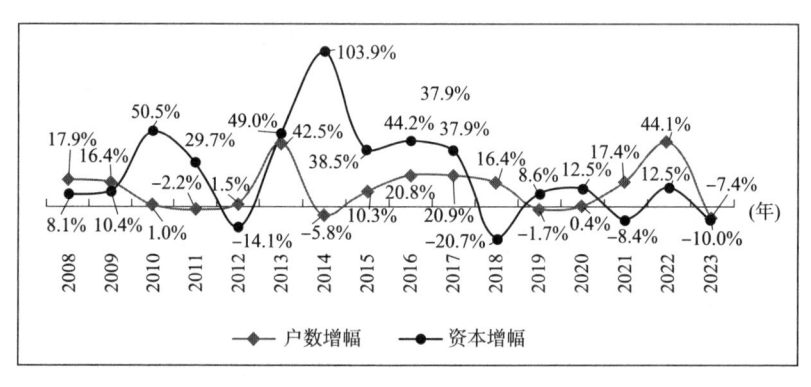

图1 2008年以来新登记注册经营主体发展情况

表2 2023年全省经营主体期末实有情况

单位：户、亿元、%

		户数		注册资本（金）	
		绝对值	增幅	绝对值	增幅
全部经营主体		7 127 835	12.2	140 506.96	9.5
1.企业	合计	1 900 184	20.4	131 501.54	9.8
	国有、集体及其控股企业	139 268	15.1	41 737.94	9.4
	私营企业	1 747 138	21.0	80 736.91	10.8
	外商投资企业	13 778	9.4	9 026.69	3.2
2.个体工商户		5 105 471	9.6	5 660.02	8.1
3.农民专业合作社		122 180	2.2	3 345.40	1.3

图 2　2008 年以来实有经营主体发展情况

（二）经营主体注销速度回归常态

2023 年注销经营主体 54.63 万户，注销率 8.6%，较 2022 年下降 2.9 个百分点，回归到常态水平。

从经营主体类型看，企业注销数量增幅最大，全年注销企业 13.22 万户，注销率 8.4%，较上年提高 0.9 个百分点。个体工商户注销数量最多，全年注销个体工商户 41.09 万户，占注销经营主体总量的 75.2%，注销率 8.8%，比上年下降 4.2 个百分点（见表 3、图 3）。

表 3　2023 年全省经营主体注销登记情况

单位：户、%

		2023 年注销户数	2022 年注销户数	增幅	2023 年注销率	2022 年注销率
全部经营主体		546 307	627 651	-13.0	8.6	11.5
1. 企业	合计	132 178	92 869	42.3	8.4	7.5
	国有、集体及其控股企业	7 157	6 501	10.1	5.9	6.9
	私营企业	124 513	85 897	45.0	8.6	7.5
	外商投资企业	508	471	7.9	4.0	4.0
2. 个体工商户		410 930	531 062	-22.6	8.8	13.0
3. 农民专业合作社		3 199	3 720	-14.0	2.7	3.2

注：注销率指某年度注销经营主体（企业、个体工商户、农民专业合作社）户数占上年末实有经营主体（企业、个体工商户、农民专业合作社）户数的比例，反映办理注销手续退出市场的经营主体（企业、个体工商户、农民专业合作社）比例。

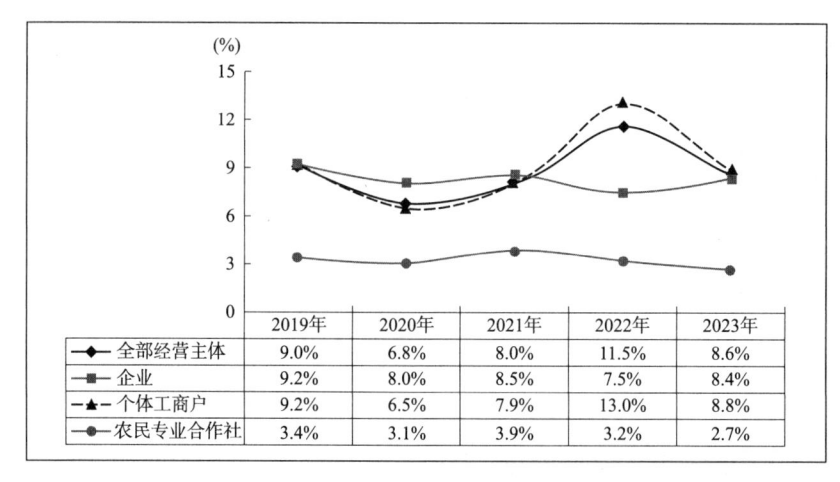

图 3　2019—2023 年经营主体注销率

	2019年	2020年	2021年	2022年	2023年
全部经营主体	9.0%	6.8%	8.0%	11.5%	8.6%
企业	9.2%	8.0%	8.5%	7.5%	8.4%
个体工商户	9.2%	6.5%	7.9%	13.0%	8.8%
农民专业合作社	3.4%	3.1%	3.9%	3.2%	2.7%

（三）经营主体类型结构持续优化

企业是社会就业的主渠道、财政收入的主要来源、创新创造的生力军、经济发展的中坚力量，企业在经营主体中的比重越高，经营主体类型结构越优。2023 年，三大经营主体类型中，企业是唯一实现新登记注册户数增长的经营主体，也是期末实有经营主体户数和注册资本（金）增幅最大的经营主体。截至 2023 年年底，实有企业户数增长 20.4%，比个体工商户、农民专业合作社增幅高 10.8 个百分点、18.2 个百分点；注册资本（金）增长 9.8%，比个体工商户、农民专业合作社增幅高 1.7 个百分点、8.5 个百分点。全年企业净增 32.21 万户、注册资本（金）11 749.42 亿元，对全省经营主体户数和注册资本（金）增长的贡献率分别为 41.6%、96.2%。实有企业户数占经营主体总户数的 26.7%，比上年提高 1.9 个百分点，已连续 11 年持续提升；注册资本（金）占 93.6%，比上年提高 0.3 个百分点，企业在经营主体中的作用进一步增强（见图 4、图 5）。

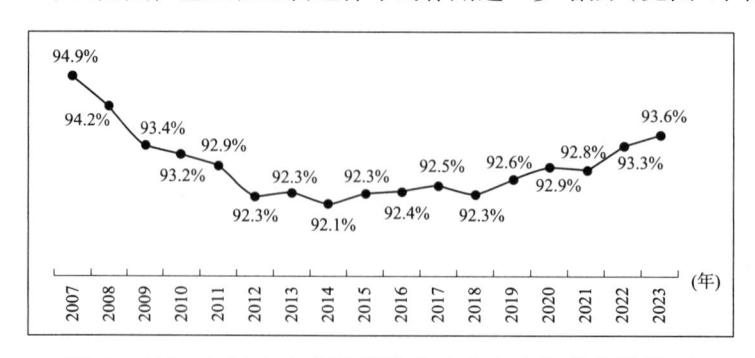

图 4　2007 年以来企业注册资本（金）占经营主体比重

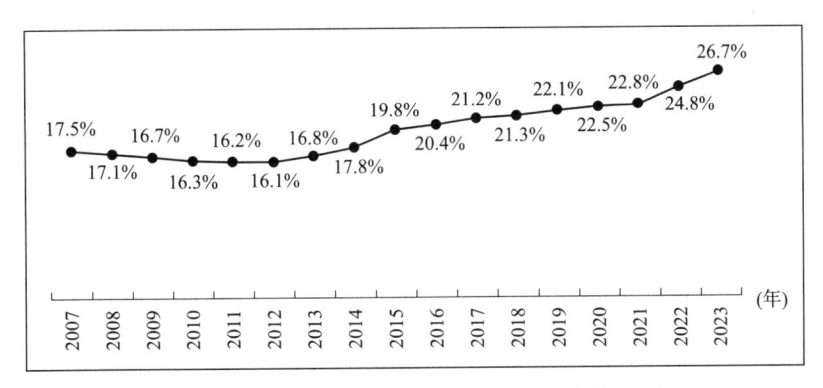

图 5　2007 年以来企业户数占经营主体比重

二、区域发展概况

（一）长沙经营主体首位效应突出

长沙作为省会城市，是全省创新创业最活跃、经营主体最集中的地区，集中了全省四分之一的经营主体和近一半的注册资本（金）。2023 年，长沙市新登记注册经营主体 35.41 万户，占全省的 28.8%；注册资本（金）5 848.92 亿元，占全省的 44.7%。截至 2023 年年底，长沙实有经营主体 177.87 万户、注册资本（金）63 974.51 亿元，分别占全省的 25.0%、45.5%。

从企业情况看，呈现更高的集中度，长沙集中了全省近四成的企业和近一半的注册资本（金）。全年新登记注册企业 13.82 万户，注册资本（金）5 698.22 亿元，分别占全省的 32.1%、46.7%。截至 2023 年年底，长沙实有企业 68.49 万户、注册资本（金）62 758.09 亿元，分别占全省的 36.0%、47.7%。

（二）10 个市州的实有经营主体户数出现两位数的增长

各市州实有经营主体发展速度较快。实有户数方面，10 个市州实有经营主体户数增长速度超 10%，依次为永州市（15.8%）、株洲市（14.6%）、长沙市（13.6%）、邵阳市（13.0%）、岳阳市（12.6%）、衡阳市（12.2%）、湘西州（12.2%）、常德市（12.0%）、湘潭市（11.2%）、怀化市（10.5%）。实有注册资本（金）方面，8 个市州实有注册资本（金）增长速度超全省平均水平（9.5%），分别为岳阳市（16.2%）、郴州市（14.5%）、娄底市（13.7%）、衡阳市（13.5%）、永州市（12.0%）、怀化市（11.5%）、益阳市（11.0%）、邵阳市（10.0%）（见表4）。2023年各市州企业发展情况见表5。

表4 2023年各市州经营主体发展情况

单位：户、亿元、%

	期末实有经营主体 户数 绝对值	期末实有经营主体 户数 增幅	期末实有经营主体 注册资本（金） 绝对值	期末实有经营主体 注册资本（金） 增幅	新登记注册经营主体 户数 绝对值	新登记注册经营主体 注册资本（金） 绝对值
全省	7 127 835	12.2	140 506.96	9.5	1 229 142	13 080.91
长沙市	1 778 685	13.6	63 974.51	8	354 100	5 848.92
株洲市	482 838	14.6	8 868.35	9	102 136	580.08
湘潭市	270 569	11.2	5 390.78	7.5	44 594	427.81
衡阳市	595 873	12.2	8 032.07	13.5	102 158	708.34
邵阳市	515 052	13	5 560.99	10	84 680	516.69
岳阳市	588 658	12.6	8 577.48	16.2	98 925	1 069.35
常德市	520 688	12	8 143.53	4.5	84 070	470.09
张家界市	165 722	9.3	2 285.89	6.3	23 904	174.94
益阳市	417 755	7.4	5 023.9	11	43 949	513.65
郴州市	378 919	8.9	5 922.03	14.5	57 862	790.66
永州市	433 294	15.8	5 435.27	12	84 200	541.11
怀化市	387 268	10.5	4 656.68	11.5	59 416	523.53
娄底市	375 794	9.6	5 781.26	13.7	51 554	624.25
湘西州	216 720	12.2	2 854.21	8.9	37 594	291.5

表5 2023年各市州企业发展情况

单位：户、亿元、%

	期末实有企业 户数 绝对值	期末实有企业 户数 增幅	期末实有企业 注册资本（金） 绝对值	期末实有企业 注册资本（金） 增幅	新登记注册企业 户数 绝对值	新登记注册企业 注册资本（金） 绝对值
全省	1 900 184	20.4	131 501.54	9.8	430 576	12 195.24
长沙市	684 944	16.2	62 758.09	8.0	138 165	5 698.22

续表

	期末实有企业				新登记注册企业	
	户数		注册资本（金）		户数	注册资本（金）
	绝对值	增幅	绝对值	增幅	绝对值	绝对值
株洲市	133 649	25.6	8 335.3	9.3	37 123	522.62
湘潭市	60 380	21.2	5 079.86	7.7	14 152	397.45
衡阳市	132 468	30.9	7 262.04	14.9	37 783	655.31
邵阳市	120 649	17.7	4 774.12	10.5	22 071	432.8
岳阳市	130 784	30.1	7 616.27	17.9	37 353	990.08
常德市	126 759	29.1	7 354	4.4	34 368	396.04
张家界市	34 904	9.6	1 990.58	6.4	4 804	145.81
益阳市	85 271	12.2	4 227.42	11.9	11 993	449.24
郴州市	95 510	15.6	5 429.32	15.0	19 834	724.41
永州市	94 115	32.2	4 785.8	12.6	28 973	469.9
怀化市	77 987	18	4 151.88	12.3	16 557	481.32
娄底市	83 489	25.5	5 213.04	14.7	20 783	578.6
湘西州	39 275	9.1	2 523.82	9.1	6 617	253.43

（三）长株潭地区经营主体规模一区独大，其他区域分布相对均衡

长株潭地区新登记注册经营主体50.08万户，占全省总量的40.7%，新登记注册资本（金）6 856.81亿元，占全省总量的52.4%；大湘西地区、湘南地区、环洞庭湖地区新登记注册经营主体25.71万户、24.42万户、22.69万户，分别占全省总量的20.9%、19.9%、18.5%，新登记注册资本（金）分别为2 130.91亿元、2 040.11亿元、2 053.09亿元，分别占全省总量的16.3%、15.6%、15.7%（见表6、图6至图9）。

截至2023年年底，长株潭地区、大湘西地区、环洞庭湖地区、湘南地区实有经营主体253.21万户、166.06万户、152.71万户、140.81万户，分别占全省总量的35.5%、23.3%、21.4%、19.8%，分别增长13.6%、11.1%、10.9%、12.4%；实有注册资本（金）78 233.64亿元、21 139.03亿元、21 744.91亿元、19 389.37亿元，分别占全省总量的55.7%、15.0%、15.5%、13.8%，分别增长8.1%、10.7%、10.4%、13.4%（见表6）。2023年全省主要经济区域企业发展情况见表7。

表6　2023年全省主要经济区域经营主体发展情况

单位：户、亿元、%

	期末实有				新登记注册	
	户数		注册资本（金）		户数	注册资本（金）
	绝对值	增幅	绝对值	增幅	绝对值	绝对值
长株潭地区	2 532 092	13.6	78 233.64	8.1	500 830	6 856.81
大湘西地区	1 660 556	11.1	21 139.03	10.7	257 148	2 130.91
湘南地区	1 408 086	12.4	19 389.37	13.4	244 220	2 040.11
环洞庭湖地区	1 527 101	10.9	21 744.91	10.4	226 944	2 053.09

表7　2023年全省主要经济区域企业发展情况

单位：户、亿元、%

	期末实有				新登记注册	
	户数		注册资本（金）		户数	注册资本（金）
	绝对值	增幅	绝对值	增幅	绝对值	绝对值
长株潭地区	878 973	17.9	76 173.24	8.1	189 440	6 618.29
大湘西地区	356 304	17.6	18 653.45	11.4	70 832	1 891.96
湘南地区	322 093	26.3	17 477.16	14.3	86 590	1 849.62
环洞庭湖地区	342 814	24.8	19 197.69	11.1	83 714	1 835.36

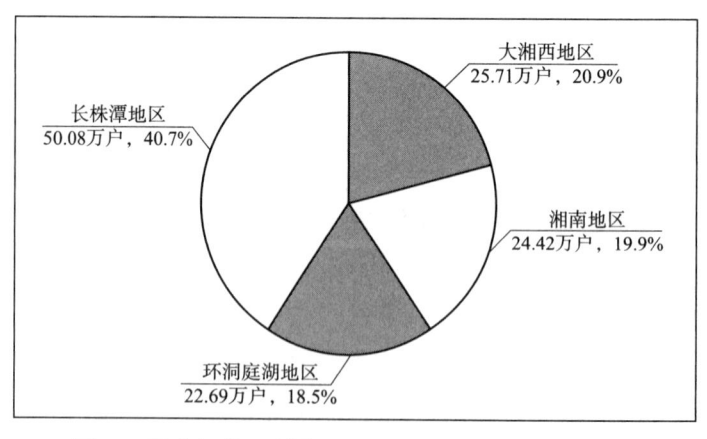

图6　四大经济区域新登记注册经营主体户数分布

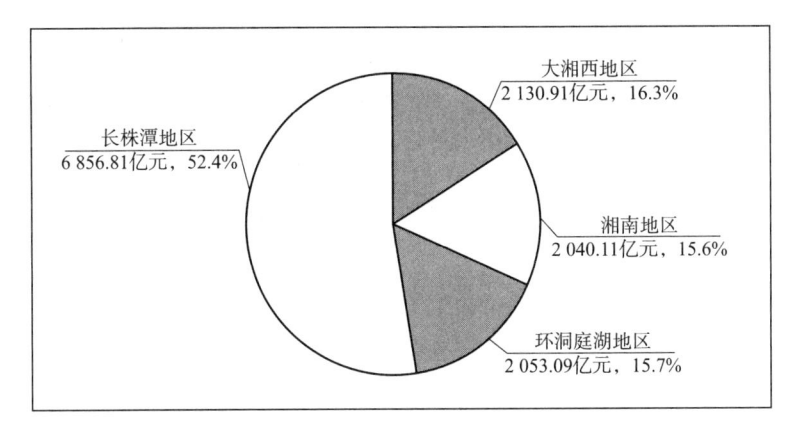

图7 四大经济区域新登记注册经营主体注册资本（金）分布

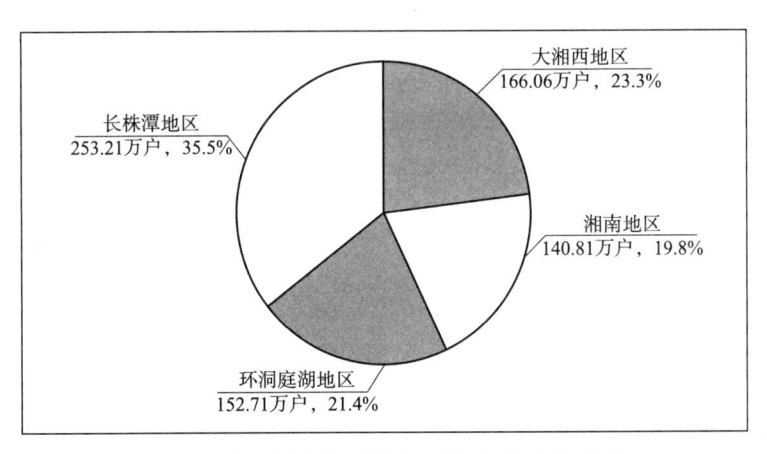

大湘西地区 2 130.91亿元，16.3%
长株潭地区 6 856.81亿元，52.4%
湘南地区 2 040.11亿元，15.6%
环洞庭湖地区 2 053.09亿元，15.7%

图8 四大经济区域期末经营主体户数分布

大湘西地区 166.06万户，23.3%
长株潭地区 253.21万户，35.5%
湘南地区 140.81万户，19.8%
环洞庭湖地区 152.71万户，21.4%

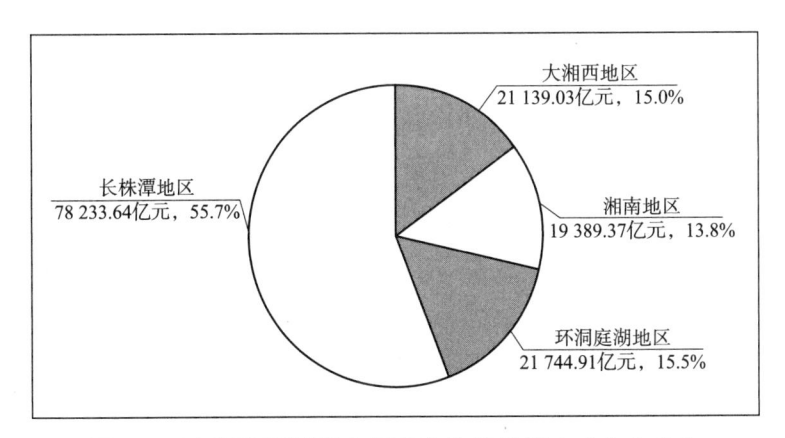

图9 四大经济区域期末经营主体注册资本（金）分布

大湘西地区 21 139.03亿元，15.0%
长株潭地区 78 233.64亿元，55.7%
湘南地区 19 389.37亿元，13.8%
环洞庭湖地区 21 744.91亿元，15.5%

（四）各市州企业占其经营主体的比重普遍提高

2023年，企业增长明显好于其他经营主体，企业占经营主体的比重进一步提升，各市州经营主体类型结构持续优化。户数方面，除湘西州外，其他13个市州企业户数占其经营主体户数的比重全部提升，且占比均超过20%，比上年增加6个，但仅有长沙市（38.5%）、株洲市（27.7%）高于全省平均水平。注册资本（金）方面，14个市州企业注册资本（金）占其经营主体注册资本（金）的比重全部提升，其中长沙市（98.1%）、湘潭市（94.2%）、株洲市（94.0%）、郴州市（91.7%）、衡阳市（90.4%）、常德市（90.3%）、娄底市（90.2%）7个市州占比超过90%，比上年增加2个，其他市州占比均超过80%，但仅有长沙市、湘潭市、株洲市高于全省平均水平（见表8、图10、图11）。

从提升幅度看，衡阳市、常德市、岳阳市、娄底市、永州市、株洲市6个市州实有企业户数占比提升幅度超过2个百分点，分别提升3.2个百分点、3.2个百分点、3.0个百分点、2.8个百分点、2.7个百分点、2.4个百分点。注册资本（金）方面，岳阳市、衡阳市、娄底市、益阳市、怀化市等5个市州提升幅度高于0.5个百分点，分别提升1.3个百分点、1.1个百分点、0.8个百分点、0.7个百分点、0.7个百分点（见表8、图10）。

表8 市州实有企业占经营主体比重情况

单位：万户、%

	2022年		2023年		2023年比重变化	
	户数	注册资本（金）	户数	注册资本（金）	户数	注册资本（金）
全省	24.8	93.3	26.7	93.6	1.8	0.3
长沙市	37.6	98.1	38.5	98.1	0.9	0.0
株洲市	25.3	93.8	27.7	94.0	2.4	0.2
湘潭市	20.5	94.1	22.3	94.2	1.8	0.2
衡阳市	19.1	89.3	22.2	90.4	3.2	1.1
邵阳市	22.5	85.5	23.4	85.9	0.9	0.4
岳阳市	19.2	87.5	22.2	88.8	3.0	1.3
常德市	21.1	90.4	24.3	90.3	3.2	0.0
张家界市	21.0	87.0	21.1	87.1	0.1	0.1
益阳市	19.5	83.4	20.4	84.1	0.9	0.7

续表

	2022年		2023年		2023年比重变化	
	户数	注册资本（金）	户数	注册资本（金）	户数	注册资本（金）
郴州市	23.7	91.3	25.2	91.7	1.5	0.4
永州市	19.0	87.6	21.7	88.1	2.7	0.5
怀化市	18.9	88.5	20.1	89.2	1.3	0.7
娄底市	19.4	89.3	22.2	90.2	2.8	0.8
湘西州	18.6	88.3	18.1	88.4	-0.5	0.2

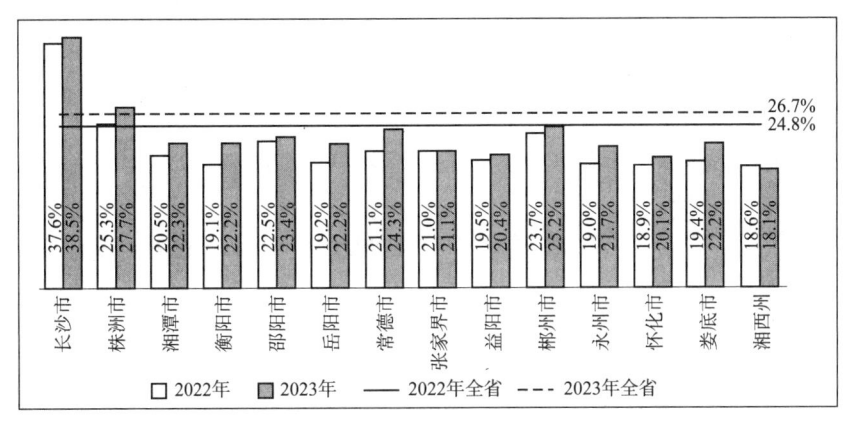

图 10 市州企业户数占其经营主体户数比重

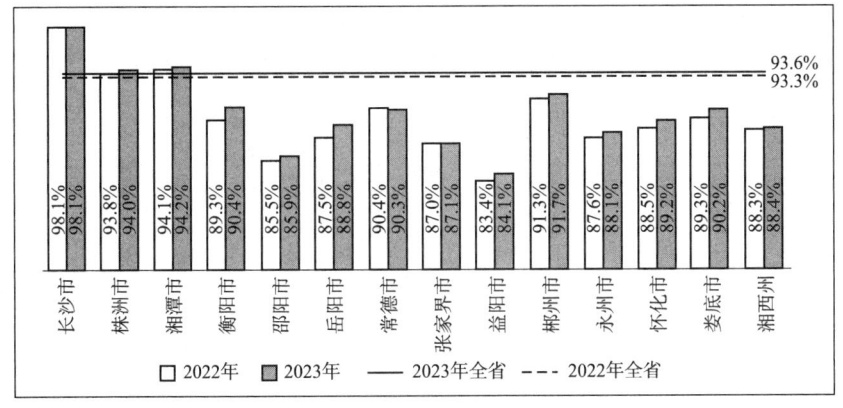

图 11 市州企业注册资本（金）占其经营主体注册资本（金）比重

（五）经营主体主要聚集在市辖区，县域新登记注册户数和注册资本（金）下滑

从地域分布看，经营主体进一步向市辖区集中，资本集聚程度更高。2023年，全省市辖区新登记注册经营主体57.23万户，占全省总量的46.6%，

比上年提高3.5个百分点；注册资本（金）8 749.96亿元，占全省总量的66.9%，比上年提高1.2个百分点。县级市、县域新登记注册经营主体19.72万户、45.96万户，分别占全省总量的16.0%、37.4%；注册资本（金）1 503.29亿元、2 827.66亿元，分别占全省总量的11.5%、21.6%。截至2023年年底，全省市辖区实有经营主体316.12万户，占全省总量的44.4%，比上年提高0.1个百分点（见表9）；注册资本（金）98 543.88亿元，占全省总量的70.1%，比上年提高2.0个百分点。县级市、县域实有经营主体120.04万户、276.63万户，分别占全省总量的16.8%、38.8%；注册资本（金）14 444.26亿元、27 518.82亿元，分别占全省总量的10.3%、19.6%（见图12至图14）。

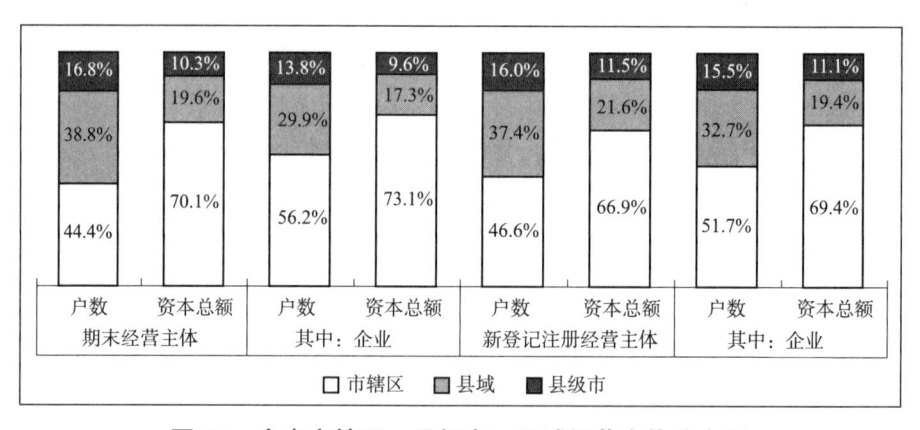

图12 全省市辖区、县级市、县域经营主体分布图

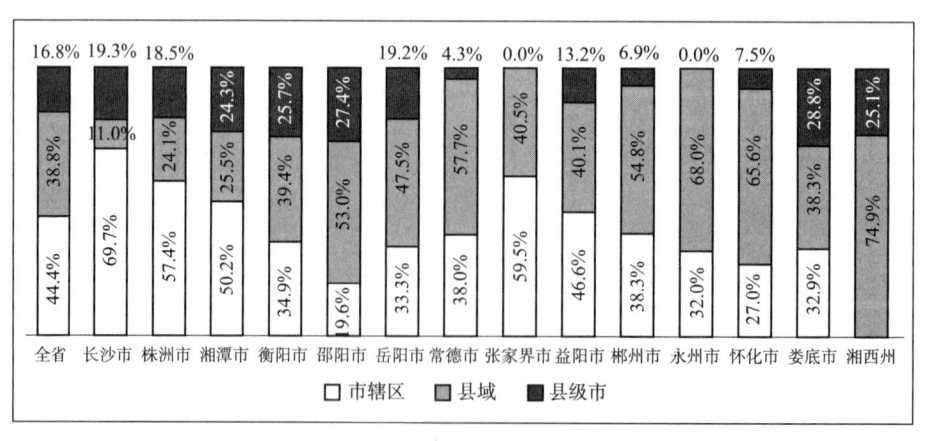

图13 各市州实有经营主体户数市辖区、县级市、县域分布图

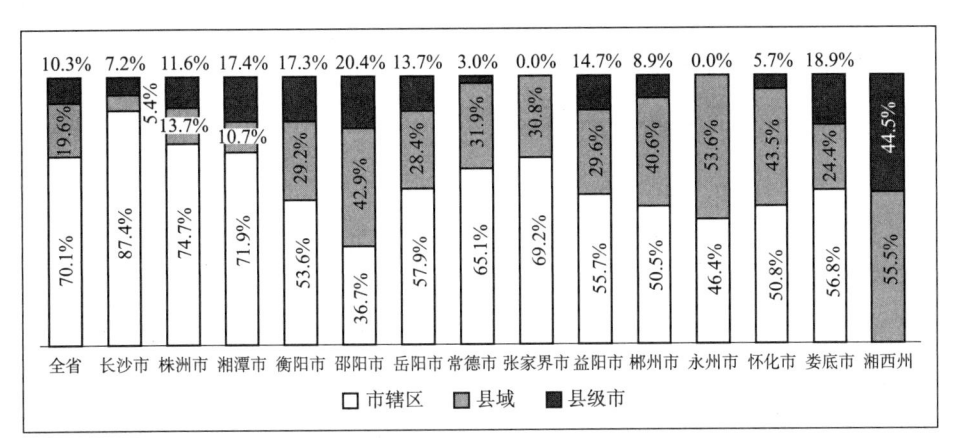

图 14　各市州实有经营主体注册资本（金）市辖区、县级市、县域分布图

从企业情况看，市辖区集中度更高。2023 年，全省市辖区新登记注册企业 22.28 万户，占全省的 51.7%，比上年提高 2.2 个百分点；注册资本（金）8 466.35 亿元，占全省的 69.4%，比上年提高 1.1 个百分点。县级市、县域新登记注册企业 6.69 万户、14.08 万户，分别占全省总量的 15.5%、32.7%；注册资本（金）1 357.51 亿元、2 371.38 亿元，分别占全省总量的 11.1%、19.4%。截至 2023 年年底，全省市辖区实有企业 106.82 万户，占全省的 56.2%，比上年下降 1.3 个百分点，比县级市、县域高 42.4 个百分点、26.3 个百分点；注册资本（金）96 079.44 亿元，占全省的 73.1%，比上年提高 2.1 个百分点（见表 9）。县级市、县域实有企业 26.29 万户、56.90 万户，分别占全省总量的 13.8%、29.9%；注册资本（金）12 678.63 亿元、22 743.47 亿元，分别占全省总量的 9.6%、17.3%（见表 9）。

表 9　2023 年市辖区、县级市、县域经营主体发展情况

计量单位：户、%

		绝对量			增幅		
		市辖区	县级市	县域	市辖区	县级市	县域
期末经营主体	户数	3 161 197	1 200 353	2 766 285	12.3	12.6	11.8
	资本总额	98 543.88	14 444.26	27 518.82	12.8	5.1	1.1
其中：企业	户数	1 068 241	262 909	569 034	17.7	25.6	23.3
	资本总额	96 079.44	12 678.63	22 743.47	13.0	5.3	0.1

（六）全省每万人经营主体拥有量超过 1 000 户，市州间差距有所缩小

2022 年全省常住人口为 6 604 万人，较 2021 年下降 0.27%。在经营主体数量增长和常住人口减少双重因素影响下，全省每万人经营主体拥有量在 2022 年较快增长的基础上，继续保持较快增长。截至年底，全省每万人经营主体拥有量首次突破 1 000 户，达 1 079.32 户，增长 12.5%。各市州每万人经营主体拥有量差距有所缩小，全省排名第一位的市州是排名第二位的 1.37 倍、是排名最后一位的 2.13 倍，比上年分别缩小 4.1 个、4.2 个百分点。2023 年全省 14 个市州每万人经营主体拥有量全部突破 800 户，而 2022 年有 5 个市州低于 800 户。长沙市（1 706.89 户）、株洲市（1 247.29 户）、岳阳市（1 173.21 户）、张家界市（1 102.02 户）、益阳市（1 101.21 户）、湘潭市（1 001.11 户）6 个市州高于 1 000 户，比上年增加 1 个市州，但全省仍然只有长沙市高于全国平均水平（见表 10、图 15、图 16）。

从企业情况看，全省每万人企业拥有量 287.83 户，增长 20.7%。市州每万人企业拥有量差距显著缩小，全省排名第一位的市州是排名第二位的 1.9 倍、是排名最后一位的 4.1 倍，比上年分别缩小 19.7 个、7.8 个百分点。全省 14 个市州，长沙市（657.30 户）、株洲市（345.25 户）、岳阳市（260.66 户）、常德市（243.16 户）、张家界市（232.11 户）、益阳市（224.78 户）、湘潭市（223.41 户）、娄底市（222.04 户）、郴州市（205.98 户）、衡阳市（201.40 户）10 个市州超过 200 户，比上年增加 7 个市州，但全省仍然只有长沙市高于全国平均水平（见表 10、图 15、图 16）。

表 10 2023 年各市州每万人经营主体和企业拥有量情况

单位：户、%

	2023 年					2022 年			
	经营主体	排位	增幅	企业	排位	增幅	经营主体	排位	企业	排位
全国	1 303.55		8.8	412.73		10.4	1 197.99		373.96	
全省	1 079.32		12.5	287.73		20.7	959.51		238.31	
长沙市	1 706.89	1	11.6	657.30	1	14.2	1528.89	1	575.51	1
株洲市	1 247.29	2	15.0	345.25	2	26.0	1 084.51	2	273.97	2

续表

	2023 年						2022 年			
	经营主体	排位	增幅	企业	排位	增幅	经营主体	排位	企业	排位
湘潭市	1 001.11	6	11.5	223.41	7	21.4	898.01	7	183.97	7
衡阳市	905.94	9	13.0	201.40	10	31.8	801.90	9	152.79	11
邵阳市	802.54	14	13.9	187.99	11	18.7	704.87	14	158.44	10
岳阳市	1 173.21	3	13.1	260.66	3	30.7	1 037.14	3	199.40	4
常德市	998.83	8	12.6	243.16	4	29.7	887.24	8	187.41	6
张家界市	1 102.02	4	9.8	232.11	5	10.1	1 003.85	5	210.80	3
益阳市	1 101.21	5	8.3	224.78	6	13.2	1 016.47	4	198.55	5
郴州市	817.20	13	9.3	205.98	9	16.1	747.35	12	177.37	8
永州市	842.38	12	16.8	182.97	12	33.5	720.95	13	137.11	14
怀化市	856.65	11	11.5	172.51	13	19.1	768.55	11	144.90	13
娄底市	999.43	7	10.7	222.04	8	26.8	902.84	6	175.18	9
湘西州	880.55	10	12.8	159.58	14	9.7	780.33	10	145.42	12

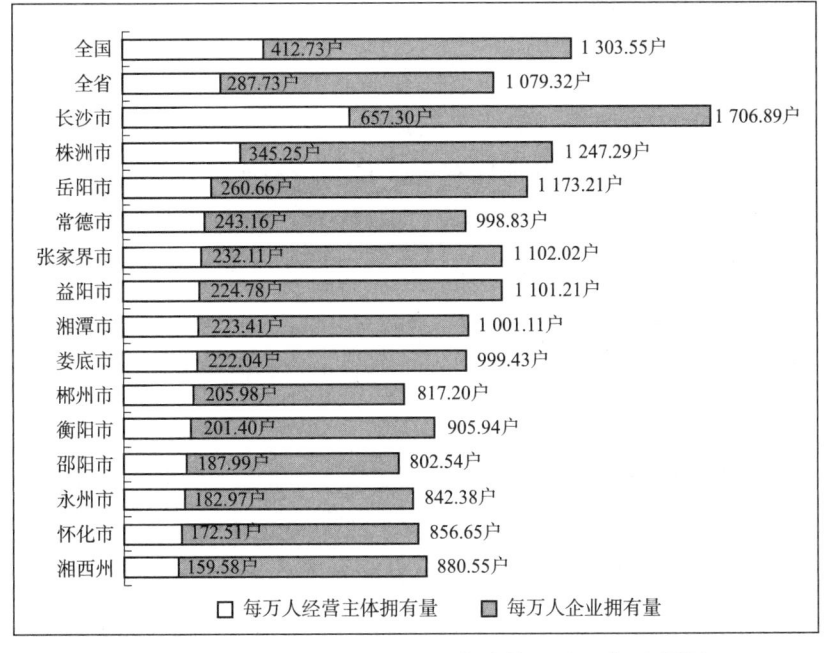

图 15　2023 年各市州每万人经营主体和企业拥有量情况

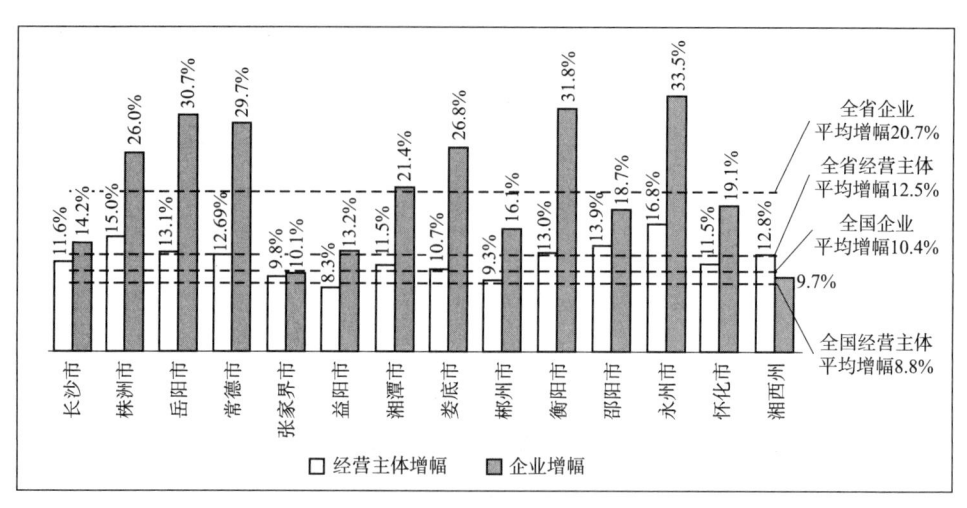

图 16 2023 年各市州每万人经营主体和企业拥有量增长情况

三、企业发展情况

（一）经济类型情况

1. 国有企业、集体企业户数持续减少

全年新登记注册国有、集体及其控股企业 2.37 万户，注册资本（金）2 448.31 亿元。其中新登记注册国有企业 11 户，注册资本（金）23 万元；新登记注册集体企业 110 户，注册资本（金）3 503 万元；新登记注册公司 2.36 万户，注册资本（金）2 447.96 亿元。截至 2023 年年底，全省实有国有、集体及其控股企业 13.93 万户，注册资本（金）41 737.94 亿元，分别增长 15.1%、9.4%。其中，实有国有企业、集体企业户数进一步减少，分别为 3 446 户、6 464 户，下降 7.6%、1.2%。

行业投向方面，从新登记注册户数看，批发和零售业、租赁和商务服务业、科学研究和技术服务业、建筑业四大行业门类新登记注册户数占总量的比重超过 10%，共新登记注册 1.40 万户，占总量的 59.1%，接近六成，分别新登记注册 4 400 户、3 677 户、2 979 户、2 925 户，占总量的 18.6%、15.5%、12.6%、12.4%。农林牧渔业、信息传输、计算机服务和软件业、电力、热力、燃气及水生产和供应业三大行业门类新登记注册户数占总量的比重超过 5%，分别新登记注册 1 804 户、1 501 户、1 256 户，占总量的 7.6%、6.3%、5.3%。从新登记注册资本（金）看，金融业吸引资本规模最大，虽然新登记注册仅 252 户，占新登记注册户数总量的 1.1%，但吸引注册资本（金）372.24 亿元，占注册资本（金）总量的 15.2%。租赁和商务服务业，批发和零售业，科学研究和技术服务业，电力、热力、燃气及水生产和供应业四大行业门类注册资本（金）占总量的比重也超过 10%，分别新登记注册资本（金）328.69 亿元、290.81 亿元、261.07 亿元、252.52 亿元，占总量的 13.4%、11.9%、10.7%、10.3%。占比前五的行业门类注册资本（金）1 505.33 亿元，合计占比 61.5%。制造业、建筑业、农林牧渔业三大行业门类新登记注册资本（金）占总量的比重超过 5%，新登记注册资本（金）分别为 238.14 亿元、172.59 亿元、128.90 亿元，分别占总量的 9.7%、7.0%、5.3%。

2. 私营企业持续稳步增长

私营企业是湖南省投资创业的主力军，从 2009 年开始，新登记注册企业户数占全部企业户数的比重持续保持在 90% 以上，自 2010 年开始，新登记注册资本（金）占全部企业注册资本（金）的比重保持在 60% 以上；自 2018 年开始，实有私营企业户数占全部企业户数的比重持续保持在 90% 以上，自 2014 年开始，实有私营企业注册资本（金）占全部企业注册资本（金）的比重保持在 60% 以上。2023 年，全省新登记注册私营企业 40.53 万户，注册资本（金）9 259.93 亿元，均增长 6.8%，户数和注册资本（金）分别占新登记注册企业总量的 94.1%、75.9%。截至 2023 年年底，全省实有私营企业 174.71 万户，增长 21.0%，注册资本（金）80 736.90 亿元，增长 10.8%，户数、注册资本（金）占全部企业的 91.9%、61.4%，对全部企业增长的贡献率分别达 94.0%、67.1%（见图 17 至图 20）。

行业投向方面，从新登记注册户数看，批发和零售业、租赁和商务服务业、农林牧渔业三大行业门类占比超过 10%，共新登记注册 23.70 万户，占总量的 58.5%，接近六成。其中，批发和零售业新登记注册 14.47 万户，占比超过三分之一，达 35.7%；租赁和商务服务业、农林牧渔业分别新登记注册 4.65 万户、4.59 万户，占总量的 11.5%、11.3%。建筑业，科学研究和技术服务业，信息传输、计算机服务和软件业，制造业四大行业门类新登记注册户数占总量的比重超过5%，分别新登记注册3.85万户、2.79万户、2.19万户、2.06万户，占总量的9.5%、6.9%、5.4%、5.1%。从新登记注册资本（金）看，建筑业，批发和零售业，金融业，科学研究和技术服务业，租赁和商务服务业五大行业门类新登记注册户数或注册资本（金）超过10%，共新登记注册资本（金）6 884.83亿元，占总量的74.4%，新登记注册（金）分别为1 801.74亿元、1 566.18亿元、1 225.70亿元、1 154.94亿元、1 136.27亿元，占总量的19.5%、16.9%、13.2%、12.5%、12.3%。制造业新登记注册资本（金）占总量的比重超过5%，新登记注册资本（金）522.69亿元，占总量的5.6%（见表11、表12）。

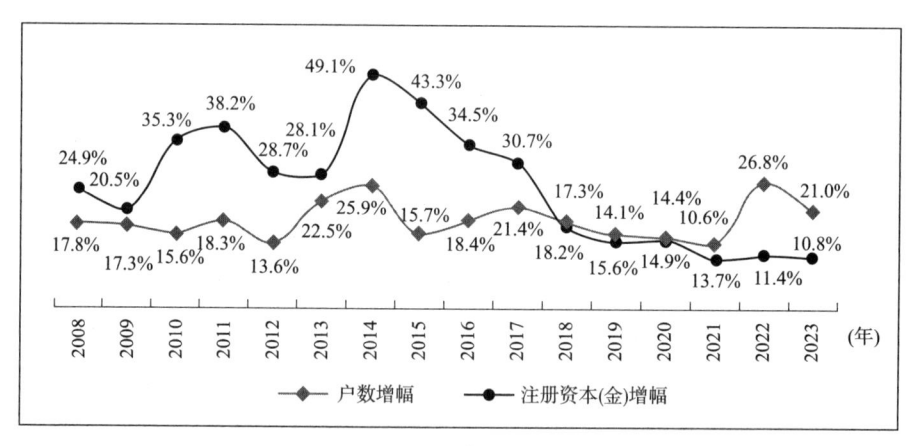

图17　2008年以来实有私营企业发展情况

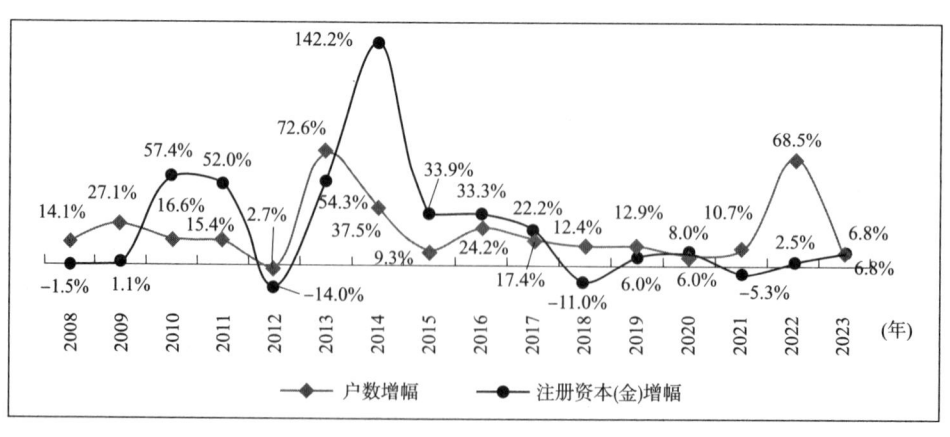

图18　2008年以来新登记注册私营企业发展情况

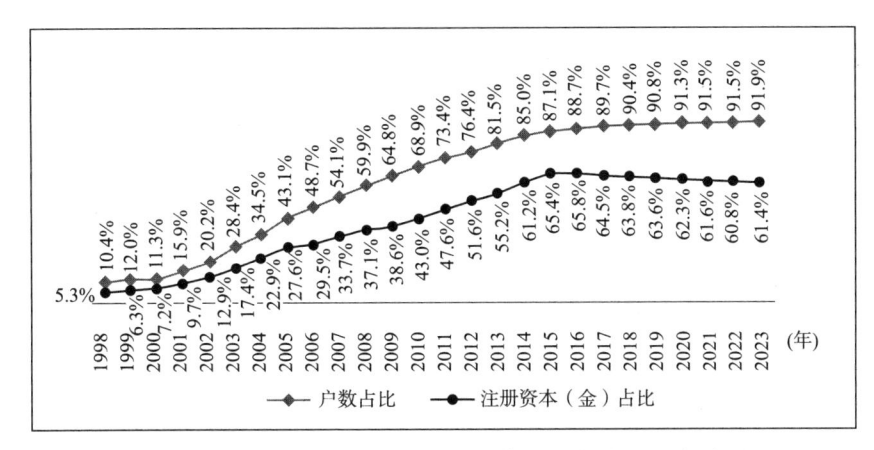

图19　1998年以来全省实有私营企业占企业总数比重

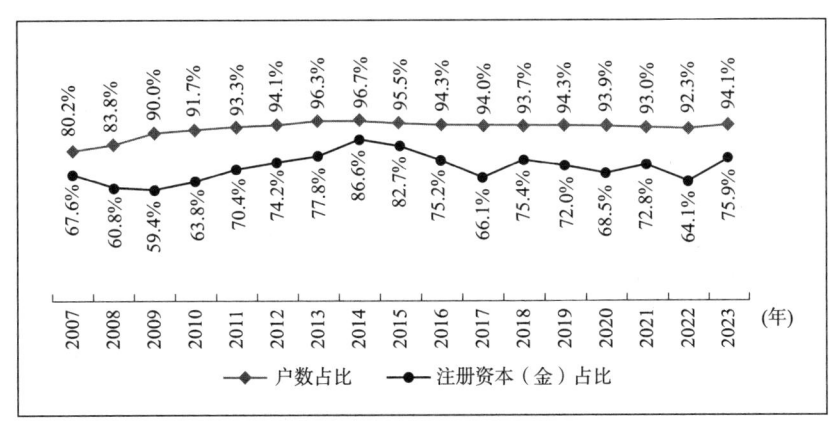

户数占比：5.3%, 10.4%, 12.0%, 11.3%, 15.9%, 20.2%, 28.4%, 34.5%, 43.1%, 48.7%, 54.1%, 59.9%, 64.8%, 68.9%, 73.4%, 76.4%, 81.5%, 85.0%, 87.1%, 88.7%, 89.7%, 90.4%, 90.8%, 91.3%, 91.5%, 91.5%, 91.9%

注册资本（金）占比：6.3%, 7.2%, 9.7%, 12.9%, 17.4%, 22.9%, 27.6%, 29.5%, 33.7%, 37.1%, 38.6%, 43.0%, 47.6%, 51.6%, 55.2%, 61.2%, 65.4%, 65.8%, 64.5%, 63.8%, 63.6%, 62.3%, 61.6%, 60.8%, 61.4%

图20　2007年以来全省私营企业新登记注册占企业总数比重

户数占比：80.2%, 83.8%, 90.0%, 91.7%, 93.3%, 94.1%, 96.3%, 96.7%, 95.5%, 94.3%, 94.0%, 93.7%, 94.3%, 93.9%, 93.0%, 92.3%, 94.1%

注册资本（金）占比：67.6%, 60.8%, 59.4%, 63.8%, 70.4%, 74.2%, 77.8%, 86.6%, 82.7%, 75.2%, 66.1%, 75.4%, 72.0%, 68.5%, 72.8%, 64.1%, 75.9%

表11　2023年年底各经济类型企业行业分布情况

单位：%

		国有、集体及其控股企业		私营企业		外资企业	
		户数分布	资本分布	户数分布	资本分布	户数分布	资本分布
合计		100.0	100.0	100.0	100.0	100.0	100.0
第一产业		6.0	2.5	8.7	4.9	1.4	1.9
A	农、林、牧、渔业	6.0	2.5	8.7	4.9	1.4	1.9
第二产业		20.7	29.0	19.4	31.1	11.0	19.4
其中：工业		10.6	16.6	7.9	10.7	10.3	17.8

续表

		国有、集体及其控股企业		私营企业		外资企业	
		户数分布	资本分布	户数分布	资本分布	户数分布	资本分布
B	采矿业	0.5	1.2	0.3	0.6	0.1	0.1
C	制造业	6.1	10.3	7.0	8.8	8.2	14.3
D	电力、热力、燃气及水生产和供应业	4.0	5.1	0.6	1.3	2.0	3.4
E	建筑业	10.1	12.4	11.5	20.4	0.7	1.7
	第三产业	73.3	68.5	71.9	64.0	87.6	78.7
F	批发和零售业	16.7	5.6	29.8	14.8	56.2	2.7
G	交通运输、仓储和邮政业	4.4	4.3	2.1	1.7	1.0	1.2
H	住宿和餐饮业	2.3	0.4	1.9	0.9	8.9	0.2
I	信息传输、软件和信息技术服务业	5.3	2.0	6.0	4.1	6.0	11.9
J	金融业	9.5	14.6	0.4	7.6	1.6	5.1
K	房地产业	4.4	9.1	2.4	4.8	2.4	30.8
L	租赁和商务服务业	15.0	21.8	13.2	15.4	5.9	5.6
M	科学研究和技术服务业	9.0	6.1	8.4	10.4	3.6	18.9
N	水利、环境和公共设施管理业	1.2	2.6	0.5	0.7	0.3	0.8
O	居民服务、修理和其他服务业	2.1	0.5	3.0	0.9	0.5	0.2
P	教育	0.5	0.2	0.7	0.3	0.1	0.0
Q	卫生和社会工作	0.7	0.3	0.5	0.7	0.2	1.1
R	文化、体育和娱乐业	2.1	0.9	3.0	1.6	0.9	0.2
	其他	0.0	0.0	0.0	0.0		

表12 2023年新登记注册各经济类型企业行业分布情况

单位：%

		国有、集体及其控股企业		私营企业		外资企业	
		户数分布	资本分布	户数分布	资本分布	户数分布	资本分布
	合计	100.0	100.0	100.0	100.0	100.0	100.0
	第一产业	7.6	5.3	11.3	4.1	1.2	2.5
A	农、林、牧、渔业	7.6	5.3	11.3	4.1	1.2	2.5
	第二产业	22.7	27.6	15.3	28.8	6.2	20.3

续表

		国有、集体及其控股企业		私营企业		外资企业	
		户数分布	资本分布	户数分布	资本分布	户数分布	资本分布
	其中：工业	10.3	20.6	5.8	9.4	5.8	20.2
B	采矿业	0.2	0.5	0.1	0.2	0.1	0.1
C	制造业	4.9	9.7	5.1	5.6	3.5	8.4
D	电力、热力、燃气及水生产和供应业	5.3	10.3	0.6	3.6	2.2	11.7
E	建筑业	12.4	7.0	9.5	19.5	0.4	0.1
	第三产业	69.7	67.1	73.4	67.0	92.7	77.2
F	批发和零售业	18.6	11.9	35.7	16.9	56.9	4.2
G	交通运输、仓储和邮政业	2.1	3.4	1.7	2.3	0.6	0.5
H	住宿和餐饮业	3.6	0.7	2.4	1.0	11.5	0.3
I	信息传输、软件和信息技术服务业	6.3	2.6	5.4	3.6	9.8	2.5
J	金融业	1.1	15.2	0.1	13.2	0.7	15.1
K	房地产业	2.1	4.5	1.1	1.2	0.9	7.6
L	租赁和商务服务业	15.5	13.4	11.5	12.3	6.5	22.8
M	科学研究和技术服务业	12.6	10.7	6.9	12.5	4.8	7.5
N	水利、环境和公共设施管理业	0.8	2.2	0.3	0.4	0.1	0.0
O	居民服务、修理和其他服务业	2.8	0.6	4.2	0.9	0.1	0.0
P	教育	0.4	0.2	0.3	0.2	0.1	
Q	卫生和社会工作	0.8	0.5	0.5	0.2	0.1	16.6
R	文化、体育和娱乐业	3.0	1.2	3.2	2.2	0.7	0.2
	其他			0.0	0.0		

3. 外商投资企业新登记注册户数创历史新纪录，新登记注册资本（金）下降过半

2023年，新登记注册外商投资企业1 621户，创下历史最高纪录，增长21.1%；新登记注册资本（金）2022年实现倍增，2023年则下降过半，继续延续近年来大起大落态势，全年新登记注册资本（金）487.00亿元，下降55.0%（见表13）。

2023年，外商投资企业发展呈现"一大一降两集中"的特点。一是企业资本规模大。外商投资企业虽然数量不多，新登记注册、期末实有企业户数仅占全部企业的 0.4%、0.7%，但企业规模大、资金实力强，新登记注册、期末实有外商投资企业注册资本（金）分别占全部企业的 4.0%、6.9%。2023 年新登记注册外商投资企业户均注册资本（金）3 004.29 万元，分别是国有、集体及其控股企业（1 034.05 万元）的 2.9 倍、私营企业（228.48 万元）的 13.1 倍。截至年底，实有外商投资企业户均注册资本（金）6 551.52 万元，分别是国有、集体及其控股企业（2 996.95 万元）的 2.2 倍、私营企业（462.11 万元）的 14.2 倍。二是新登记注册外方出资比重有所下降。新登记注册资本（金）中，外方出资 383.08 亿元，下降 55.8%，比中方出资降幅大 4.3 个百分点，占全部新登记注册资本（金）的 78.7%，比上年下降 1.5 个百分点。截至 2023 年年底，实有外方注册资本（金）6 896.21 亿元，增长 3.8%，比中方出资增幅高 2.3 个百分点，占全部新登记注册资本（金）的 76.4%，比上年提高 0.4 个百分点。三是行业分布高度集中。从新登记注册户数看，外商投资企业主要集中在零售业和餐饮业两大行业，共新登记注册 989 户，占新登记注册总量的 61.0%，两大行业分别新登记注册 809 户、180 户，占总量的 49.9%、11.1%。电信、广播电视和卫星传输服务，批发业，商务服务业新登记注册户数占比超过 5%，分别新登记注册 115 户、114 户、97 户，占总量的 7.1%、7.0%、6.0%。从新登记注册资本（金）看，外商投资企业注册资本（金）主要投向与新登记注册户数呈现明显差异，除商务服务业户数较多，注册资本（金）也较多外，其他几大投向均不是户数集中的行业。外商投资企业注册资本（金）主要投向商务服务业，卫生业，其他金融业，电力、热力生产和供应业四大行业，共新登记注册资本（金）310.10 亿元，占新登记注册资本（金）总量的 63.7%，分别新登记注册资本（金）109.88 亿元、80.89 亿元、65.00 亿元、54.33 亿元，占总量的 22.6%、16.6%、13.3%、11.2%，而卫生业，其他金融业，电力、热力生产和供应业新登记注册户数仅占总量的 0.1%、0.1%、1.5%。房地产业新登记注册资本（金）37.11 亿元，占总量的 7.6%，超过 5%，新登记注册户数仅占总量的 0.9%。四是资金来源高度集中。2023 年，新登记注册外商投资企业注册资本（金）主要来自美国和中国香港地区，分别为 82.13 亿元、324.01 亿元，分别占总量的 11.6%、69.6%。

表13 2007—2023年全省外商投资企业发展情况

单位：户、亿元、%

年份	期末实有 户数	增幅	注册资本（金）	增幅	新登记注册 户数	增幅	注册资本（金）	增幅
2007	2 964		996.62		373		26.31	
2008	2 766	-6.7	1 051.16	5.5	230	-38.3	16.59	-36.9
2009	5 220	88.7	1 079.94	2.7	486	111.3	9.73	-41.4
2010	5 410	3.6	1 066.99	-1.2	628	29.2	167.69	1 623.5
2011	5 257	-2.8	1 152.75	8.0	668	6.4	185.57	10.7
2012	4 882	-7.1	1 234.92	7.1	487	-27.1	114.52	-38.3
2013	5 020	2.8	1 272.56	3.0	479	-1.6	91.86	-19.8
2014	5 353	6.6	1 480.20	16.3	589	23.0	132.81	44.6
2015	5 865	9.6	1 826.84	23.4	744	26.3	144.14	8.5
2016	6 677	13.8	2 142.70	17.3	848	14.0	226.43	57.1
2017	7 733	15.8	4 470.46	108.6	1 029	21.3	2 499.68	1 003.9
2018	8 765	13.3	5 557.61	24.3	1 353	31.5	568.73	-77.2
2019	9 870	12.6	5 563.63	0.1	1 097	-18.9	247.61	-56.5
2020	10 715	8.8	6 937.09	24.7	1 082	-1.4	1 355.05	447.3
2021	11 698	9.2	8 155.26	17.6	1 447	33.7	530.83	-60.8
2022	12 599	7.7	8 742.72	7.2	1 339	-7.5	1 081.33	103.7
2023	13 778	9.4	9 026.69	3.2	1 621	21.1	487.00	-55.0

（二）产业发展情况

1. 三次产业均保持稳步发展

截至2023年年底，全省一、二、三产业中实有企业户数分别为16.10万户、36.91万户、137.09万户，分别增长35.1%、16.8%、19.9%，企业户数的三次产业结构占比为8.5∶19.4∶72.1；实有注册资本（金）分别为5 173.17亿元、38 983.81亿元、87 334.56亿元，分别增长9.6%、12.8%、8.5%，企业注册资本（金）的三次产业结构占比为3.9∶29.6∶66.4（见图21、图22）。

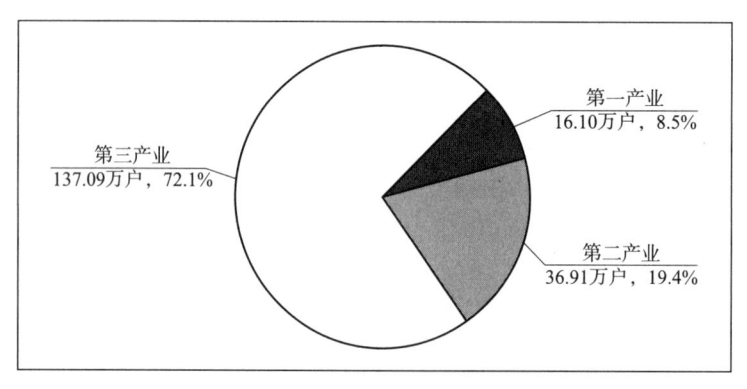

图 21　2023 年实有企业户数三次产业分布

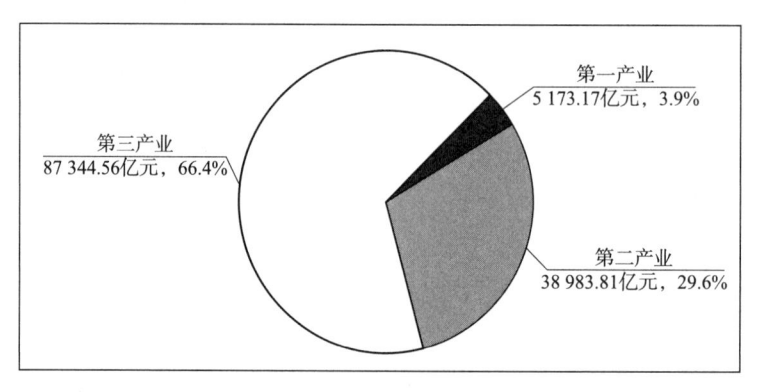

第一产业　16.10 万户，8.5%
第二产业　36.91 万户，19.4%
第三产业　137.09 万户，72.1%

图 22　2023 年实有企业注册资本（金）三次产业分布

第一产业　5 173.17 亿元，3.9%
第二产业　38 983.81 亿元，29.6%
第三产业　87 344.56 亿元，66.4%

2. 新登记注册工业企业保持较好增长

全年新登记注册工业企业 2.61 万户，注册资本（金）1 469.19 亿元，分别增长 10.1%、1.8%，比企业平均增幅高 5.3 个百分点、11.7 个百分点。截至 2023 年年底，实有工业企业 15.48 万户，注册资本（金）17 178.01 亿元，分别增长 14.8%、11.3%（见表 14、表 15）。

从经济性质看，主要得益于私营企业的增长，新登记注册私营工业企业 2.36 万户，注册资本（金）866.98 亿元，分别增长 8.6%、34.2%。国有、集体及其控股工业企业新登记注册户数、外商投资工业企业新登记注册资本（金）也实现较快增长，全年新登记注册国有、集体及其控股工业企业 2 441 户，增长 27.9%，注册资本（金）503.86 亿元，下降 30.8%；全年新登记注册外商投资工业企业 94 户，下降 14.5%，注册资本（金）98.35 亿元，增长 42.1%。截至2023年年底，实有国有、集体及其控股工业企业1.47万户，增长18.1%，注册资本（金）6 914.11亿元，增长14.0%；实有私营工业企业13.87万户，增长14.6%，注册资本（金）8 600.30亿元，增长10.5%；实有外商投资工业企业1414户，增长2.5%，注册资本（金）1 603.59亿元，增长5.1%。

3. 消费性服务业引领第三产业增长

第三产业中消费性服务业企业增长速度最快。全年新登记注册消费性服务业企业13.14万户，增长18.8%，注册资本（金）1 072.83亿元，下降4.9%。公共性服务业企业所占比重小，但新登记注册户数和注册资本（金）均实现较快增长。全年新登记注册公共性服务业企业1.90万户，占第三产业企业的6.0%，增长10.7%；注册资本（金）464.90亿元，占第三产业企业的5.7%，增长17.7%。生产性服务业企业所占比重大，新登记注册户数小幅增长，注册资本（金）下降。全年新登记注册生产性服务业企业16.50万户，占第三产业企业的52.3%，增长1.5%，注册资本（金）6 689.33亿元，占第三产业企业的81.3%，下降7.0%（见表16）。

截至2023年年底，全省实有生产性服务企业85.71万户，注册资本（金）66 707.05亿元，占第三产业企业总量的62.6%、76.4%，增长14.6%、9.4%；实有消费性服务企业42.45万户，注册资本（金）16 123.10亿元，占第三产业企业总量的31.0%、18.5%，分别增长32.6%、4.7%；实有公共性服务企业8.85万户，注册资本（金）4 493.87亿元，占第三产业企业总量的6.5%、5.1%，分别增长17.4%、10.2%（见表16）。

4. "三高四新"相关产业新登记注册户数保持增长

2023年，新登记注册制造业企业、科学研究和技术服务业户数保持增长，但注册资本（金）出现下降。全年新登记注册制造业企业2.18万户，增长5.7%，注册资本（金）801.65亿元，下降2.4%；新登记注册科学研究和技术服务业企业3.10万户，增长12.3%，注册资本（金）1 452.43亿元，下降32.0%。截至2023年年底，全省实有制造业企业13.25万户，注册资本（金）12 726.95亿元，增长14.2%、8.8%；实有科学研究和技术服务业企业16.07万户，注册资本（金）12 696.35亿元，增长15.8%、9.2%（见表14、表15）。

制造业企业中，从企业户数看，纺织服装、服饰业，非金属矿物制品业，金属制品业，木材加工和木、竹、藤、棕、草制品业，其他制造业，农副食品加工业，电气机械和器材制造业七大行业新登记注册户数占制造业企业总量超过 5%，共新登记注册 1.09 万户，占制造业企业总量的 49.9%，分别新登记注册 2 857 户、1 957 户、1 925 户、1 608 户、1 586 户、1 458 户、1 092 户，占制造业企业总量的 13.1%、9.0%、8.8%、7.4%、7.3%、6.7%、5.0%。从注册资本（金）看，非金属矿物制品业、金属制品业、其他制造业、有色金属冶炼和压延加工业、电气机械和器材制造业五大行业新登记注册资本（金）占制造业企业总量超过 5%，新登记注册资本（金）共 448.69 亿元，占制造业新登记注册企业的 56.0%，分别新登记注册资本（金）106.00 亿元、93.12 亿元、91.63 亿元、80.03 亿元、77.93 亿元，占制造业企业总量的 13.2%、11.6%、11.4%、10.0%、9.7%。从增长幅度看，制造业中 31 个行业大类，17 个行业大类新登记注册户数、9 个行业大类新登记注册资本（金）实现增长，其中石油、煤炭及其他燃料加工业，橡胶和塑料制品业，铁路、船舶、航空航天和其他运输设备制造业 3 大行业新登记注册户数增幅超过 50%，分别增长 87.5%、70.8%、55.1%；纺织业，纺织服装、服饰业，电气机械和器材制造业，造纸和纸制品业，化学原料和化学制品制造业五大行业新登记注册户数增幅超过 20%，分别增长 41.7%、32.8%、30.0%、20.7%、20.5%；化学纤维制造业，金属制品业，石油、煤炭及其他燃料加工业三大行业新登记注册资本（金）实现倍增，分别增长 237.9%、190.9%、117.4%；有色金属冶炼和压延加工业，造纸和纸制品业，金属制品、机械和设备修理业三大行业新登记注册资本（金）增幅超过 20%，分别增长 64.9%、37.2%、21.3%。

科学研究和技术服务业企业中，科技推广和应用服务业企业新登记注册占比最大，户数增长最快，但注册资本（金）下降幅度也最大。全年新登记注册科技推广和应用服务业企业 1.52 万户，增长 19.5%，占总量的 49.1%；新登记注册资本（金）805.37 亿元，下降 42.4%。新登记注册研究与试验发展业企业 8512 户，增长 10.2%，占总量的 27.5%；注册资本（金）392.32 亿元，下降 7.3%，占总量的 27.0%。新登记注册专业技术服务业企业 7250 户，增长 1.6%，占总量的 23.4%；注册资本（金）254.74 亿元，下降 19.0%，占总量的 17.5%。

表14 2023年全省期末实有企业分行业发展情况

单位：户、%、亿元

		户数		注册资本（金）	
		数量	增幅	数量	增幅
	合计	1 900 184	20.4	131 501.54	9.8
	第一产业	160 959	35.1	5 173.17	9.6
A	农、林、牧、渔业	160959	35.1	5 173.17	9.6
	第二产业	369 138	16.9	38 983.81	12.8
	其中：工业	154 786	14.8	17 178.01	11.3
B	采矿业	5 481	1.7	961.31	4.1
C	制造业	132 452	14.2	12 726.59	8.8
D	电力、热力、燃气及水生产和供应业	16 853	25.1	3 490.11	24.3
E	建筑业	214 352	18.4	21 805.80	14.0
	第三产业	1 370 087	19.9	87 344.56	8.5
F	批发和零售业	551 561	26.3	14 546.09	11.2
G	交通运输、仓储和邮政业	42 758	14.0	3 329.45	27.2
H	住宿和餐饮业	37 366	27.4	878.74	10.6
I	信息传输、软件和信息技术服务业	113 324	14.5	5 193.19	5.4
G	金融业	21 138	0.2	12 676.29	12.0
K	房地产业	47 602	4.1	10 508.41	1.2
L	租赁和商务服务业	251 958	15.3	22 037.24	6.3
M	科学研究和技术服务业	160 676	15.8	12 696.35	9.2
N	水利、环境和公共设施管理业	10 371	12.0	1 740.71	6.8
O	居民服务、修理和其他服务业	55 169	35.3	964.38	10.7
P	教育	12 683	3.3	285.99	2.5
Q	卫生和社会工作	9 278	26.7	771.64	17.8
R	文化、体育和娱乐业	56 152	20.7	1 695.53	12.0
S	其他	51	-3.8	20.54	-11.6

表15　2023年全省新登记注册企业分行业发展情况

单位：户、%、亿元

		户数		注册资本（金）	
		数量	增幅	数量	增幅
	合计	430 576	4.8	12 195.24	-9.9
	第一产业	47 678	-8.0	523.94	-21.0
A	农、林、牧、渔业	47 678	-8.0	523.94	-21.0
	第二产业	67 583	-1.8	3 444.24	-16.9
	工业	26 130	10.1	1 469.19	1.8
B	采矿业	425	-18.0	28.73	-84.1
C	制造业	21 834	5.7	801.65	-2.4
D	电力、热力、燃气及水生产和供应业	3 871	51.0	638.81	44.8
E	建筑业	41 453	-8.0	1 975.05	-26.9
	第三产业	315 315	8.6	8 227.06	-5.6
F	批发和零售业	150 015	13.3	1 877.42	17.7
G	交通运输、仓储和邮政业	7 556	3.2	301.30	41.5
H	住宿和餐饮业	10 612	3.7	112.38	17.9
I	信息传输、软件和信息技术服务业	23 597	-7.5	408.08	-42.7
G	金融业	633	-13.2	1 671.25	86.3
K	房地产业	4 987	-12.6	261.87	-33.0
L	租赁和商务服务业	50 280	4.9	1 575.76	-27.3
M	科学研究和技术服务业	30 981	12.3	1 452.43	-32.0
N	水利、环境和公共设施管理业	1 604	-10.0	91.55	-29.1
O	居民服务、修理和其他服务业	17 642	13.0	101.67	-12.8
P	教育	1 365	24.1	20.74	-30.7
Q	卫生和社会工作	2 363	40.9	114.96	183.5
R	文化、体育和娱乐业	13 678	8.4	237.65	21.7
S	其他	430 576	4.8	12 195.24	-9.9

表16　2023年全省第三产业企业发展情况

单位：户、亿元、%

<table>
<tr><th colspan="2"></th><th colspan="4">期末实有</th><th colspan="4">本年新登记</th></tr>
<tr><th colspan="2"></th><th>户数</th><th>增幅</th><th>注册资本</th><th>增幅</th><th>户数</th><th>增幅</th><th>注册资本</th><th>增幅</th></tr>
<tr><td colspan="2">第三产业</td><td>1 370 087</td><td>19.9</td><td>87 344.56</td><td>8.5</td><td>315 315</td><td>8.6</td><td>8 227.06</td><td>-5.6</td></tr>
<tr><td rowspan="3">其中</td><td>生产性服务业</td><td>857 062</td><td>14.6</td><td>66 707.05</td><td>9.4</td><td>164 950</td><td>1.5</td><td>6 689.33</td><td>-7.0</td></tr>
<tr><td>消费性服务业</td><td>424 490</td><td>32.6</td><td>16 123.10</td><td>4.7</td><td>131 353</td><td>18.8</td><td>1 072.83</td><td>-4.9</td></tr>
<tr><td>公共性服务业</td><td>88 484</td><td>17.4</td><td>4 493.87</td><td>10.2</td><td>19 010</td><td>10.7</td><td>464.90</td><td>17.7</td></tr>
</table>

注：生产性服务业，指批发业，交通运输、仓储和邮政业，信息传输、软件和信息技术服务业，金融业，租赁和商务服务业，科学研究和技术服务业；消费性服务业，指零售业，住宿和餐饮业，房地产业，居民服务、修理和其他服务业；公共性服务业，指教育，水利、环境和公共设施管理业，卫生和社会工作，文化、体育和娱乐业。

5. 企业注销数量大增

2023年，全省注销企业13.22万户，增长42.3%，比上年提高43.0个百分点；注销率8.4%，比上年提高0.9个百分点。从经济性质看，国有、集体及其控股企业，私营企业和外商投资企业三大经济类型企业注销户数全线增长，私营企业注销增幅和注销率最高，外商投资企业注销增幅和注销率最低。全年注销国有、集体及国有控股企业7 157户，增长10.1%，注销率5.9%；注销私营企业12.45万户，增长45.0%，注销率8.6%；注销外商投资企业508户，增长7.9%，注销率4.0%（见图23）。从行业注销增幅看，18个行业门类，有16个行业企业注销数量增长，教育业、金融业2个行业下降，其中，批发和零售业，农林牧渔业，居民服务、修理和其他服务业，制造业四大行业门类增幅超过50%，分别增长77.9%、67.9%、59.4%、57.7%。从行业注销率看，信息传输、计算机服务和软件业，批发和零售业，居民服务、修理和其他服务业，住宿和餐饮业，文化、体育和娱乐业，租赁和商务服务业六大行业门类注销率高于企业平均注销率，注销率分别为10.9%、10.8%、10.7%、9.9%、9.8%、8.6%（见图24）。

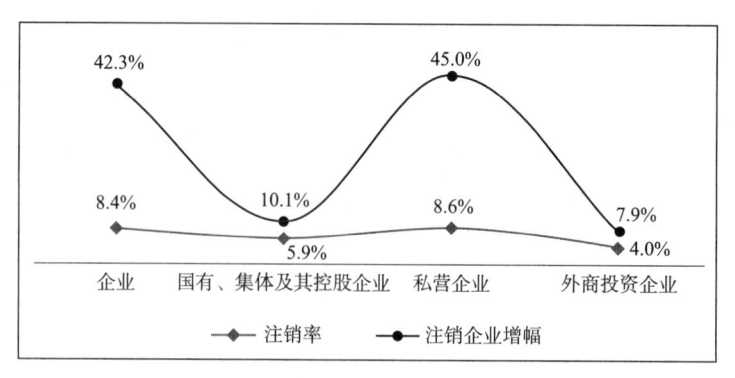

图 23　2023 年全省不同经济类型企业注销情况

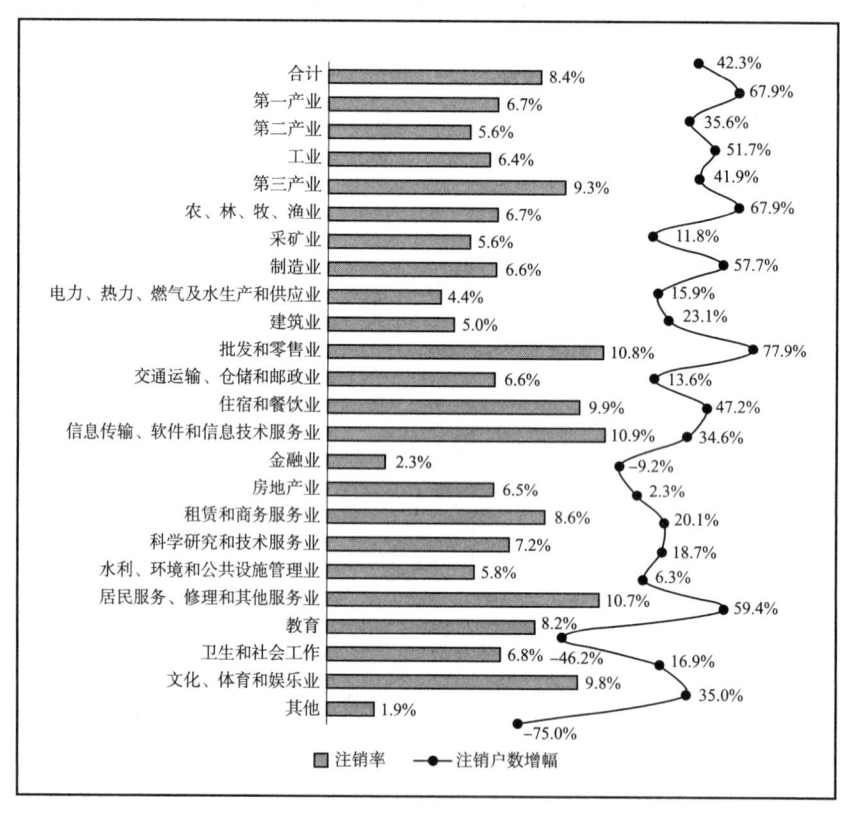

图 24　2023 年全省行业注销率和行业注销增幅

（三）组织形式情况

1. 公司制是最普遍采用的企业组织形式

全年新登记注册公司制企业 31.96 万户，占新登记注册企业总数的 74.2%，注册资本（金）10 558.90 亿元，占企业总数的 86.6%。截至 2023 年年底，全省实有公司制企业 158.06 万户，增长 17.2%，占企业总数的 83.2%；注册资本（金）121 252.24 亿元，增长 9.5%，占企业总数的 92.2%。

公司制企业中，有限责任公司占绝对主导。全年新登记注册有限责任公司 31.90 万户，注册资本（金）10 516.64 亿元，分别占公司制企业的 99.8%、99.6%。截至 2023 年年底，实有有限责任公司 155.85 万户、注册资本（金）116 874.80 亿元，分别占公司制企业的 98.6%、96.4%。

2. 新登记注册"一人"公司户数和资本（金）双双下降，但私营法人独资公司实现大幅增长

全年新登记注册"一人"公司 13.43 万户、注册资本（金）4 062.00 亿元，分别下降 3.5%、22.2%，占公司制企业的 42.0%、38.5%；新登记注册私营法人独资公司 1.34 万户、注册资本（金）508.48 亿元，分别增长 54.7%、25.0%。截至 2023 年年底，实有"一人"公司 66.86 万户，增长 17.8%；注册资本 45 160.77 亿元，增长 10.7%，占公司制企业的 42.3%、37.2%；实有私营法人独资公司 3.97 万户、注册资本（金）4 111.35 亿元，分别增长 38.9%、12.4%。

"一人"公司中，自然人独资公司数量最多，国有独资公司下降幅度最大。全年新登记注册自然人独资公司 11.09 万户、注册资本（金）2 168.29 亿元，分别下降 2.4%、3.4%，占"一人"公司的 82.6%、53.4%；新登记注册国有独资公司 200 户、注册资本（金）139.53 亿元，分别下降 20.3%、86.9%，占"一人"公司的 0.1%、3.4%；新登记注册法人独资公司 2.32 万户、注册资本（金）1 754.17 亿元，分别下降 8.3%、8.2%，占"一人"公司的 17.3%、43.2%。截至 2023 年年底，实有自然人独资公司 57.50 万户、注册资本（金）18 994.9 亿元，分别增长 16.6%、12.0%，占"一人"公司的 86.0%、42.1%；实有国有独资公司 5451 户、注册资本（金）6 223.50 亿元，分别下降 2.4%、6.9%，占"一人"公司的 0.8%、13.8%；实有法人独资公司 8.82 万户、注册资本（金）19 942.27 亿元，分别增长 27.6%、10.7%，占"一人"公司的 13.2%、44.2%。

3. 私营合伙企业新登记注册户数下降，但新登记注册资本仍保持较快增长

合伙制企业因兼具企业和自然人灵活性、税收透明体等诸多优点，受到

投资者的欢迎。虽然 2022 年以来新登记注册合伙企业户数连续两年出现下降，但出资金额仍然保持较快增长。2023 年全年新登记注册合伙企业 2 796 户，下降 8.7%，认缴出资金额 1 415.01 亿元，增长 24.5%；其中新登记注册私营合伙企业 2 785 户，下降 9.0%，认缴出资金额 1 410.85 亿元，增长 24.2%（见表 17）。截至 2023 年年底，全省实有合伙企业 2.36 万户，认缴出资金额 8 106.53 亿元，增长 5.9%、15.5%；其中实有私营合伙企业 2.36 万户，认缴出资金额 8 072.52 亿元，增长 5.8%、15.5%。

新登记注册合伙企业中，私营有限合伙企业占绝对主导地位，期末实有合伙企业中，有限合伙企业和普通合伙企业户数相当，但私营有限合伙企业认缴出资金额仍占绝对主导。全年新登记注册私营有限合伙企业 2511 户，下降 6.3%，占合伙制企业的 91.28%，认缴出资金额 1 405.64 亿元，增长 24.8%，占合伙制企业的 99.3%；新登记注册私营普通合伙企业 226 户，下降 31.1%，占合伙制企业的 8.1%，认缴出资金额 5.21 亿元，下降 42.5%，占合伙制企业的 0.4%。截至 2023 年年底，实有私营有限合伙企业 1.20 万户、认缴出资金额 7 819.30 亿元，增长 14.2%、16.2%，分别占合伙企业的 50.7%、96.5%；实有私营普通合伙企业 1.15 万户、认缴出资金额 252.82 亿元，均下降 1.7%，分别占合伙企业的 48.7%、3.1%。

表 17　2023 年各登记注册类型企业发展情况

单位：户、亿元、%

		期末实有				新登记注册			
		户数	增长	资本	增长	户数	增长	资本	增长
企业合计		1 900 184	20.4	131 501.54	9.8	430 576	4.8	12 195.24	-9.9
（一）国有、集体及其控股企业		139 268	15.1	41 737.94	9.4	23 677	-21.7	2 448.31	-35.2
其中	国有企业	3 446	-7.6	109.82	-15.3	11	-81.7	0.00	-98.5
	集体企业	6464	-1.2	82.66	2.9	110	-89.2	0.35	-96.9
	有限责任公司	114 574	19.3	39 295.89	9.8	23 256	-19.3	2 416.68	-35.5
	股份有限公司	14 247	1.1	2 236.77	4.9	298	-7.7	31.28	48.1
	其他	537	-2.2	12.80	-9.8	2	0.0	0.00	
（二）私营企业		1 747 138	21.0	80 736.91	10.8	405 278	6.8	9 259.93	6.8

续表

		期末实有				新登记注册			
		户数	增长	资本	增长	户数	增长	资本	增长
其中	独资企业	285 411	45.6	1 099.92	17.2	108 008	-1.4	203.64	-25.9
	合伙企业	23 571	5.8	8 072.52	15.5	2 785	-9.0	1 410.85	24.2
	有限责任公司	1 430 793	17.4	69 594.74	10.5	294 186	10.4	7 635.33	5.9
	股份有限公司	7 363	-0.6	1 969.73	0.8	299	15.4	10.11	-79.2
（三）外商投资企业		13 778	9.4	9 026.69	3.2	1 621	21.1	487.00	-55.0

四、个体工商户发展情况

（一）新登记注册户数和出资额双双下降，期末实有数量规模持续增长

全年新登记注册个体工商户为79.28万户，资金数额为765.67亿元。截至2023年年底，实有个体工商户510.55万户，增长9.6%；资金数额5 660.02亿元，增长8.1%，比上年提高2.5个百分点（见图25、图26）。

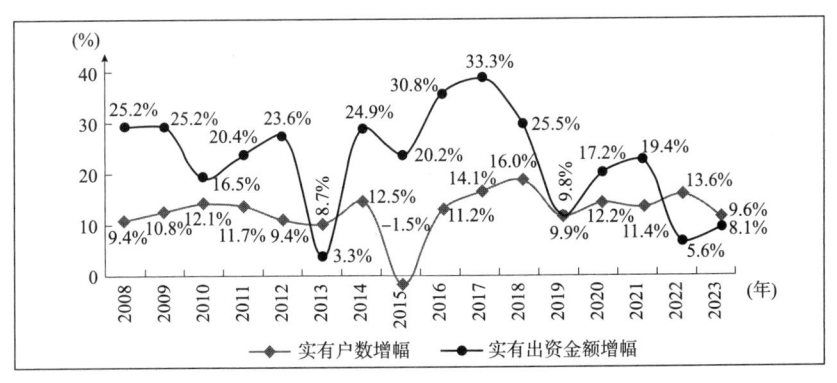

图25 2008年以来实有个体工商户发展情况

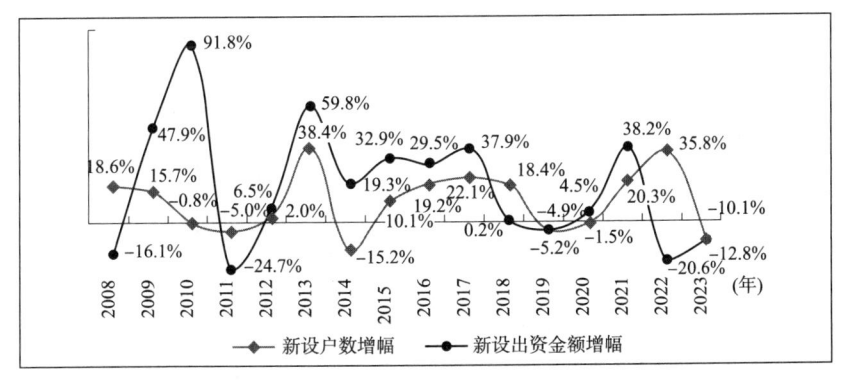

图26 2008年以来新登记注册个体工商户发展情况

（二）行业分布高度集中

个体工商户主要分布在零售业、餐饮业、居民服务业三大行业，全年共新登记注册56.68万户、资金数额434.03亿元，分别占新登记注册户数和资金数额的71.5%、56.7%。其中零售业41.20万户、资金数额277.16亿元，分别占总量的52.0%、36.2%；餐饮业10.04万户、资金数额112.33亿元，分别占总量的12.7%、14.7%；居民服务业5.44万户、资金数额44.54亿元，分别占总量的6.9%、5.8%。截至2023年年底，三大行业实有369.76万户、资金数额3 302.62亿元，分别占总量的72.4%、58.4%。其中零售业276.21万户、资金数额2 330.76亿元，分别占总量的54.1%、41.2%；餐饮业62.11万户、资金数额660.47亿元，分别占总量的12.2%、11.7%；居民服务业31.44万户、资金数额311.39亿元，分别占总量的6.2%、5.5%。

（三）注销数量保持高位，注销率回归常态水平

全年注销个体工商户41.09万户，注销率8.8%，比上年降低4.2个百分点，与2012年以来8.9%的平均注销率基本持平（见图27）。2023年注销数量超过1 000户的行业中，软件和信息技术服务业（30.5%）、专业技术服务业（22.9%）、文化艺术业（16.6%）、互联网和相关服务业（13.3%）、娱乐业（12.9%）、商务服务业（12.4%）、建筑装饰装修和其他建筑业（11.3%）、餐饮业（10.4%）、租赁业（10.4%）、体育业（10.4%）十大行业注销率超过10%。

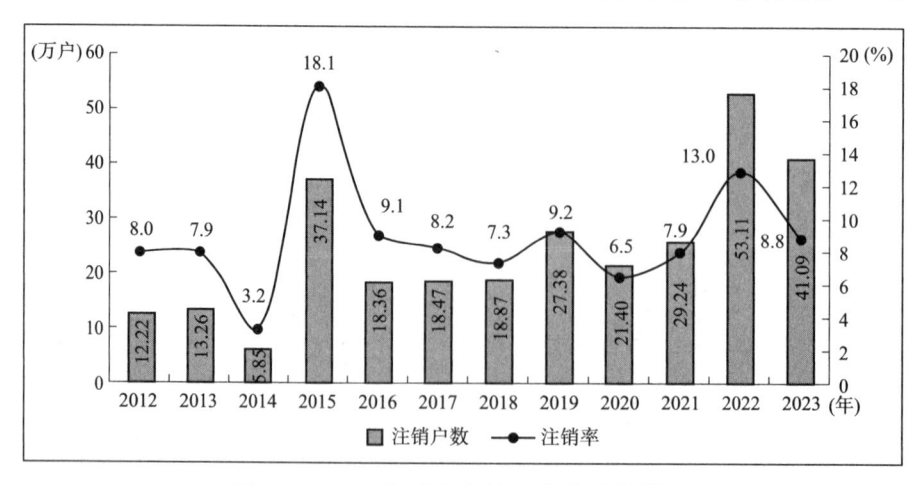

图27 2012年以来个体工商户注销情况

五、农民专业合作社发展情况

（一）新登记注册数量连续下降

农民专业合作社新登记注册户数于2017年达到峰值，2018年以来连续6年下降。全年新登记注册农民专业合作社5 726户，下降17.5%；出资金额120.00亿元，下降20.8%。截至2023年年底，农民专业合作社12.22万户，增长2.2%，比上年回落0.3个百分点；出资金额3 345.40亿元，增长1.3%，比上年回落0.6个百分点（见图28、图29）。

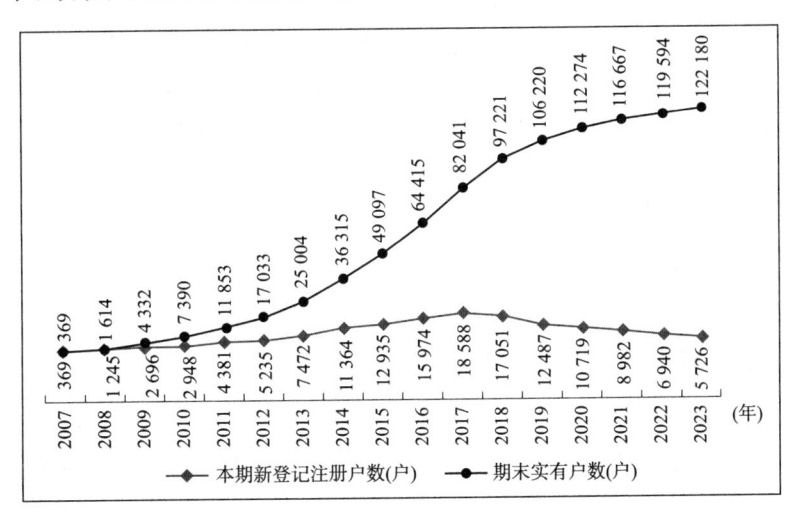

图28　2007年以来农民专业合作社发展情况

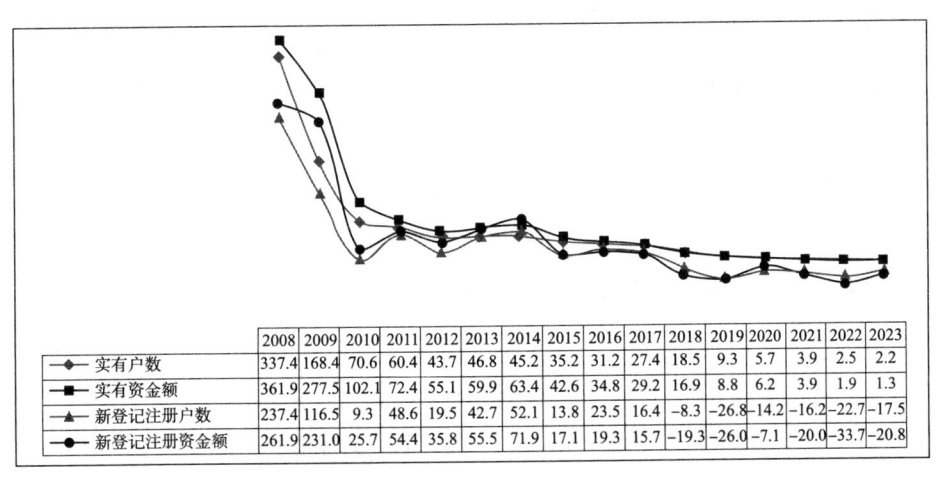

	2008	2009	2010	2011	2012	2013	2014	2015	2016	2017	2018	2019	2020	2021	2022	2023
实有户数	337.4	168.4	70.6	60.4	43.7	46.8	45.2	35.2	31.2	27.4	18.5	9.3	5.7	3.9	2.5	2.2
实有资金额	361.9	277.4	102.1	72.4	55.1	59.9	63.4	42.6	34.8	29.2	16.9	8.8	6.2	3.9	1.9	1.3
新登记注册户数	237.4	116.5	9.3	48.6	19.5	42.7	52.1	13.8	23.5	16.4	-8.3	-26.8	-14.2	-16.2	-22.7	-17.5
新登记注册资金额	261.9	231.0	25.7	54.4	35.8	55.5	71.9	17.1	19.3	15.7	-19.3	-26.0	-7.1	-20.0	-33.7	-20.8

图29　2008年以来农民专业合作社增长情况

（二）业务范围高度集中

农民专业合作社从事的业务主要集中于农村民间工艺及制品、休闲农业和乡村旅游资源的开发经营等领域，该领域全年新登记注册 4 534 户，占新登记注册农民专业合作社户的 79.2%，截至 2023 年年底，实有 9.42 万户，占总量的 77.1%。其他业务领域，从事农产品的生产、销售、加工、运输、贮藏及其他相关服务新登记注册 853 户，占总量的 14.9%，截至 2023 年年底，实有 1.67 万户，占总量的 13.7%；从事与农业生产经营有关的技术、信息、设施建设运营等服务新登记注册 253 户，占总量的 4.4%，截至 2023 年年底，实有 7 659 户，占总量的 6.3%；从事农业生产资料的购买、使用的新登记注册 86 户，占总量的 1.5%，截至 2023 年年底，实有 3 605 户，占总量的 3.0%。

（三）注销户数减少

全年注销 3 199 户，减少 14.9%。从四大业务领域看，注销户数两增两减。农业生产资料的购买、使用领域注销 104 户，增长 10.6%；农村民间工艺及制品、休闲农业和乡村旅游资源的开发经营等领域注销 2 444 户，增长 7.3%；农产品的生产、销售、加工、运输、贮藏及其他相关服务领域注销 492 户，减少 57.7%；与农业生产经营有关的技术、信息、设施建设运营等服务领域注销 159 户，减少 14.5%。

（四）规模趋小型发展

2022 年，新登记注册农民专业合作社户均出资额 209.58 万元/户，比上年少 4.1%；户均成员 544.04 个/户，比上年少 4.8%。截至 2023 年年底，实有农民专业合作社户均出资额 273.81 万元/户，减少 0.8%；户均成员 1 019.24 个/户，比上年少 2.7%。从出资总额看，新登记注册出资额 500 万元以下的农民专业合作社 4 950 户，占新登记注册总量的 86.4%，比上年提高 1.0 个百分点，同比下降 16.4%，比 500 万元以上的下降幅度小 6.7 个百分点。截至 2023 年年底，实有出资额 500 万元以下的农民专业合作社 9.92 户，占总量的 81.2%，比上年提高 0.1 个百分点，同比增长 2.4%，比 500 万元以上的增幅高 1.1 个百分点。

六、湖南省经营主体在全国和中部六省排位情况

（一）湖南省经营主体在全国排位情况

1. 经营主体在全国排位情况

全省新登记注册经营主体122.91万户，占全国总量的3.8%；新登记注册资本（金）13 080.91亿元，占全国总量的1.3%。

截至2023年年底，全省实有经营主体712.78万户，增长12.2%，比全国增幅高3.5个百分点，增幅居全国第5位；实有经营主体户数占全国总量的3.9%，比上年提高0.1个百分点，居全国第11位，与上年持平；实有注册资本（金）140 506.96亿元，增长9.5%；实有注册资本（金）占全国总量的2.0%，与上年持平，居全国第18位。

2. 企业在全国排位情况

全省新登记注册企业43.06万户，占全国总量的4.3%。新登记注册资本（金）12 195.24亿元，占全国总量的1.3%。

截至2023年年底，全省实有企业190.02万户，增长20.4%，比全国增幅高10.1个百分点，居全国第3位；实有企业户数占全国总量的3.3%，比上年提高0.3个百分点，居全国第13位，与上年持平。实有注册资本（金）131 501.54亿元，增长9.8%，实有注册资本（金）占全国总量的1.9%，居全国第18位，与上年持平。

3. 个体工商户在全国排位情况

全省新登记注册个体工商户79.28万户，占全国总量的3.5%。新登记出资额765.67亿元，占全国总量的1.7%。

截至2023年年底，全省实有个体工商户510.55万户，增长9.6%，比全国增幅高1.4个百分点，居全国第8位；实有个体工商户户数占全国总量的4.1%，居全国第11位，与上年持平。实有出资额5 660.02亿元，增长8.1%，占全国总量的3.3%，居全国第12位，下滑1位。

4. 农民专业合作社在全国排位情况

全省新登记注册农民专业合作社0.57万户，占全国总量的4.9%，新登记

注册出资金额 120.00 亿元，占全国总量的 4.8%。

截至 2023 年年底，全省实有农民专业合作社 12.22 万户，增长 2.2%，比全国增幅高 2.4 个百分点，居全国第 4 位，前移 3 位；实有农民专业合作社户数占全国总量的 5.5%，比上年提高 0.2 个百分点，居全国第 3 位，与上年持平。实有出资金额 3345.40 亿元，增长 1.3%，比全国增幅高 1.2 个百分点，居全国第 6 位，前移 2 位；实有出资金额占全国总量的 5.5%，比上年提高 0.2 个百分点，居全国第 3 位，与上年持平。

5. 每万人经营主体拥有量在全国排位情况

全省每万人经营主体拥有量与全国平均水平的差距有所缩小，但发展不充分依然较为突出。2023 年，我省每万人经营主体拥有量 1 079.32 户，居全国第 24 位，前移 3 位，相当于全国平均水平的 82.8%，差距比上年缩小 1.7 个百分点。其中，每万人企业拥有量 287.73 户，居全国第 25 位，与上年持平，相当于全国平均水平的 69.7%，差距比上年缩小 6 个百分点；每万人个体工商户拥有量 773.09 户，居全国第 22 位，前移 1 位，相当于全国平均水平的 88.4%，差距比上年缩小 1.4 个百分点；每万人农民专业合作社拥有量 18.50 户，居全国第 13 位，前移 1 位，比全国平均水平高 17.0%，优势比上年扩大 2.9 个百分点（见表 18）。

表 18　2023 年各省（直辖市、自治区）每万人经营主体拥有量情况

单位：户

地区	每万人经营主体	排位	每万人企业	排位	每万人个体工商户	排位	每万人农合	排位
全国	1 303.55		412.73		875.00		15.81	
北京	1 170.52	18	968.28	2	198.78	31	3.46	31
天津	1 304.26	14	562.96	5	733.57	24	7.73	26
河北	1 150.10	19	343.72	16	791.04	19	15.33	19
山西	1 233.73	15	357.69	14	848.77	14	27.28	7
内蒙古	1 136.63	21	275.31	26	830.98	15	30.34	4
辽宁	1 229.31	16	312.24	20	901.34	11	15.73	18
吉林	1 529.15	5	331.13	17	1164.12	4	33.91	2
黑龙江	1 074.64	26	217.05	30	829.28	16	28.31	6
上海	1 378.56	10	1166.33	1	208.53	30	3.70	30

续表

地区	每万人经营主体	排位	每万人企业	排位	每万人个体工商户	排位	每万人农合	排位
江苏	1 704.16	3	524.84	7	1 173.16	3	6.16	28
浙江	1 571.76	4	548.32	6	1 016.69	8	6.75	27
安徽	1 308.40	13	390.66	11	898.77	12	18.97	12
福建	1 807.31	2	464.94	8	1332.35	2	10.02	25
江西	1 066.24	27	324.18	18	724.65	25	17.42	16
山东	1 442.42	7	458.27	9	961.41	10	22.74	8
河南	1 108.22	23	303.81	22	783.76	20	20.65	9
湖北	1 425.05	9	386.52	12	1 018.06	7	20.48	10
湖南	**1 079.32**	**24**	**287.73**	**25**	**773.09**	**22**	**18.50**	**13**
广东	1 427.42	8	616.86	4	805.80	17	4.75	29
广西	863.27	31	236.97	29	613.89	29	12.41	23
海南	3 684.55	1	906.43	3	2763.56	1	14.56	21
重庆	1 149.81	20	361.95	13	776.44	21	11.42	24
四川	1 076.46	25	321.09	19	742.58	23	12.78	22
贵州	1 192.98	17	291.25	24	885.10	13	16.63	17
云南	1 347.24	12	303.17	23	1 029.19	6	14.88	20
西藏	1 373.22	11	349.01	15	991.78	9	32.43	3
陕西	1 470.01	6	395.63	10	1 055.08	5	19.30	11
甘肃	940.37	30	257.91	27	642.47	28	39.99	1
青海	960.29	28	256.77	28	674.66	27	28.86	5
宁夏	1 117.07	22	307.47	21	791.46	18	18.13	14
新疆	945.26	29	208.20	31	719.23	26	17.83	15

（二）湖南省经营主体在中部六省排位情况

从经营主体总体发展情况看，湖南省新登记注册经营主体户数、注册资本（金）均居第5位，均只高于山西。截至2023年年底，湖南省实有经营主体户数、注册资本（金）均居第4位，均居河南、湖北、安徽之后；户数增幅低于湖北，居第2位；注册资本（金）增幅仅高于江西，居第5位（见表19）。

表 19　2023 年中部六省经营主体情况

单位：万户、亿元、%

	期末实有户数		期末实有注册资本		新登记注册户数		新登记注册资本	
	数值	增幅	数值	增幅	数值	增幅	数值	增幅
全国	18 402.88	8.7	7 928 738.12	26.3	3 272.72	12.6	1 749 437.94	109.2
湖南	**712.78**	**12.2**	**140 506.96**	**9.5**	**122.91**	**−7.4**	**13 080.91**	**−10.0**
山西	429.46	8.5	99 407.32	9.6	90.30	−12.4	9 589.89	−1.4
安徽	801.66	9.8	233 885.33	13.8	141.07	19.0	29 004.95	2.1
江西	482.80	0.0	127 490.84	−0.1	123.71	−6.0	18 083.21	−33.9
河南	1 094.03	5.8	274 236.01	30.5	218.69	−13.2	65 904.69	185.4
湖北	832.80	13.3	238 279.92	31.9	160.77	8.4	49 976.97	156.4

从企业发展情况看，湖南省新登记注册企业户数居第 4 位，居河南、湖北、安徽之后；新登记注册资本（金）居第 5 位，仅高于山西。截至 2023 年年底，湖南省实有企业户数和注册资本（金）均居第 4 位，均居河南、湖北、安徽之后，企业户数增幅居第 1 位，注册资本（金）增幅仅高于江西，居第 5 位（见表 20）。

表 20　2023 年中部六省企业情况

单位：万户、亿元、%

	期末实有户数		期末实有注册资本		新登记注册户数		新登记注册资本	
	数值	增幅	数值	增幅	数值	增幅	数值	增幅
全国	5 826.77	10.3	7 694 694.63	26.7	1 002.92	15.6	1 702 549.85	110.9
湖南	**190.02**	**20.4**	**131 501.54**	**9.8**	**43.06**	**4.8**	**12 195.24**	**−9.9**
山西	124.51	16.9	95 485.16	9.9	26.66	23.4	9 062.09	2.2
安徽	239.36	11.5	223 391.14	13.9	44.48	10.0	27 211.15	1.1
江西	146.79	10.5	121 187.96	−0.3	29.68	3.9	17 069.72	−34.8
河南	299.92	10.8	264 044.72	32.1	54.71	21.5	65 196.54	194.1
湖北	225.88	20.3	226 476.51	32.7	53.99	40.7	47 180.36	166.9

从个体工商户发展情况看，湖南省新登记注册个体工商户数居第 5 位，仅高于山西；新登记注册出资额居第 4 位，居湖北、安徽、江西之后。截至 2023 年

年底，湖南省实有个体工商户户数居第 4 位，居河南、湖北、安徽之后，户数增幅居第 2 位，低于湖北；出资额居第 3 位，居湖北、安徽之后，出资额增幅居第 4 位，居湖北、安徽、山西之后（见表 21）。

表 21　2023 年中部六省个体工商户情况

单位：万户、亿元、%

	期末实有户数		期末实有出资额		新登记注册户数		新登记注册出资额	
	数值	增幅	数值	增幅	数值	增幅	数值	增幅
全国	12 352.85	8.2	171 554.11	21.5	2 258.22	11.4	44 384.76	69.8
湖南	**510.55**	**9.6**	**5 660.02**	**8.1**	**79.28**	**−12.8**	**765.67**	**−10.1**
山西	295.46	5.7	2 498.73	8.3	63.34	−21.5	486.34	−34.1
安徽	550.68	9.4	8 047.63	16.0	96.32	24.0	1 656.85	26.8
江西	328.12	−4.0	4 597.71	5.6	93.66	−8.6	949.53	−11.6
河南	773.73	4.0	4 076.34	1.8	162.96	−20.8	493.75	−2.9
湖北	594.95	11.1	8 456.08	16.4	106.00	−2.7	2 138.16	31.9

从农民专业合作社发展情况看，湖南省新登记注册农民专业合作社户数居第 3 位，居河南、湖北之后；出资额居第 4 位，居湖北、河南、安徽之后。截至 2023 年年底，湖省实有农民专业合作社户数及其增幅均居第 2 位，户数低于河南，户数增幅低于湖北；出资金额居第 3 位，居河南、湖北之后，出资金额增幅低于湖北，居第 2 位（见表 22）。

表 22　2023 年中部六省农民专业合作社情况

单位：万户、亿元、%

	期末实有户数		期末实有出资金额		新登记注册户数		新登记注册出资金额	
	数值	增幅	数值	增幅	数值	增幅	数值	增幅
全国	223.26	−0.2	62 489.38	0.1	11.57	−9.5	2 503.33	−3.3
湖南	**12.22**	**2.2**	**3 345.40**	**1.3**	**0.57**	**−17.5**	**120.00**	**−20.8**
山西	9.50	−3.1	1 423.43	−2.9	0.30	−61.4	41.45	−66.6
安徽	11.62	1.2	2 446.56	0.7	0.56	−17.8	136.94	−30.6
江西	7.89	0.3	1 705.17	−0.8	0.38	−41.7	63.96	−31.8
河南	20.39	1.4	6 114.94	−1.7	1.01	5.1	214.39	−48.6
湖北	11.97	4.5	3 347.32	22.4	0.78	−24.0	658.45	241.7

附表

表23 2023年湖南省各县（市、区）经营主体情况

单位：户、亿元

		期末经营主体		其中：企业		新登记注册经营主体		其中：企业	
		户数	注册资本（金）	户数	注册资本（金）	户数	注册资本（金）	户数	注册资本（金）
总计		7 127 835	140 506.96	1 900 184	131 501.54	1 229 142	13 080.91	430 576	12 195.24
长沙市	市辖区	42 220	26 761.18	42 216	26 761.17	4 140	1 055.72	4 140	1 055.72
	芙蓉区	170 839	3 174.79	77 689	3 109.21	35 871	469.54	16 514	458.69
	天心区	158 582	2 818.17	73 275	2 758.92	38 932	294.76	17 288	284.98
	岳麓区	267 114	12 392.08	142 785	12 238.46	46 586	1 859.05	26 209	1 838.40
	开福区	167 349	3 896.53	75 705	3 846.35	35 167	609.24	16 086	599.01
	雨花区	275 338	4 494.34	107 201	4 336.16	65 886	646.00	24 705	618.26
	望城区	158 328	2 352.90	30 331	2 257.40	28 863	196.86	5 859	186.33
	长沙县	195 790	3 449.49	57 694	3 264.72	42 584	410.36	11 871	387.57
	宁乡市	173 995	2 306.58	35 643	2 132.06	28 227	113.63	6 982	98.98
	浏阳市	169 130	2 328.45	42 405	2 053.63	27 844	193.76	8 511	170.27
株洲市	市辖区	5 547	3 641.31	5 545	3 641.28	58	66.80	58	66.80
	荷塘区	54 515	352.45	14 008	318.84	9 083	27.78	3 198	24.67
	芦淞区	81 085	351.64	15 441	297.88	17 842	52.78	4 937	45.92
	石峰区	42 040	757.01	15 575	733.43	12 450	86.68	5 237	83.11
	天元区	65 271	1 108.13	23 643	1 058.91	11 593	87.86	4 325	81.32
	渌口区	28 693	412.71	7 337	358.27	6 859	43.11	2 551	39.28
株洲市	攸县	58 866	700.30	16 082	606.68	11 163	52.86	5 249	44.32
	茶陵县	40 817	350.66	10 276	295.86	8 619	32.43	3 431	25.90
	炎陵县	16 740	161.65	3 632	135.44	4 013	12.56	876	9.27
	醴陵市	89 264	1 032.49	22 110	888.70	20 456	117.23	7 261	102.03
湘潭市	市辖区	42 685	3 477.07	21 042	3 452.86	9 335	237.09	3 299	233.69
	雨湖区	49 193	160.41	6 577	120.30	7 958	27.59	1 699	22.60
	岳塘区	43 949	238.52	7 938	199.77	7 725	32.03	1 463	24.00
	湘潭县	69 062	574.33	10 187	458.24	8 814	47.09	2 276	39.87
	湘乡市	52 603	711.60	11 408	646.21	9 143	67.03	4 726	61.76
	韶山市	13 077	228.85	3 228	202.49	1 619	16.97	689	15.54

续表

		期末经营主体		其中：企业		新登记注册经营主体		其中：企业	
		户数	注册资本（金）	户数	注册资本（金）	户数	注册资本（金）	户数	注册资本（金）
衡阳市	市辖区	40 609	3 351.66	23 192	3 334.41	7 232	197.55	4 201	195.34
	珠晖区	38 147	105.13	6 084	82.30	7 080	17.33	2 380	15.03
	雁峰区	29 471	315.96	5 733	299.11	5 911	12.48	1 652	10.63
	石鼓区	39 436	268.66	8 073	240.53	7 060	113.77	2 472	110.85
	蒸湘区	45 016	159.00	9 297	127.28	8 810	33.77	2 721	30.40
	南岳区	15 543	102.93	1 828	89.04	3 833	5.51	576	3.98
	衡阳县	53 207	413.65	9 408	359.54	9 142	44.88	3 269	40.47
	衡南县	48 134	564.29	10 524	449.87	8 039	75.14	2 904	68.48
	衡山县	25 367	265.51	5 612	231.55	4 260	27.44	1 504	23.24
	衡东县	42 408	526.53	8 935	409.46	7 184	48.82	2 552	42.05
衡阳市	祁东县	65 573	572.92	11 957	455.13	10 654	34.27	3 207	28.85
	耒阳市	85 089	704.72	18 488	593.53	11 973	62.82	6 004	55.93
	常宁市	67 873	681.10	13 337	590.28	10 980	34.56	4 341	30.05
邵阳市	市辖区	11 991	1 501.25	6 703	1 496.75	879	75.37	517	75.09
	双清区	31 046	203.78	8 086	180.38	4 842	25.50	1 508	22.24
	大祥区	40 876	220.02	9 614	180.61	7 457	28.54	1 960	24.33
	北塔区	17 027	115.05	4 446	102.08	2 924	13.31	859	11.81
	邵东市	99 120	795.57	22 352	665.02	15 837	91.48	3 876	79.11
	新邵县	42 551	427.97	8 978	345.01	7 479	39.80	1 572	32.39
	邵阳县	39 046	496.59	7 888	383.06	6 905	47.26	1 530	29.11
	隆回县	75 371	482.17	16 216	379.40	12 124	64.53	3 054	53.13
	洞口县	43 262	270.11	10 123	208.64	6 852	32.11	1 819	26.40
	绥宁县	24 255	197.19	4 886	144.71	4 635	19.95	861	15.07
	新宁县	34 054	378.31	8 285	302.88	6 033	34.04	1 772	28.19
	城步县	14 626	132.43	3 324	100.33	2 431	18.26	633	14.57
	武冈市	41 827	340.55	9 748	285.25	6 282	26.54	2 110	21.36
岳阳市	市辖区	68 790	3 918.20	28 869	3 835.53	13 994	450.03	6 681	440.54
	岳阳楼区	88 025	648.78	21 860	566.48	14 027	145.93	5 773	137.32
	云溪区	21 263	233.62	3 862	209.04	4 629	35.62	891	33.17
	君山区	18 175	167.35	3 603	114.77	2 704	22.87	1 385	18.89

续表

		期末经营主体		其中：企业		新登记注册经营主体		其中：企业	
		户数	注册资本（金）	户数	注册资本（金）	户数	注册资本（金）	户数	注册资本（金）
岳阳市	岳阳县	91 930	558.47	13 567	434.13	9 924	69.80	3 671	58.67
	华容县	41 300	351.06	7 494	276.09	8 575	49.07	2 834	42.54
	湘阴县	65 907	784.27	11 807	576.48	12 431	72.71	4 231	62.68
	平江县	80 323	742.23	13 983	599.34	12 161	53.78	3 075	42.66
	汨罗市	72 159	785.48	17 789	687.00	14 701	111.50	6 588	101.17
	临湘市	40 786	388.02	7 950	317.39	5 779	58.04	2 224	52.44
常德市	市辖区	36 192	4 293.75	15 632	4 258.97	5 691	116.44	3 022	113.06
	武陵区	100 081	503.97	19 887	426.44	16 815	61.66	5 788	52.55
	鼎城区	61 686	504.69	13 039	417.37	11 515	44.33	3 629	35.42
	安乡县	37 222	339.34	5 731	242.72	6 674	20.85	1 556	15.90
	汉寿县	57 271	662.43	16 636	535.93	8 797	69.94	3 956	49.57
	澧县	64 178	448.25	15 827	356.89	10 106	55.35	4 465	46.16
	临澧县	33 440	277.10	8 846	234.23	5 047	21.27	2 466	18.01
	桃源县	60 806	430.76	17 041	350.17	8 981	36.08	5 722	30.80
	石门县	47 294	436.03	8 681	356.73	7 310	32.77	2 357	25.33
	津市市	22 518	247.22	5 439	174.54	3 134	11.40	1 407	9.24
张家界市	市辖区	11 057	1 162.36	10 920	1 162.06	1 720	63.00	1 671	62.89
	永定区	48 262	303.77	7 270	194.18	7 533	33.60	1 326	20.78
	武陵源区	39 300	116.49	5 911	74.49	4 732	15.31	335	8.97
	慈利县	36 425	395.20	6 082	310.86	5 710	33.24	784	27.28
	桑植县	30 678	308.07	4 721	248.99	4 209	29.80	688	25.89
益阳市	市辖区	38 229	1 654.31	14 529	1 610.57	4 305	93.67	1 478	90.02
	资阳区	40 263	261.66	7 927	186.22	3 783	22.01	1 319	18.32
	赫山区	116 200	881.32	21 617	694.66	9 800	172.75	2 659	163.12
	南县	39 148	312.60	7 012	228.96	4 439	41.94	1 310	35.91
	桃江县	69 038	565.10	12 979	457.55	6 589	50.09	1 696	41.27
	安化县	59 526	611.88	11 137	444.59	8 086	52.80	1 673	29.31
	沅江市	55 351	737.03	10 070	604.87	6 947	80.38	1 858	71.31

续表

		期末经营主体		其中：企业		新登记注册经营主体		其中：企业	
		户数	注册资本（金）	户数	注册资本（金）	户数	注册资本（金）	户数	注册资本（金）
郴州市	市辖区	21 537	2 316.94	21 522	2 316.93	6 204	234.30	6 204	234.30
	北湖区	84 463	424.20	16 510	359.94	11 377	59.83	3 109	51.31
	苏仙区	39 209	250.05	9 003	206.38	6 613	45.86	1 696	41.07
	桂阳县	47 453	428.18	9 084	377.31	7 118	51.14	1 500	45.10
	宜章县	33 453	376.33	6 417	294.59	4 997	45.19	1 338	22.48
	永兴县	31 530	401.26	6 323	349.40	4 319	27.92	944	22.65
	嘉禾县	20 683	249.95	5 008	219.72	3 013	19.84	842	16.84
	临武县	17 608	346.32	4 172	312.15	2 940	37.07	1 036	33.81
	汝城县	22 168	218.68	4 532	189.67	2 720	14.92	691	11.72
	桂东县	11 435	102.38	2 487	82.93	1 268	10.18	362	8.23
	安仁县	23 212	279.11	5 025	228.68	3 032	20.47	941	16.85
	资兴市	26 168	528.63	5 427	491.63	4 261	223.93	1 171	220.05
永州市	市辖区	8 050	915.00	4 661	905.33	1 157	55.79	783	55.03
	零陵区	44 624	558.70	8 734	494.32	6 746	48.78	1 827	42.74
	冷水滩区	85 862	1 047.70	20 631	970.77	13 400	85.95	4 964	76.11
	回龙圩	683	11.61	182	9.87	80	0.63	37	0.51
	祁阳市	65 730	540.76	13 716	457.45	21 115	78.94	5 984	65.38
	东安县	33 719	298.14	5 437	242.84	4 634	23.60	1 422	19.09
	双牌县	14 412	191.24	4 069	161.43	3 002	36.75	1 981	35.04
	道县	36 510	381.81	6 237	309.69	8 359	59.87	2 171	50.68
	江永县	18 862	196.39	3 043	154.11	2 939	19.60	585	15.28
	宁远县	42 274	503.14	10 421	428.50	8 843	44.83	4 500	38.74
	蓝山县	21 126	214.04	5 365	180.79	5 031	28.50	1 807	24.51
	新田县	30 118	215.15	4 144	168.03	3 730	20.18	671	15.74
	江华县	31 324	361.59	7 475	302.66	5 164	37.70	2 241	31.06
怀化市	市辖区	37 494	2 133.06	18 028	2 110.10	5 694	231.92	2 521	228.57
	鹤城区	66 989	232.66	10 320	176.77	8 328	33.67	1 930	27.91
	中方县	17 910	214.22	3 388	183.58	3 172	18.84	532	15.57
	沅陵县	29 426	257.31	5 163	218.12	3 824	37.54	1 127	34.64
	辰溪县	27 119	260.53	6 143	198.40	3 585	31.09	1 255	28.46
	溆浦县	48 072	262.74	9 425	210.20	10 262	29.58	2 464	25.55
	会同县	23 692	99.34	3 228	76.21	3 793	18.00	895	15.59

续表

		期末经营主体		其中：企业		新登记注册经营主体		其中：企业	
		户数	注册资本（金）	户数	注册资本（金）	户数	注册资本（金）	户数	注册资本（金）
怀化市	麻阳县	25 073	248.68	4 359	196.55	3 198	20.41	972	16.63
	新晃县	19 187	127.98	2 827	108.14	2 704	21.29	873	19.30
	芷江县	23 911	179.90	3 441	148.51	3 889	15.55	603	11.82
	靖州县	22 344	240.26	3 810	202.94	3 174	29.95	1 186	27.07
	通道县	17 152	133.14	2 938	107.96	2 345	16.97	654	14.92
	洪江市	28 899	266.84	4 917	214.40	5 448	18.73	1 545	15.28
娄底市	市辖区	30 135	2 886.22	19 649	2 868.82	3 446	300.66	2 394	299.52
	娄星区	93 401	396.40	14 893	297.55	13 698	59.97	5 018	52.23
	双峰县	59 805	550.58	11 479	424.87	7 316	45.04	3 101	36.87
	新化县	84 280	857.19	17 721	697.36	12 706	90.12	4 612	74.28
	冷水江市	34 172	412.68	7 516	364.36	4 481	36.77	1 848	33.47
	涟源市	74 001	678.19	12 231	560.08	9 907	91.69	3 810	82.23
湘西自治州	吉首市	54 321	1 270.26	12 851	1 207.19	10 202	146.83	1 970	137.28
	泸溪县	16 600	165.11	3 105	139.24	1 996	14.88	535	11.90
	凤凰县	28 141	290.07	4 048	249.79	3 628	24.43	578	20.01
	花垣县	23 530	322.81	3 753	289.11	3 195	32.15	435	29.92
	保靖县	14 391	180.73	2 694	144.36	2 009	16.91	486	13.16
	古丈县	9 585	120.75	2 298	95.80	1 326	8.04	291	6.91
	永顺县	29 109	228.25	5 570	178.30	7 660	25.27	1 491	19.37
	龙山县	41 043	276.23	4 956	220.03	7 578	22.99	831	14.88

表24　2023年湖南省实有经营主体户数和注册资本（金）排名前30的县（市、区）

单位：户、亿元

排位	县（市、区）	期末实有经营主体户数	县（市、区）	期末实有经营主体注册资本（金）
1	雨花区	275 338	岳麓区	12 392.08
2	岳麓区	267 114	雨花区	4 494.34

续表

排位	县（市、区）	期末实有经营主体户数	县（市、区）	期末实有经营主体注册资本（金）
3	长沙县	195 790	开福区	3 896.53
4	宁乡市	173 995	长沙县	3 449.49
5	芙蓉区	170 839	芙蓉区	3 174.79
6	浏阳市	169 130	天心区	2 818.17
7	开福区	167 349	望城区	2 352.90
8	天心区	158 582	浏阳市	2 328.45
9	望城区	158 328	宁乡市	2 306.58
10	赫山区	116 200	吉首市	1 270.26
11	武陵区	100 081	天元区	1 108.13
12	邵东市	99 120	冷水滩区	1 047.70
13	娄星区	93 401	醴陵市	1 032.49
14	岳阳县	91 930	赫山区	881.32
15	醴陵市	89 264	新化县	857.19
16	岳阳楼区	88 025	邵东市	795.57
17	冷水滩区	85 862	汨罗市	785.48
18	耒阳市	85 089	湘阴县	784.27
19	北湖区	84 463	石峰区	757.01
20	新化县	84 280	平江县	742.23
21	芦淞区	81 085	沅江市	737.03
22	平江县	80 323	湘乡市	711.60
23	隆回县	75 371	耒阳市	704.72
24	涟源市	74 001	攸县	700.30
25	汨罗市	72 159	常宁市	681.10
26	湘潭县	69 062	涟源市	678.19
27	桃江县	69 038	汉寿县	662.43
28	常宁市	67 873	岳阳楼区	648.78
29	鹤城区	66 989	安化县	611.88
30	湘阴县	65 907	湘潭县	574.33

表 25　2023 年湖南省实有企业户数和注册资本（金）排名前 30 的县（市、区）

单位：户、亿元

排位	县（市、区）	期末实有企业户数	县（市、区）	期末实有企业注册资本（金）
1	岳麓区	142 785	岳麓区	12 238.46
2	雨花区	107 201	雨花区	4 336.16
3	芙蓉区	77 689	开福区	3 846.35
4	开福区	75 705	长沙县	3 264.72
5	天心区	73 275	芙蓉区	3 109.21
6	长沙县	57 694	天心区	2 758.92
7	浏阳市	42 405	望城区	2 257.40
8	宁乡市	35 643	宁乡市	2 132.06
9	望城区	30 331	浏阳市	2 053.63
10	天元区	23 643	吉首市	1 207.19
11	邵东市	22 352	天元区	1 058.91
12	醴陵市	22 110	冷水滩区	970.77
13	岳阳楼区	21 860	醴陵市	888.70
14	赫山区	21 617	石峰区	733.43
15	冷水滩区	20 631	新化县	697.36
16	武陵区	19 887	赫山区	694.66
17	耒阳市	18 488	汨罗市	687.00
18	汨罗市	17 789	邵东市	665.02
19	新化县	17 721	湘乡市	646.21
20	桃源县	17 041	攸县	606.68
21	汉寿县	16 636	沅江市	604.87
22	北湖区	16 510	平江县	599.34
23	隆回县	16 216	耒阳市	593.53
24	攸县	16 082	常宁市	590.28
25	澧县	15 827	湘阴县	576.48
26	石峰区	15 575	岳阳楼区	566.48
27	芦淞区	15 441	涟源市	560.08
28	娄星区	14 893	汉寿县	535.93
29	荷塘区	14 008	零陵区	494.32
30	平江县	13 983	资兴市	491.63

表26 2023年湖南省新登记注册经营主体户数和注册资本(金)排名前30的县(市、区)

单位：户、亿元

排位	县(市、区)	新登记注册经营主体户数	县(市、区)	新登记注册经营主体注册资本(金)
1	雨花区	65 886	岳麓区	1 859.05
2	岳麓区	46 586	雨花区	646.00
3	长沙县	42 584	开福区	609.24
4	天心区	38 932	芙蓉区	469.54
5	芙蓉区	35 871	长沙县	410.36
6	开福区	35 167	天心区	294.76
7	望城区	28 863	资兴市	223.93
8	宁乡市	28 227	望城区	196.86
9	浏阳市	27 844	浏阳市	193.76
10	祁阳市	21 115	赫山区	172.75
11	醴陵市	20 456	吉首市	146.83
12	芦淞区	17 842	岳阳楼区	145.93
13	武陵区	16 815	醴陵市	117.23
14	邵东市	15 837	石鼓区	113.77
15	汨罗市	14 701	宁乡市	113.63
16	岳阳楼区	14 027	汨罗市	111.50
17	娄星区	13 698	涟源市	91.69
18	冷水滩区	13 400	邵东市	91.48
19	新化县	12 706	新化县	90.12
20	石峰区	12 450	天元区	87.86
21	湘阴县	12 431	石峰区	86.68
22	平江县	12 161	冷水滩区	85.95
23	隆回县	12 124	沅江市	80.38
24	耒阳市	11 973	祁阳市	78.94
25	天元区	11 593	衡南县	75.14
26	鼎城区	11 515	湘阴县	72.71
27	北湖区	11 377	汉寿县	69.94
28	攸县	11 163	岳阳县	69.80
29	常宁市	10 980	湘乡市	67.03
30	祁东县	10 654	隆回县	64.53

表27 2023年湖南省新登记注册企业户数和注册资本（金）排名前30的县（市、区）

单位：户、亿元

排位	县（市、区）	新登记注册企业户数	县（市、区）	新登记注册企业注册资本（金）
1	岳麓区	26 209	岳麓区	1 838.40
2	雨花区	24 705	雨花区	618.26
3	天心区	17 288	开福区	599.01
4	芙蓉区	16 514	芙蓉区	458.69
5	开福区	16 086	长沙县	387.57
6	长沙县	11 871	天心区	284.98
7	浏阳市	8 511	资兴市	220.05
8	醴陵市	7 261	望城区	186.33
9	宁乡市	6 982	浏阳市	170.27
10	汨罗市	6 588	赫山区	163.12
11	耒阳市	6 004	岳阳楼区	137.32
12	祁阳市	5 984	吉首市	137.28
13	望城区	5 859	石鼓区	110.85
14	武陵区	5 788	醴陵市	102.03
15	岳阳楼区	5 773	汨罗市	101.17
16	桃源县	5 722	宁乡市	98.98
17	攸县	5 249	石峰区	83.11
18	石峰区	5 237	涟源市	82.23
19	娄星区	5 018	天元区	81.32
20	冷水滩区	4 964	邵东市	79.11
21	芦淞区	4 937	冷水滩区	76.11
22	湘乡市	4 726	新化县	74.28
23	新化县	4 612	沅江市	71.31
24	宁远县	4 500	衡南县	68.48
25	澧县	4 465	祁阳市	65.38
26	常宁市	4 341	湘阴县	62.68
27	天元区	4 325	湘乡市	61.76
28	湘阴县	4 231	岳阳县	58.67
29	汉寿县	3 956	耒阳市	55.93
30	邵东市	3 876	隆回县	53.13

湖南省民间投资发展现状报告

湖南省发展和改革委员会

2023年,湖南省民间投资同比增长0.8%,较全省固定资产投资增速高3.9个百分点、较全国民间投资增速高1.2个百分点;民间投资占全部投资比重达64.0%、比2022年提高2.5个百分点。

一、加强政策引导,稳定市场预期

湖南省委、省政府主要领导多次召开民营企业家座谈会,与民营企业家代表面对面座谈,坚定不移鼓励和支持民营经济发展,坚定不移当好民营企业的"服务员"。一是构建政策体系。结合湖南实际,聚焦民营企业期盼,湖南省委、省政府联合出台《关于支持民营经济发展壮大的若干政策措施》,从优化发展环境、加强法治保障、强化要素支撑等6个方面提出30条具体措施破解民营经济发展难题。编印《湖南省民营企业支持政策手册》,制订《关于进一步抓好抓实促进民间投资工作努力调动民间投资积极性的工作方案》,增强民企发展信心。二是深化金融服务。创新政银企合作对接,联合政策性金融机构连续4年设立"三高四新"等融资专项,持续完善政府部门筛选推介优质项目、金融机构自主评审决策的工作机制。2023年全省发放民营企业新增贷款超1万亿元,占企业贷款总量的54%,利率下降28个BP,金融让利212亿元。依托投资项目在线审批监管平台与"湘信贷"平台联通,构建线上实时的投贷联动机制。

二、强化项目招引,激发投资活力

始终把"建平台、强载体、优项目"作为扩大民间投资的有力抓手,多措并举,吸引更多民营企业参与到全省经济社会发展中来。一是拓展投资领域。规范推进政府和社会资本合作新机制，畅通民间资本参与基础设施投资的渠道。持续激活湘商资源，开展"情暖湘商"专项行动，共召开座谈会、招商推介会等1 466场，签约项目1 065个，投资总额4 243.39亿元。依托全国和湖南省投资项目在线审批监管平台，向民间资本持续推介3类项目，目前共公开推介项目484个、涉及总投资1 990亿元。积极稳妥实施REITs试点，围绕交通、能源、市政、生态环保等八大领域全面储备项目，目前共储备项目23个，资产规模超500亿元。其中，长沙梅溪湖金茂消费基础设施项目、益阳至常德高速公路项目已在上交所正式发行，募资总额超30亿元。二是优化项目管理。参照全国重点民间投资项目库建立机制，筹划建立省级重点民间投资项目库，从省重点建设项目、市州推荐项目中筛选一批符合政策要求、投资规模较大、示范性较强的民间投资项目，纳入全省项目库。对入库项目加强要素保障和融资支持，并开展定期调度，积极帮助解决项目推进过程中的实际困难。

三、深化改革创新，健全竞争制度

始终坚持全面深化改革，积极推进长株潭要素市场化配置综合改革试点，引导民营企业在完善治理、技术创新、数字化改造、绿色低碳等方面加大改革力度。一是以改革强联动。支持民营资本积极参与国企改制重组、国有控股上市公司增资扩股、新设混合所有制企业等混改项目，在国有经济布局优化和结构调整中，为民营经济提供更多发展空间，推动各种所有制资本取长补短、相互促进、共同发展。二是以改革促公平。以降低企业综合运营成本为主攻方向，深化要素市场化配置和价格领域改革，推进长株潭要素市场化配置国家综合改革试点，加快建设全国统一大市场，完善配置高效公平的要素市场体系，着力降低制度性交易、物流、融资、用能等成本。全面实施市场准入负面清单，强化公平竞争审查。

四、优化营商环境，营造良好生态

坚持深入推进"放管服"改革，持续推动营商环境持续优化。在全国工商联发布的"万家民营企业评营商环境"结果中，湖南获评2023年全国营商环境"前10省份"和"前10最佳口碑省份"。一是优化政务服务。深化"一网通办"，打造"一件事一次办"升级版，加快推动新增的办证、就业等主题式、套餐式场景应用，让"身在湖南、办事不难"的金字招牌更响更亮。搭建全省企业融资综合信用服务平台"湘信贷"，推动平台与银行业务系统直连、预授信联合建模、全流程线上放贷。2023年运用"湘信贷"平台授信超过3 000亿元。二是积极助企纾困。结合主题教育、调查研究，深入开展"走找想促"活动（走基层、找问题、想办法、促发展）和"三送三解三优"行动（送政策、送温暖、送信心，解基层之难、解企业之难、解群众之难，优作风、优服务、优环境），发布惠企政策超100项，解决企业难题8 000余个。公开征集问题线索，开展"新官理旧账"活动，督促各级严控增量，化解存量，推动兑付拖欠企业账款超8亿元。2023年新增减税降费和退税缓费超500亿元，发放失业保险稳岗返还资金8亿元。

下一步，我们将继续加大对民间投资形势的跟踪监测和分析研判工作力度，重点做好向民间资本推介项目、重点民间投资项目库建设、规范推进政府和社会资本合作等方面工作，进一步激发民间投资活力。

湖南省高新技术产业民营经济发展情况分析报告

湖南省科技厅

2023年，在湖南省委、省政府的坚强领导下，全省科技战线围绕打好"科技创新仗"，始终坚持强化企业创新主体地位，着力引导和服务科技型中小企业创新发展。面对外部环境复杂多变，全球产业链遭受冲击，经济陷入低迷状态的不利形势，我们坚定信心，克服困难，迎难而上，通过政策聚焦、工作聚力、服务聚心，实现民营企业量质齐升。

一、总体工作开展情况

2023年，全省高新技术产业实现增加值11 414.45亿元，同比增长8.9%，高出GDP增速4.3个百分点。全省高新技术企业数量达到16 495家，较上年增长2473家，全省高企数量排全国第11位，在中部排第3位。其中民营高新技术企业16 148家，占全省高企总量的97.9%。入库科技型中小企业33 184家，较上年增加13 708家，增长超过70%。科技型中小企业数量居全国第6位、中部第2，其中95%以上为民营企业。全省研发经费投入增长14.2%、突破1 100亿元，增速居全国第5位；研发投入强度提升至2.41%，排名由全国第12位跃居第9位；全省技术合同成交额近4 000亿元，增长50%。新增华曙高科、航天环宇2家上市后备企业在科创板上市，上市总数达16家，居全国第9、中部第2。目前，中轻长泰、金天钛业、科能新材、兴天电子、长沙北斗研究院5家企业在审，居全国第6位，超中部其他5省之和。全省14个市州实现科技型企业知识价值信用贷款风险补偿试点全覆盖，全年共为6 500多家科技型企业投放贷款超170亿元，同比增长150%，其中首贷金额超68亿元，首贷企业数超 2 700 家，首贷户数、首贷金额占比率均达 38% 以上。

一是优化民营企业创新发展环境。先后制定《精准服务企业科技政策》《关于营造更好环境支持研发 促进科技型企业增量提质的实施方案（2022—2025 年）》《湖南省财政支持企业科技创新若干政策措施》等政策措施，支持民营企业在更大范围、更深程度参与科技创新决策，充分发挥民营企业家在科技决策咨询体系中的作用，提高民营企业在创新活动中的"话语权"。分类实施企业研发奖补政策，精准引导民营企业建立研发投入稳定增长机制。2023 年，459 家民营企业获得研发奖补资金近 3 亿元。加强科技金融深度融合，全面推行科技型企业知识价值信用贷款风险补偿政策。2023 年，共为 6 500 多家科技型企业投放知识价值信用贷款超 170 亿元，其中民营企业占 80% 以上。加大创新政策宣传力度，联合工信、税务、商务等部门，全面落实激励创新的普惠性税收政策，帮助民营科技型企业享受政策红利，进一步激发民营企业创新活力。

二是支持民营企业强化技术创新。聚焦民营企业创新发展需求，全方位推动产学研深度融合，引导各类创新要素向企业集聚，充分发挥企业创新主体作用。支持民营企业参与科技攻坚行动。通过公开竞争、定向委托、"揭榜挂帅"等多种方式，主动承担省级重大科技任务和关键核心技术攻关，突破一批瓶颈技术。2023 年立项的 12 个"揭榜挂帅"项目，民营企业参与的有 10 项。支持民营企业建设研发创新平台。鼓励和支持基础条件较好的民营企业围绕国家重大需求，联合有关高校、科研院所通过研发合作、平台共建、成果共享等方式建设研发机构。截至当前，民营企业共牵头组建 1 家国家工程技术研究中心（全省 14 家）、3 家国家工程研究中心（全省 12 家）、35 家国家企业技术中心（全省 68 家）、8 家省重点实验室（全省 389 家）、364 家省工程技术研究中心（全省 811 家），对新获批的民营企业牵头组建的国家重点实验室、国家技术创新中心、国家制造业创新中心、国家产业创新中心，每年支持 500 万元，连续支持三年。支持民营企业集聚高端科技人才。实施"三尖"创新人才工程，支持民营企业从省外引进高层次科技创新人才（团队），建设院士专家工作站、设立博士后科研工作站。针对引进人才的类别和层次，给予不同形式、不同经费额度的支持。对民营企业引进两院院士、国家级科技领军人才，实行"一人一策"，予以综合支持。2023 年，支持科技创新人才计划向企业一线倾斜，注重在民营企业中发掘培育科技领军人才、青年科技人才、高技能人才和创新团队。2023年，省"三尖"创新人才工程支持企业人才132人，其中民营企业98人，占74%；创新创业领军人才计划立项65项，民营企业61项，占比94%。支持民营企业加强基础研究。通过合作设立省自然科学基金联合基金的方式，充分调动民营企业开展基础研究的积极性。2023年，湖南省科技厅投入400万元，引导8家民营企业投入1 600万元，有效引导和促进有关部门、高校、医院、科研院所与民营企业合作。

三是加强民营企业创新主体培育。实施创新主体增量提质行动，分层分类，梯度培育，精准施策，把培育发展创新主体作为稳经济、保增长、促发展的重要手段。制订创新主体培育工作方案，加强市州目标考核，将科技型中小企业和高新技术企业培育目标任务分解至市州及国家级高新园区，纳入市州绩效考核、园区综合评价指标体系，压实工作责任。推进企业加快上市。充实科创板上市后备企业库，加大对后备企业的培育和辅导，已支持湖南华曙高科技股份有限公司、湖南航天环宇通信科技股份有限公司在上交所科创板上市，融资金额超19亿元。民营企业已成为科技型企业方阵中的重要部分。

四是推动科技成果向民营企业转化。推动实施潇湘科技要素市场体系创新工程，构建起由省级大市场、市州分市场、县市区及行业工作站组成的覆盖全省的技术市场体系，打造出聚集科技创新资源、对接技术创新供给和技术创新需求交易、链接科技服务和科技金融服务、促进科技成果转化产业化的公共服务平台，聚集专业服务机构1 500家，链接高校科研机构1 100家，建立了超过1.4万余名人才专家库。今年来在线发布科技成果供需对接信息2.7万项，举办潇湘科技要素大市场工作站建设及运营能力提升培训等各类活动100余场，服务企业超1万家，实现了政策、技术、人才、资金、信息等资源有效整合，增强了成果转移转化服务效能。2023年，全省技术合同成交额近4 000亿元。启动湖南科技创新成果系列路演活动。建立高校科研院所科技成果与园区和企业常态化对接机制，依托岳麓山科创路演中心和潇湘科技要素大市场体系，常态化组织开展科技创新成果路演活动，高效整合"基金、项目、平台、园区"优势资源，促进技术、资本、人才等要素高效融合，推动高价值科技成果在民营企业转化。2023年，全省组织开展科技创新成果路演活动60余场，签约成果转化协议460余项，签约资金近50亿元，到位资金超10亿元。支持科技领军企业牵头组建创新联合体，构建大企业与中小企业协同创新、资源共享、融合发展的产业生态，带动产业链上中下游、大中小企业融通创新。启动建设一批科技成果中试熟化与产业化基地，推动更多共性技术成果转化应用，提高科技成果转移转化成效。

二、存在的问题及原因分析

一系列政策措施的出台，改善了民营企业创新环境，提振了民营企业发展信心，但科技创新政策还有待进一步完善和加强。

一是金融支持中小企业科技创新力度不够。近年来，湖南省积极推行科技型企业知识价值信用贷款风险补偿改革，缓解了科技型中小企业融资难融资贵问题，但金融支持中小企业科技创新的手段不多，目前，湖南省尚未设立投早投小的天使母基金，"种子期、初创期"科技型民营中小微企业获得风险资本仍然困难，一定程度上影响民营企业创新发展和成果转化。

二是支持中小企业科技创新政策覆盖面不够。部分市州、县及中小企业反映当前企业研发财政奖补政策的最低奖补额度"门槛"太高，政策惠及面不宽，大部分中小企业难以享受研发奖补政策。此外，2023年9月3日，财政部、税务总局发布《关于先进制造业企业增值税加计抵减政策的公告》（财政部 税务总局公告2023年第43号），明确自2023年1月1日至2027年12月31日，允许先进制造业企业（高新技术企业中的制造业一般纳税人）按照当期可抵扣进项税额加计5%抵减应纳增值税税额。这一政策加大了税收优惠力度，首次提出了进项税额可加计抵扣，充分凸显了国家对先进制造业的重视程度，对于先进制造业高新技术企业无疑是一针强心剂，受到广泛热捧。但是，这一政策只惠及先进制造业高新技术企业，有一定局限性。

三、下一步计划

一是建立民营企业参与科技创新决策机制。在科技创新计划改革和重大科技创新战略研究中，注重吸纳民营企业家智慧，发挥民营企业家在科技决策咨询体系中的作用，鼓励民营企业参与科技计划项目指南编制和重大科技项目设计，充分吸纳民营企业界意见，提高指南编制的科学性、精准性，为全省科技创新战略决策科学化、合理化提供有效支撑。

二是支持民营企业加强技术创新。支持民营企业参与科技攻坚行动，围绕先进制造业、战略性新兴产业、未来产业等重点领域中的关键核心技术和"卡脖子"问题，通过公开竞争、定向委托、"揭榜挂帅"等多种方式，牵头实施好十大技术攻关、重点研发计划等项目，突破一批瓶颈技术。引导更多科技领军民营企业加入省自然科学基金企业联合基金，引导优先发布出资民营企业亟须攻克的科学问题，共同支持基础研究和应用基础研究，提升原始创新能力。

三是支持民营企业建设研发创新平台。鼓励和支持基础条件较好的民营企业围绕国家重大需求，参与全国重点实验室和省重点实验室建设。支持民营企业联合有关高校、科研院所围绕湖南省"4×4"现代化产业体系组建一批国家级和省级技术创新中心、工程技术研究中心等研发平台，构建多层次、开放式的产业创新研发体系，优化形成具有湖南特色的体系化技术创新平台。对民营企业牵头新组建的国家重点实验室、技术创新中心、制造业创新中心、产业创新中心，每年支持500万元，连续支持三年。参与省"4+4科创工程"建设的民营企业，采取"一事一议"的方式予以支持。

四是支持民营企业集聚高端科技人才。实施"三尖"创新人才工程，支持民营企业从省外引进高层次科技创新人才（团队），建设院士工作站、设立博士后科研工作站。针对引进人才的类别和层次，给予不同形式、不同经费额度的支持。对民营企业引进两院院士、国家级科技领军人才，实行"一人一策"，予以综合支持。加大民营企业科技人才培养支持力度，将省创新创业大赛民营企业获奖项目纳入科技创新计划管理，并给予奖励性后补助。对获得高新技术企业综合创新能力100强、国家技术创新示范企业、国家制造业单项冠军企业、国家专精特新"小巨人"企业等，根据需要给予一定"荷尖"人才项目直接遴选名额。营造人才发展环境，推行外籍高端人才和专业人才"一卡通"，为人才提供更加优质高效服务。

五是加强民营企业创新主体培育。把民营科技型中小企业培育纳入全省科技工作重点任务，扎实推进民营科技型中小企业评价及高新技术企业认定备案工作，遴选一批研发能力强、成长性高的民营企业纳入全国科技型中小企业信息库，实施重点定向培育，促进民营企业向新技术、新模式、新业态转型，加速成长为高新技术企业。布局一批专业化科技企业孵化器和众创空间，建立一批产业领域聚焦、专业能力突出、孵化成效显著的标杆孵化器，使之成为孵化科技型企业的主战场。继续开展全省"高新技术百强"评价，树立一批民营高新技术企业标杆，支持其做大做强，引领产业技术创新和竞争能力提升，为全省企业创新发展提供示范。

六是推动科技成果向民营企业转化。加强以企业为主体的产学研合作，优先支持民营企业牵头的产学研结合创新项目。加快潇湘科技要素大市场建设，汇集高端创新成果，采取线上线下相结合的形式，开展科技成果路演活动，促进高校、科研院所成果与民营企业精准对接，推动高价值科技成果在民营企业转化和产业化。推进科技资源和应用场景向民营企业开放，赋能民营企业创新与成果转化。支持民营龙头企业牵头联合高校院所、各创新主体组建创新联合体，开展协同创新，带动产业链上中下游、大中小企业融通创新，提高科技成果转移转化成效。

七是强化金融财税政策支持。持续推进科技型企业知识价值信用贷款风险补偿改革，联合省市相关部门、银行等金融机构，推动知识价值信用贷款"提速、扩面、放量"，帮助更多的民营企业解决融资难题。扩充知识价值信用贷款企业库，进一步扩大知识价值信用贷款覆盖面，引导银行机构加大对科技型企业的支持力度。充实科创板上市后备企业库，加大对后备民营企业的培育和辅导，推进民营企业加快上市。积极配合省直相关部门，加快推进设立湖南省天使投资股权引导基金，与有条件的市州、国家级高新园区、高校等合作设立子基金，带动更多的社会资本投入科技创新。实施新一轮企业分类实施研发财政奖补政策，引导企业建立研发投入稳定增长机制，全面落实现高新技术企业所得税优惠、研发费用加计扣除等激励创新的普惠性税收政策，帮助民营科技型企业享受政策红利，进一步激发民营企业创新活力。

湖南省行业协会商会发展报告

湖南省民政厅

2023年，湖南民政系统以习近平新时代中国特色社会主义思想为指导，坚决扛起登记管理机关的政治责任和使命担当，以推动行业协会商会高质量发展为主线，多措并举、开拓创新，积极引导行业协会商会在服务"三高四新"战略、助力乡村振兴等方面彰显作为、发挥作用。

一、行业协会商会发展基本情况

（一）强化登记管理服务

进一步优化行业协会商会登记审批流程和日常监管举措，推动行业协会商会健康有序发展。一是登记审批规范化。优化登记指南，简化登记流程，完善湖南民政"互联网+政务服务"一体化平台社会组织管理系统，全省社会组织数量稳步增长。2023年，新增省本级行业协会商会11家。全省范围新增行业协会商会168家。二是联系指导常态化。省民政厅召开发起人座谈会、成立大会等70余次，指导换届83次，走访社会组织121次，接待来访和咨询5 000多人次。三是优化退出机制。建立社会团体"简易注销"机制，为"僵尸型"行业协会商会注销提供制度基础，2023年省级社会组织注销10家，撤销和拟撤销42家。

（二）加强政策法规创制

积极建设全方位综合监管体系，完善政策法规内容，打造并建设全方位的覆盖面广的综合监管生态，维护好行业协会商会发展环境。一是出台政府规章。

湖南省政府将《湖南省行业协会管理办法》列入2023年立法计划，湖南省民政厅、省司法厅先后赴山东、甘肃学习行业协会管理经验，在6个市州开展基层调研，召开各类专家论证会、征求意见会、部门协调会12场，前后修改15稿，收集意见建议1 400余条。2023年12月26日湖南省人民政府令第316号颁布修订后的《湖南省行业协会管理办法》（以下简称《办法》），于2024年3月1日正式施行。新《办法》共计7章48条，在坚持党建引领、强化综合监管、规范登记规则、优化退出机制、规范内部治理、加强培育扶持6个重点方面着重进行修改。二是出台规范性文件。出台并施行了《湖南省社会组织信用信息管理办法》《关于规范社会组织退出机制的指导意见（试行）》2个文件，起草《湖南省行业协会商会负责人任职管理办法》。其中，《关于规范社会组织退出机制的指导意见（试行）》设置了社会团体"简易注销"程序，为无法召开会员代表大会形成注销决议、无法形成清算报告、被撤销后无法完成注销的"僵尸型"社会团体出清提供了规范性文件依据。三是发布配套文件。以省社会组织管理工作协调小组名义出台《湖南省建立健全社会组织管理工作联合执法工作规则》《湖南省社会组织综合监管办法》等政策性文件，为打击非法社会组织、构建综合监管机制提供了政策依据。四是参与国家级立法。2023年12月，民政部社管局邀请湖南省民政厅为《行业协会商会法》立法起草单位，省民政厅高度重视，组建了由湖南省民政厅、湘潭大学、中南大学、湖南省物业管理行业协会、湖南省守合同重信用企业协会、湖南省企业和工业经济联合会6家单位组成的立法起草小组，先后开展6次调研，2次征求意见会，14次集中讨论，历经7稿，向民政部社管局提交了《行业协会商会法（湖南建议稿）》、立法注释、问题清单、调研报告等材料。

（三）扎实开展专项行动

坚持行动快、手段硬、打击严，分类施策，多管齐下，开展一个专项行动，切实防范化解社会组织领域风险。一是开展行业协会商会服务高质量发展专项行动。分别向市州民政局、省本级行业协会商会印发《关于开展行业协会商会服务高质量发展专项行动的通知》，提出"十个一批"的重点任务，确认湖南省工业和企业经济联合会等50家行业协会商会为第一批重点推进单位。省级

12家行业协会商会向有关部门提交调研报告26篇，36家行业协会组织100多项成果进园区，16家省级行业协会商会定期开展行业调查和统计，42家行业协会商会制定出台农业、科技类地方标准、行业标准、团体标准468个，27家省级行业协会商会发布行业自律规约，6家省级行业协会商会牵头组建化妆品、环保等6个产业园区。二是持续清理整治行业协会商会乱收费。省社会组织管理工作协调小组将整治行业协会商会乱收费工作列入2023年工作要点，省民政厅印发《关于持续强化行业协会商会乱收费治理切实帮助市场主体减负纾困的通知》，行业协会商会乱收费治理工作列入平安建设考评和重点工作综合评估内容，民政重点工作推进会、社会组织管理工作会议进行调度，全年共计查处存在违法违规收费问题的行业协会商会69家，动员全省560家行业协会商会减免、降低或取消收费，累计减轻企业负担2973万元，惠及企业1.3万家。三是深入开展打击整治非法社会组织专项行动。6月30日召开全省打击整治非法社会组织专项行动电视电话会议，印发《湖南省民政厅关于深入打击整治非法社会组织 严密防范化解社会组织领域重大风险的通知》，联合湖南省委统战部、省公安厅、省国安厅等11部门开展为期半年的打击整治非法社会组织专项行动，全省共查处非法社会组织173家。会同湖南省委网信办开设"打击整治非法社会组织专项行动"监测专题，24小时不间断监测关键词。联合省通信管理局对网站备案信息进行核查，排查社会组织网站备案信息152条，处置非法社会组织网站31个。

（四）彰显社会组织使命担当

发挥行业协会商会在联系企业、链接资源、服务专业等方面的优势，激励行业协会商会在参与乡村振兴方面履行责任担当。一是助力乡村振兴。与省乡村振兴局召开社会组织助力乡村振兴暨"四个小屋"建设推进会，召集13个市州民政局，15个乡村振兴重点帮扶县，100家省本级社会组织共同参加。进一步动员引导全省社会组织参与乡村振兴，全省108家省级社会组织与15个省级乡村振兴重点帮扶县结对，全省社会组织投入帮扶资金2.2亿元，开展帮扶项目1226个，帮助脱贫地区销售农产品2.3亿元，投入建设资金2400万元，建设"四个小屋"957间、农家特色书屋28个。二是聚焦新就业形态劳动者权益保护。召开全省新就业形态劳动者相关社会组织座谈会，印发《关于切实加强新就业形态劳动者权益保护的通知》《关于推动新就业形态劳动者建会入会及维权工作的倡议书》。三是推动稳岗就业。全省行业协会商会通过开发就业岗位、设置见习岗位、搭建就业对接平台、提供就业指导等方式，吸纳高校毕业生就业 6 145 人，招收见习毕业生 7 543 人，开展就业服务活动 794 场，推动 6 087 家会员单位面向高校毕业生发布招聘岗位达 20 432 个。

二、存在的问题及下一步计划

湖南省行业协会商会目前还存在一些问题，下一步省民政厅将从以下方面着手，推动行业协会商会高质量发展。

一是坚持党建引领，强化党对社会组织工作的领导。强化思想政治引领，推动社会组织深入学习贯彻习近平新时代中国特色社会主义思想和党的二十大精神。严格落实登记、年检、评估等工作与社会组织党建同步，推进社会组织党的组织和党的工作全覆盖。

二是聚焦制度建设，健全社会组织政策体系。加大《湖南省行业协会管理办法》执行力度，加快构建行业协会综合监管体制，巩固行业协会商会与行政机关脱钩改革成果。

三是注重风险防范，健全社会组织监管体系。推动健全综合监管机制，加强行业协会商会信用信息建设，加快淘汰运转失灵、服务缺位、长期不发挥作用的社会组织。

促进民营经济发展工作情况报告

湖南省人力资源和社会保障厅

2023年，湖南省人社厅深入贯彻习近平总书记关于正确引导民营经济健康发展高质量发展的重要讲话精神，坚决落实全省民营企业家座谈会有关精神，持续强化民营企业援企纾困、用工保障、人才培育、维护权益等系列举措，为全面促进民营经济发展壮大、民生改善和社会稳定作出积极贡献。

一、2023年民营经济发展领域人社事业取得积极成效

（一）强化政策支撑，推进援企稳岗

一是及时推出九条服务举措。立足人社部门职责要求，制定实施《人社部门支持民营企业高质量发展九条措施》（湘人社规〔2023〕4号），进一步用足用准相关政策，提出惠企政策落地直达、结对助力民企便捷办事、推动"温暖社保"走进民企、帮助民企培养培训技能人才等九条硬核举措，打出人社帮扶"组合拳"，深入开展"送政策、送信息、送培训、送服务"活动，全面助推湖南省民营企业高质量发展。二是持续释放稳岗红利。继续实施阶段性降低失业保险费率至1%的政策，实施期限延长至2024年年底。2023年1—12月，全省减征失业保险费36.86亿元。落实失业保险稳岗返还和一次性扩岗补助，推行"免申即享+企业确认"模式，确保政策红利精准直达企业。2023年，全省发放失业保险稳岗返还资金8.02亿元，惠及参保单位9.65万家；发放一次性扩岗补助0.6亿元，惠及参保单位8827家。三是加大创业扶持力度。深入实施"创响三湘"行动计划，全面激发创新创业主体活力，不断扩大创业带动就业倍增效应。鼓励引导有创业愿望和相应条件的高校毕业生、青年创业者等

群体合理选择课程参加创业培训，全年培训创业学员15.02万人。鼓励有条件的地方适当放宽创业担保贷款借款人条件、提高贷款额度等，推动全省创业担保贷款持续健康发展。2023年，新增发放创业担保贷款51.64亿元，享受创业担保贷款1.85万人，带动就业13.52万人。全省共建成各级孵化基地453家，扶持创业2.2万人，带动就业7.5万人。

（二）深化就业服务，保障企业用工

一是推行"一对一"上门服务。实施重点企业用工保障联系制度和专精特新中小企业就业创业扬帆计划，将专精特新企业全部纳入重点用工保障服务范围，明确人社服务专员，"一对一"实行用工需求清单、问题解决清单、人社政策清单三张清单工作制度，全力帮助重点企业缓解招聘用工难题，为重点企业高质量发展保驾护航。2023年1—12月，全省共帮扶重点企业招用员工12.8万人。二是搭建供需对接平台。线上，依托"湘就业"平台、公共就业服务信息管理平台、零工市场专区，为用人单位和求职者提供直播带岗、视频面试、云上签约等招聘服务，畅通高效供需双向对接通道。线下，组织开展春风行动、民营企业招聘月、金秋招聘月等一系列公共就业服务专项行动，促进企业和劳动者精准对接，着力破解招工难、就业难问题。2023年年底，"湘就业"平台有招聘企业5.53万家，发布岗位42.03万个，可招聘人数156万人，累计浏览量60.49万人次。三是织密劳务协作网络。深化省际、省内劳务协作对接，部署组织人社专员精准开展劳务协作对接服务，通过派出"招工小分队"、在劳务对接地设立临时招工站点、组织118家省级产业工人定向培养基地定向输送等方式，积极开展区域间劳务协作对接服务，快速高效响应企业用工需求。截至2023年12月底，全省共建立劳务协作对接机制1 411个，其中政府间938个，企业部门间473个；牵头与上海、江苏、浙江、福建、江西、山东、海南7省市签订劳务协作协议，组建8省劳务协作联盟。

（三）优化人才供给，激活发展动能

一是开展一线技能人才培养。紧密对接湖南省重点发展的战略性新兴产业，扶持培育建设技师学院，建立健全面向城乡全体劳动者、覆盖经济各行业门类，

初、中、高各个技能等级的技工教育体系。全省 84 所技工院校共开设各类专业 132 个，覆盖各重点产业和行业，形成多层次、多元化技工教育办学格局。实施优质技工院校和优质专业"双优"项目建设，支持和引导技工院校服务区域经济发展、地方重点产业，推动技工教育与地区人口分布相适应、与地区主体功能相匹配、与地区产业园区相对接。积极开展"订单就业""教产研一体化""工学结合"等办学模式，与三一集团、中联重科、中国中车、威胜电子等重点企业开展深度校企合作。二是擦亮"技行三湘"品牌。出台《建设新时代技能人才强省的若干措施》。深入实施"新八级"职业技能等级制度，首批 66 名高技能人才获评特级技师。全年共落实补贴性职业技能培训 55.39 万人次，有效提升劳动者技能水平。2023 年，参加全国第二届职业技能大赛，湖南省选手斩获 3 金 3 银 7 铜 71 优胜奖，奖牌数量全国排名第 7、中部排名第 1，创历史最好成绩。三是开展"智汇潇湘"系列引才活动。举办 2023 中国国际轨道交通和装备制造产业人才峰会，邀约中车株机、威胜能源、湘电集团等 60 家省内外先进制造业企业现场揽才，提供招聘岗位 3 583 个，达成意向 1 075 人。首次发布《湖南 2023—2024 年度人力资源市场急需紧缺（工种）目录》，汇集全省 3 077 家企业数据，涵盖了全行业门类，包括采矿业、制造业、电力等 18 大门类 99 个工种。四是持续完善人才评价服务机制。坚持以品德、能力、贡献为导向构建人才评价体系，围绕湖南省六大产业持续开展 15 场"湘产专场"职称评审。大力加强人才平台建设，全省新获批 26 个博士后科研站点、新引进博士后超 800 名、获批 31 个数字技术工程师国家级培训资质；高规格开展"湘领军+"专家大讲堂、"湘连乡才"专家服务乡村振兴等活动。

（四）加强风险防控，维护合法权益

一是维护和谐劳动关系。坚持法治、自治、共治、数治"四治"联动，及时有效保障好劳动者特别是新就业形态劳动者的合法权益。制定发布 2023 年企业工资指导线，有效提升劳动者工资收入。高标准组织化解人社领域突出信访问题专项行动，开展两次省市县三级同步集中接访。全年共受理劳动争议案件 5.53 万件，仲裁结案率 98.1%，调解成功率 70.4%。二是完善根治欠薪机制。构建"三体系、两机制"工作格局，出台《湖南省保障农民工工资支付工作考核办法》，上线运行保障农民工工资支付综合服务平台，开展保障农民工工资支付专项行动。2023年，全系统共查处欠薪案件2.09万件，为11.25万名劳动者追发工资待遇11.39亿元。三是指导企业规范用工。制定推广《湖南省企业劳动关系工作指引》《新就业形态劳动者劳动合同和书面协议订立指引（试行）》等14个劳动用工指引应用，指导企业依法合规用工，引导劳动者依法合理维权。累计为全省新注册32万多家市场主体发送短信和用工指南，帮助企业有效防范用工风险。

二、2024年民营经济发展领域人社工作发展思路

2024年，湖南省人社厅将以习近平新时代中国特色社会主义思想为指导，认真落实省委、省政府和人社部决策部署，坚持稳中求进工作总基调，紧扣加强人力资源开发利用主题主线，深入实施就业优先战略，持续健全社会保障体系，全面服务人才强省战略，不断构建和谐劳动关系，为实现"三高四新"美好蓝图、建设社会主义现代化新湖南贡献人社力量。

（一）坚持就业优先，打造高质量就业创业服务体系

一是强化就业政策落实落地。加大援企稳岗力度，及时兑现失业保险稳岗返还、吸纳就业社保补贴、创业担保贷款等政策，大力推行惠企政策"免审即享""直补快办"，努力稳住民营经济市场主体，稳定就业岗位。二是强化基层就业服务。持续推进省级充分就业社区（村）建设，加强零工市场规范化建设，大力建设一批家门口"人社驿站"，打造"15分钟就业服务圈"。将先进制造业集群企业、专精特新中小企业等企业纳入重点企业用工服务保障范围，明确人社服务专员，推行"一对一"上门服务。持续推动118个省级产业工人定向培养基地建设。三是强化招聘用工服务。加快促进各地招聘平台与"湘就业"平台对接，实现全省企业和岗位信息省级集中、统一发布。依托就业一体化平台、"湘就业"平台，根据求职者就业需求精准推荐企业岗位信息。实施先进制造业青年就业行动，全力保障省内先进制造业企业用工需求，多频次组织制造业企业专场招聘活动，优先引导高校毕业生等青年群体到制造业企业就业创业。

（二）深入推进改革，打造高水平社保经办服务体系

一是稳妥实施社保制度改革。完善企业职工基本养老保险全国统筹，规范相关政策和待遇项目，开展对市州政府工作考核。巩固失业保险、工伤保险省级统筹成果，及时调整优化湖南省失业保险援企稳岗政策。研究出台推动企业年金扩面激励政策，大力开展企业年金扩面提质行动。全面推进个人养老金制度。二是全面优化参保服务。开展养老保险参保扩面专项行动，力争至2024年年底，基本养老、工伤和失业保险参保人数分别达到5 430万人、1 000万人和750万人。三是全面优化经办服务。贯彻落实《社会保险经办条例》，进一步完善社会保险公共服务平台，加快建设养老保险第二支柱信息平台。深入实施"温暖社保"三年行动，开展"全民参保示范乡镇（街道）"创建活动，推进基层服务"就近办"。

（三）健全发展机制，打造高效能人力资源开发服务体系

一是强化开发培训机制。实施专业技术人才知识更新工程，培养数字工程师不少于1 500名。开展技能人才赋能提升行动，完成补贴性职业技能培训不少于22万人次。全面推开初、中、高级人力资源管理师的培训和认定工作。二是强化评价激励机制。指导完成2024年度高级职称评审工作，继续开展高级职称专场评审；高标准开展优秀专家、省政府特殊津贴专家、技能大师、技术能手评选；深入推进"新八级工"制度，全面开展"特级技师""首席技师"评聘。加强技工院校建设，支持高技能人才培训基地和技能大师工作室项目建设。三是强化市场推进机制。加强国家级人力资源产业园、国家级人力资源服务出口基地建设，积极创建国家级先进制造业人才市场，支持建设一批省级人力资源服务产业园。开展"智汇潇湘"系列活动，全力支持市场化社会化引才及高级人才寻访服务，培育人力资源服务"湘军"品牌。

（四）提高整体效能，打造高品质劳动关系治理服务体系

一是完善根治欠薪工作机制。强化"安薪务工"平台支撑，加强重点领域、重点项目欠薪隐患排查。全面落实"双随机、一公开"监管和跨部门联合监管，严厉打击拒不支付劳动报酬犯罪行为。二是完善劳动争议调解仲裁机制。持续

开展"下沉式"服务,深入企业开展"面对面"指导,从源头上减少案件数量。积极推广"工会+人社"劳动争议调解工作室成功经验,提高劳动仲裁效率,实现劳动人事争议调解成功率60%、劳动人事争议仲裁结案率90%。三是完善信访问题化解机制。巩固化解突出信访问题专项行动成果,常态化建立人社厅局长接访制度,继续开展省市县三级同步集中接访行动,及时回应解决合理诉求,依法依规解决历史遗留问题。

湖南省民营经济对外贸易发展情况分析报告

湖南省商务厅

2023年，湖南省商务厅深入学习贯彻习近平总书记关于民营经济发展的重要论述，紧密围绕党中央、国务院和湖南省委、省政府决策部署，面对外需转弱、基数抬升等多重影响因素，积极推进外贸动能变革、结构优化、质量提升，促进湖南省民营经济做大、做优、做强。

一、民营经济对外贸易基本情况

（一）贸易结构显著优化

2023年，全省实现进出口6 175亿元，其中，出口4 009.4亿元，进口首次超2 000亿元，达到2 165.6亿元，同比增长14.6%。全省对外贸易呈现出进出口更趋平衡、贸易结构显著优化等特点。进口在外贸中的比重由2022年的26.9%提升到2023年的35.1%。其中，民营外贸企业进口1 440.5亿元，同比增长26.5%。

（二）市场主体保持稳定

2023年，全省有进出口实绩的外贸主体8 384家。其中，民营企业7 930家，占外贸实绩企业总数的94.6%；进出口4 927.7亿元，占外贸总值的79.8%。民营企业市场主体地位保持稳定，为稳外贸贡献了积极作用。

（三）国际市场多元并进

2023年，湖南省的外贸"朋友圈"拓展至235个。湖南对中国香港地区、巴西和俄罗斯进出口分别为592.6亿元、256.2亿元和190.7亿元，分别增长7.2%、23.4%和49.7%。对共建"一带一路"国家进出口3 232.7亿元，占外贸总值的52.4%，比上年提升2.1个百分点。

（四）出口动能丰富活跃

2023年，全省机电产品出口1 918.9亿元，占出口总值的47.9%，比上年提升0.2个百分点；劳动密集型产品出口735.1亿元，占18.3%；高新技术产品出口552.7亿元，占13.8%，比上年提升0.3个百分点。其中，工程机械出口263.1亿元，同比增长43.7%；轨道交通装备出口9.1亿元，同比增长44%；电动载人汽车、锂电池、太阳能电池"新三样"产品合计出口67亿元，同比增长28.5%。

二、工作进展及成效

（一）做足政策保障

以湖南省人民政府办公厅名义印发《湖南省推动外贸稳规模优结构若干政策措施》，聚焦推动产贸融合发展、支持开拓国际市场、增强开放平台支撑、促进进口扩规强基、推进业态协同发展、加快内外联动发展、提升贸易便利化水平7个方面，提出18项具体工作举措，推进全省进出口保稳提质、高质量发展。整理编发《湖南省外贸政策口袋书》，汇总了商务、海关、税务等部门共计37条外贸政策，进一步打通湖南省外贸政策推广"最后一公里"，惠及更广大的外贸市场主体。举办"全省外贸政策培训班""全省外贸实操培训班"，加快推动政策落实落地落细。

（二）做优企业服务

建立《湖南省重点外贸企业服务保障机制》，摸底形成涵盖2 766家企业的"生产型企业出口产品规模提升任务清单"，制定实施《湖南省"外贸企业大走访 产贸融合促发展"行动实施方案》，服务解决企业市场开拓、融资信保、资质配额等400多条困难诉求。成立经济运行监测专班，对100家重点外贸企业定期开展运行监测和对接服务工作。2023年，全省新增外贸注册企业

4 900 余家，累计 2.9 万余家，其中 AEO 企业总量 104 家、增长 67.7%。

（三）做强金融支撑

深入实施《小微外贸企业汇率避险产品政府风险补偿基金支持工作方案》，实行"两免一补一优惠"，鼓励外贸企业购买汇率避险产品。更新制定《湖南省中小微外贸企业出口便利优惠融资办法》，降低风险补偿金启动门槛，激发金融机构服务企业动力。举办 17 场"外贸金融服务进市州"活动，对接外贸企业 874 家，服务 162 家企业国际结算需求，为 126 家企业投放本外币贷款，贷款余额 98.1 亿元。

（四）做实动能培育

培育建设外贸特色产业集群，深挖优势新兴产业贸易潜力，支持传统特色产业创新发展。全年新增认定支持了 15 个外贸特色产业集群、总数达到 29 个，与 22 个外贸转型升级基地一道，积极构建产业开放发展新体系。2023 年，全省 51 个国家外贸转型升级基地和外贸特色产业集群共实现进出口 807.0 亿元，同比增长 21.0%。

（五）做细市场对接

制定实施《"千企百展拿订单"行动方案》，发布《重点境外展会目录》，加大境外参展支持力度。组织企业充分利用广交会拿单拓市，参展企业、展位和成交额均创历史新高，第 133 届成交额超 5 亿美元、增长 26.8%，第 134 届成交额 5.3 亿美元、增长 3.0%。全年超 1 000 家次企业赴境外参加各类展会，举办湖南—巴基斯坦产贸供需对接会、湖南—伊朗产贸供需对接会等，与香港贸易发展局签订战略合作协议，进一步凝聚拓市合力。

（六）做好市州协同

汇总梳理 9 个市州稳外贸典型经验并在全省复制推广。会同相关市州人民政府成功举办首届湖南（怀化）RCEP 经贸博览会、湖南（醴陵）国际陶瓷产业博览会、首届湘欧经贸促进洽谈周、第六届东盟·湖南（永州）名优产品交易会，助力市州加快打造国际经贸对接平台，推动外贸稳规模优结构。

三、下一步工作计划

面对依然严峻复杂的国际贸易形势,我们将进一步围绕贯彻落实中央经济工作会议精神,扩大高水平对外开放,按照"稳基数、强基础、求突破、优政策"总原则,聚焦"生产型企业扩规、贸易型企业提质、各业态融合发展",通过开展优势产业链提升、市场精准对接、产贸深度融合、市场主体扩容、平台试点赋能、进口扩规强基、合力能力提升七大行动,实现全省外贸质的有效提升和量的合理增长。

(一)优势产业链进出口规模提升行动

认定支持2~3条优势产业链,加强政策、资金、融资和外贸综合服务支持,提升产业链外向度和进出口规模,形成示范效应。

(二)国际市场精准对接行动

持续优化《湖南省重点境外展会目录》,支持企业参加境外专业性展会。用好中国进出口商品交易会(广交会)等境内经贸平台,积极开展配套对接活动。发挥重点商协会、境外使领馆经商机构作用,开展线上线下精准供需对接。加大对国际营销体系和境外商标注册、专利申请的支持力度。

(三)产贸深度融合发展行动

以51个外贸基地、集群为基础,针对每个基地、集群制订个性化综合服务方案。组织各市州深入挖潜当地企业由外省代理进出口业务,明确难点、堵点,积极开展业务回归回流工作。

(四)市场主体扩容行动

支持优质贸易型企业在湖南省设立中南地区贸易总部,将国际贸易导向型制造业项目作为招商引资的重要方向,指导民营企业加强工贸结合,发挥自身优势发展国际贸易,充分释放民营企业贸易活力。

(五)平台试点赋能行动

发挥各类园区、平台、试点、业态作用,加快外向型企业培育和引进。认定一批省级外贸综合服务企业。加强市场采购贸易方式试点与各市县合作，广泛开展"开放联动发展"新模式，挖掘更多符合市场采购模式的市县企业、产业，建设湖南市场采购产品集采库，服务带动更多湖南特色产品出口。

（六）进口扩规强基行动

招引落地头部企业、国际物流仓储分拨中心。深挖生产消费需要，扩大大宗商品进口，鼓励企业直接开展进口业务。用好进博会、广交会、消博会等重点展会平台，积极引进国际先进的新技术、新设备和新产品。建好用好国家级进口贸易促进创新示范区。

（七）合力能力提升行动

建立健全外贸业务研讨和分析研判机制，拓展厅关对接模式，凝聚海关、税务、外汇和各产业部门稳外贸合力，采取"商务+""外贸+"的模式，推动与相关中央在湘单位、省直部门、金融信保机构出台专项稳外贸政策，对于相关领域给予精准支持，进一步丰富外贸支持政策体系。探索组建湖南省外贸进出口协会，协助会员企业加强与商务、税务、海关、外管、信保及金融部门的沟通和联系，发挥协会的桥梁和纽带作用，进一步增强经贸对接、行业自律、分析研判等工作的市场化运行。

湖南省金融支持民营经济发展报告

中国人民银行湖南省分行

2023年以来，人民银行湖南省分行深入贯彻党中央、国务院和省委、省政府决策部署，完善民营经济金融支持政策，组织开展政银企走访对接，用好用足各项货币政策工具，加强评估督导，围绕重点行业领域不断提升民营经济金融服务质效，取得了阶段性成效。截至2023年年末，全省民营企业贷款余额同比增长13.1%，同比提高2.2个百分点；新发放普惠小微企业贷款利率同比下降0.42个百分点。

一、2023年金融支持民营经济工作情况

（一）完善金融支持民营经济政策体系

党的十八大以来，围绕构建民营小微企业"四贷"长效机制，持续出台金融支持民营经济发展系列政策。一是牵头制定金融支持湖南省打好"发展六仗""8条措施"，从加大扩内需稳增长金融支持、增加民营小微信贷投放等八个方面明确任务目标和工作举措。二是积极协助湖南省委、省政府制定民营经济发展壮大"30条措施"，强调加大金融支持力度，降低民营企业融资成本，合理提高新增贷款中民营经济贷款占比。三是联合其他部门出台相关政策措施。联合省财政厅等出台财政金融协同联动助力打好"发展六仗""18条措施"；联合省市场监管局等出台支持"个转企"的"14条措施"。

（二）用好用足货币政策工具

充分发挥货币政策工具正向激励作用，为民营经济发展提供央行低成本

资金，引导金融机构加大对民营小微企业信贷投放。一是用好再贷款、再贴现等货币政策工具。2023年，全省人民银行累计发放支农支小再贷款、再贴现1 336.4亿元、同比多放181.6亿元。二是按照地方法人银行机构普惠小微贷款季度新增额的一定比例提供激励资金，撬动2023年全省普惠小微贷款净增1 375.8亿元。截至2023年年末，全省普惠小微贷款余额同比增长21.7%。三是用好支持煤炭清洁高效利用专项再贷款、碳减排支持工具，指导银行机构探索建立"碳账户"，创新绿色转型融资产品，截至2023年年末，全省金融机构获得两项减碳工具192.8亿元，支持企业225家。

（三）创新丰富民营经济金融产品和服务

一是以湖南省金融大数据中心为支撑，建成全省企业收支流水征信平台，归集全省278.8万户对公单位收支流水数据16.2亿条，指导农业银行湖南省分行、湖南银行和长沙银行等上线"流水贷"产品，累计为超8 200户企业授信60亿元，放款9.7亿元，户均放款78.6万元。二是积极推行"一链一行""一链一策"金融服务模式，开展动产抵质押和应收账款池质押融资试点，探索动产抵质押融资新模式。截至2023年年末，全省9.8万家链属中小微企业通过供应链金融获得融资，同比增长24.7%。三是指导银行机构针对小微企业、个体工商户资金需求"短、小、频、急"特征，强化科技赋能，运用云计算、大数据等科技手段，通过推出"税易贷""云商贷"等产品满足市场主体融资需求。

（四）持续强化政银企对接

一是深入开展"行长走市县·金融稳增长"专项行动，发挥省、市两级人民银行行长示范带动作用，多层级开展政银企走访。全省金融机构积极响应，深入走访园区、市场、商圈等，及时摸排民营经济市场主体融资需求，持续送政策送产品。二是在部分有代表性的市州、园区召开金融支持民营经济专题座谈会，了解民营经济融资需求，推动民营经济金融支持政策落实落细。三是组织开展个体工商户服务月大走访活动，指导银行机构逐户上门摸排5.7万户个体工商户融资需求，助力民营经济等领域市场主体发展。2023年以来，全省人民银行系统累计走访5 621次，组织政银企对接209场，签约金额2 917亿元，全省金融机构走访对接市场主体 26.9 万家。

（五）加大对重点行业重点领域民营企业金融支持

科技创新领域，联合相关部门制定支持科技型企业融资"25 条措施"，引导金融机构强化科技型企业融资需求摸排，创新科技信贷产品，加大对科技型企业信贷投放。2023 年年末，全省科技型中小企业贷款同比增长 23.8%。绿色发展领域，用好两项减碳支持工具，指导银行机构探索建立"碳账户"，组织开展绿色金融综合评价试点和绿色金融劳动竞赛，引导金融机构支持民营企业绿色转型。2023 年年末，全省绿色贷款余额同比增长 44.2%。交通物流领域，联合相关部门出台做好交通物流领域金融服务"7 条措施"，引导金融资源向交通物流领域集聚，满足交通物流市场主体合理金融需求。2023 年，全省交通物流贷款新增 662.3 亿元，同比多增 196.3 亿元。文化旅游方面，指导银行机构做好省、市、县三级旅发大会金融服务，与行业主管部门联合筛选推送文化旅游项目、企业、从业人员"白名单"，引导银行机构定向支持。2023 年年末，全省累计发放文化旅游行业贷款 308.7 亿元。

（六）支持民营企业拓宽融资渠道

指导民营企业发行非金融企业债务融资工具。开展银行机构非金融企业债务融资工具主承销业务评价，引导银行机构加强民营企业发债辅导、培育，促进全省债务融资工具主承销市场健康有序发展。2023 年，支持民营企业发行债券 110 亿元。

（七）积极落实支付减费让利政策

从强化统筹部署、加强部门联动、开展暗访督查等方面推动省内银行机构、支付机构落实支付服务降费让利政策，多维度加大支付减费让利政策宣传。一是利用营业网点各类媒体流动播放降费让利政策，通过厅堂微沙龙等方式开展降费政策宣传解读，在营业网点张贴公示减费项目清单、申办流程及投诉热线。二是主动对接小微企业和个体工商户，赠送《湖南省金融助企纾困政策手册》《全省惠企政策"口袋书"》，开展"点对点""面对面"进驻式宣传活动，打通政策宣贯"最后一公里"。三是在人民银行湖南省分行微信公众号推出《降

费让利 惠企利民》等系列报道，制作《支付服务降费让利进行时》短视频，各支付服务主体及时转发，并同步制作电子宣传海报、长图、动漫及视频等。截至2023年年末，湖南省内各银行机构、支付机构累计降低小微企业和个体工商户支付手续费14.24亿元，惠及小微企业和个体工商户200.72万户。

（八）深化高新技术和专精特新企业跨境融资便利化试点

通过实地宣讲、发放宣传册、"外汇政策直通车"微信小程序等线下线上多种方式实施全覆盖、无间断的宣传培育，推动外汇指定银行对基本户开户在本行的相关民营企业，实现宣传培训覆盖率100%。加强与地方政府有关部门的政策联动，成功将试点业务纳入本省知识价值信用贷款风险补偿实施方案。2023年新增落地专精特新企业23家，金额1 619万美元，平均融资成本仅为3.2%，有效缓解民营中小企业融资难、融资贵的问题。

二、金融支持民营经济面临的问题和困难

（一）跨部门信息共享有待进一步加强

目前，民营经济市场主体以中小微企业和个体工商户为主，相较于大型企业，信息披露渠道较少，加之工商、税务、海关、司法等部门涉企信息共享机制不健全，银行可查询民营企业税务、社保等信息渠道有限，征信数据尚不能满足贷款尽职调查需要，信息搜集成本较高。

（二）民营企业融资配套措施有待进一步完善

目前，企业融资风险补偿、财政贴息资金规模不大、企业知晓面不高、覆盖面低，且未与人民银行再贷款等货币政策工具配套，难以充分发挥融资增信和撬动作用。

（三）民营企业债券融资存在一些梗阻

由于占民营企业多数的非上市民营企业未形成公开信息披露的良好机制，导致发行人与投资人之间信息不对称。此外，近年来民营企业经营压力不断上升，债券违约率升高，民营企业债券认可度大幅下降，承销难度大幅上升。同时，

省内民营企业发行债券还面临担保资源不足、增信困难的问题。

三、下一步工作计划

一是继续加大民营企业信贷投放力度。用好用足各项货币政策工具，引导和激励银行机构不断创新信贷产品，提高中长期贷款、信用贷款比重，加大对民营企业的信贷投入。

二是持续提升政银企对接质效。加强与相关部门的协调联动，深化重点领域市场主体"白名单"共享机制，组织开展"百地千行进万企"政银企融资对接专项行动，提升民营企业融资获得感、满意度。

三是推动省企业收支流水征信平台与"湘信贷"平台资源共享整合。引导银行机构创新金融服务，打造平台专属的全流程线上融资产品和配套机制。

四是进一步优化民营企业金融服务。定期开展小微、民营企业信贷政策导向效果评估，引导金融机构进一步提升中小微、民营企业金融服务水平。

湖南省民营经济纳税情况分析报告

国家税务总局湖南省税务局

2023年，全省税务部门认真贯彻落实省委、省政府决策部署，重点围绕落实减税降费政策，优化便民办税举措，有效发挥税收职能作用，全力促进湖南省民营经济发展壮大。

一、民营经济纳税情况分析

（一）税收规模和占比提高，反映民营经济逐步壮大

受经济复苏拉动，叠加上年增值税留抵退税带来的低基数影响，2023年湖南民营经济税收[①]实现恢复性增长，缴纳各项税收2 146.8亿元，同比增长19.3%，较整体增速快7.7个百分点，对全省税收增收的贡献率达到74.5%，成为拉动全省税收增长的主要力量。民营经济税收占全省税收总量的比例达到47.8%，较2022年上升3.1个百分点，在不含外资的情况下，已接近税收总量的五成，显示民营经济在湖南经济社会中举足轻重的作用。

（二）民营经济税收地区差异，反映各地经济发展程度

从地区规模看，"长株潭"合计入库民营经济税收961.8亿元（其中长沙918.8亿元、株洲155.4亿元、湘潭98.4亿元），占全省民营经济税收的54.6%，较上年提升0.6个百分点，核心引领作用明显。此外，岳阳、郴州、

[①] 根据国家税务总局新民营经济税收口径进行了调整，现口径下民营经济包括民营企业和个体工商户，其中民营企业包括股份合作企业、联营企业（非国有控股）、有限责任公司（非国有控股）、股份有限公司（非国有控股）、私营企业、其他内资企业，较以前有所变化。

衡阳、常德四省内经济强市民营税收规模超过百亿元，分别入库157.1亿元、132.5亿元、123.5亿元、103.7亿元；除湘西和张家界分别入库38.3亿元和20.8亿元，低于50亿元外，其余市州在50亿~100亿元。从增减情况来看，除娄底受主导产业下行影响下降0.9%外，其余市州民营经济均实现正增长。其中，常德、株洲、益阳增长较快，民营税收增速均高于20%。

（三）增值税和企业所得税占比较高，反映民营经济质效较好

从税种看，增值税和企业所得税是湖南省民营经济规模前两名的税种，2023年民营经济入库增值税1 075.5亿元，在上年办理大规模留抵退税带来的低基数上，同比增长56.7%，占全部民营税收的50.1%，高于增值税整体占比14.5个百分点；入库企业所得税348.6亿元，同比下降4.7%，占全部民营税收的16.2%，高于企业所得税整体占比3.6个百分点。增值税反映当前企业交易状况，企业所得税反映当前企业盈利能力，民营经济两者占比高于整体水平，表明相较于其他经济类型，湖南省民营经济发展质效更好，税收"含金量"更高。但民营经济企业所得税较上年出现了下滑，表明在经济波动下，民营经济发展承受一定压力。

（四）民营制造业贡献较大，反映湖南省民营经济实体特色鲜明

从产业看，2023年全省民营第二产业入库税收923.9亿元，同比增长26.8%，较民营经济整体税收增速快7.5个百分点，占全部民营税收的43.0%，较2022年提升了2.5个百分点。其中民营制造业入库629.3亿元、同比增长33.3%，占全部民营税收的29.3%，占剔烟后制造业税收的比重达到65.3%，对全省制造业税收的增收贡献率达到72.6%，充分反映民营制造业是当前全省实体经济增长的主要推动力。民营第三产业入库税收1 218.3亿元，同比增长14.1%，占全部民营税收的56.8%，较2022年下降2.5个百分点。其中，批发零售业入库310.2亿元，同比下降0.9%，占全部民营税收的14.5%，下降2.9个百分点；金融业入库247.7亿元，同比增长2.9%，占全部民营税收的11.5%，下降1.8个百分点。

二、支持民营经济发展的主要举措

（一）进一步强化政策落实

拓展运用"快退税款、狠打骗退、严查内错、欢迎外督、持续宣传"五措并举工作策略，有力有效抓好政策落实。创新实施"政策找人"机制，依托大数据向企业精准推送政策促进政策落地。按全量口径计算，2023年，全省民营企业累计减税降费及退税1 120.7亿元，占比67%，为全省民营经济减负担、增动能提供了积极支持。

（二）进一步便利税费办理

实施"一网通办""跨省通办"，实现登记信息变更"一次都不跑"、纳税人跨省"迁移不注销"。非接触式办税率达90%以上。2023年全国纳税人满意度调查较上一年提升10个名次。稳步推进数电票、新电子税务局建设，优化国际贸易"单一窗口"服务功能，推行出口退税发票及出口报关单信息"免填报"。出口退税正常办理时间压缩至3个工作日，较规定时限提速50%。无纸化申报退税达98%。

（三）进一步改进诉求响应

持续完善税费服务诉求解决机制，更好维护民营企业合法权益。通过开展"三送三解三优"行动、建立政策落实问题快速反应机制、开通线上"办不成事"反映窗口，收集解决民营企业诉求。联合省工商联推出深化"税商"协作10条，建立税务、工商联常态化协作机制，联合开展调查研究、合力广宣政策，服务企业发展。深化"税银互动"，2023年各合作银行向48.5万户次纳税人提供税收信用贷款1 193亿元，有效解决了民营企业融资难问题。

（四）进一步优化执法方式

持续推进依法依规征税缴费，加强税务执法区域协调，提升税务执法精确度。畅通12366服务热线等投诉举报渠道，对征收"过头税费"行为发现一起严肃查处一起。联合广东等"六省一市"发布《中南区域税务行政处罚裁量基准》，规范税务行政处罚裁量权，统一税务执法尺度。推出14项"首违不罚"事项清单，累计办理"首违不罚"2万余件。

三、下一步工作措施

下一步，全省税务部门将持续落实省委、省政府《关于支持民营经济发展壮大的若干政策措施》，突出问题导向、注重实际成效，落实落细结构性减税降费政策和各项便民利企措施，以更优质的税费服务助力民营经济发展。

一是精准落实结构性减税降费。按照新出台和延续优化完善政策，以及支持科技创新、支持制造业发展政策"1+2"政策清单，全面落实结构性减税降费政策，实施"一政策一方案"精准推送和政策评估，提升政策落实的精准度和有效性。

二是持续优化措施提升服务。开展支持民营经济发展壮大的调研走访座谈活动，持续实施"三送三解三优"行动，积极助企纾困解难。持续开展便民办税"春风行动"、税收宣传月，加强支持民营经济税费政策的宣传辅导。

三是强化政策分析跟踪问效。依托税收大数据，加强对民营经济发展状况分析，跟踪政策落实成效，有针对性地提出政策完善建议，探索更简明易行的办税流程，力助民营企业"轻装上阵"。

湖南省民营企业产品质量情况分析报告

湖南省市场监督管理局

2023年是全面贯彻党的二十大精神的开局之年，全省市场监管部门认真贯彻习近平总书记重要指示批示精神，全面落实党中央、国务院和省委、省政府决策部署，坚持"守底线、保安全、提效能"的指导思想，扎实做好学习贯彻习近平新时代中国特色社会主义思想主题教育深化、内化、转化，着力促进经营主体健康发展，深入抓好全国统一大市场建设的公平竞争治理，有力有序推进质量强国建设和标准化发展两个纲要落地，推动了民营企业建立健全重点工业产品安全责任落实。在经济下行压力下，全省民营企业产品质量总体向好，没有发生系统性的质量安全问题，有力维护了全省经济和社会稳定，为实现湖南省"三高四新"美好蓝图贡献了力量。

一、产品质量状况

（一）日用消费品质量略有提升

日用消费品是老百姓的生活必需品，产品种类多，数量大，是保障民生安全的重点产品。2023年日用消费品共抽查4 772批次，不合格678批次，问题发现率为14.21%，较去年同期减少1.1%。质量状况较上年度略有提升，年度抽查合格率略高于全国平均水平。日化用品、大家电、卫生用品、烟花爆竹等产品质量较为稳定。但也应该注意到，受经济下行等因素影响，日用消费品市场消费活力不足，给部分中低价、劣质产品留有了生存空间。监督抽查数据显示，针织服装、背提包、成人纸尿裤、塑料购物袋、部分儿童学生用品、家具产品、电加热产品、燃气具及相关产品仍存在质量问题。对质量问题突出、涉及人民群众身体健康和生命财产安全的重要消费品需持续加强质量监管，严格质量安全监管，同时，创新监管手段，促进产品质量提升，建立消费信任，激发市场活力。

（二）工业生产资料保障有力

工业生产资料是湖南省的支柱产业，也是长期以来质量监管的重点。近几年来，市场监管部门以监督抽查为主要监管方式，同时创新开展了质量体检、规范产品合格证等多项质量提升活动，有力地保障了工业生产资料质量安全。2023年，工业生产资料共抽查3 685批次，不合格347批次，问题发现率为9.42%。在抽查的66种工业生产资料中，31种产品全部合格（包括危险化学品、液压件产品、水表电表等重要工业生产资料均合格）。同时，抽查发现，车用汽柴油、水泥、不锈钢制品、工程机械、液压件、消防产品、危化品等产品质量基本安全可靠。引火线、井盖产品、商品煤等产品质量水平有待提高。这些产品广泛用于市政道路、企业原材料等，对其质量监管不可忽视。市场监管部门应进一步加强监管力度，对质量问题突出的产品开展专项整治工作，筑牢工业生产资料产品质量安全底线。

（三）建筑装饰材料有待提升

2023年共抽查建筑装饰装修材料2 378批次，不合格475批次，问题发现率为19.97%。钢丝绳、铝合金窗、砌体、实木复合地板、淋浴房玻璃等产品抽查合格率为100%。主要存在问题的产品有塑料管件、树脂瓦、床垫、室内门、新型墙体材料等。部分产品的关键性能指标未达到标准要求，比如树脂瓦的落锤冲击等不合格，会导致产品在安装、使用中无法达到预设的承载能力，容易造成较大的安全隐患；塑料管件的力学性能和氧化诱导时间、新型墙体材料的抗风化性等项目不合格，直接影响产品的使用寿命；还有少数板材产品检出甲醛释放量超标的现象。近些年，国家的产业调整也带动了建材行业的迅猛发展，建材市场在湖南省已形成一定产业规模。然而，由于发展速度过快，企业质量意识淡薄、部分产品标准滞后、监管难度较大等主要问题也凸显出来。市场上建材产品质量良莠不齐，产品投诉率居高不下，其中有毒有害物质释放等质量问题给消费者的生活带来很大的安全隐患。下一步将加强对问题企业和不合格产品的处理，严厉打击建材企业质量违法行为，进一步提升湖南省建筑装饰材料质量水平。

（四）食品相关产品质量安全可靠

2023年加强食品相关产品监督抽查力度，共抽查食品相关产品870批次，不合格103批次，问题发现率为11.84%。非复合膜袋、塑料片材、食品接触用塑料膜、密胺塑料容器、不锈钢厨房设备、食品用纸包装、一次性纸杯均未检出不合格产品，质量水平相对稳定。但是食品用塑料编织袋、塑料水杯、食品接触用金属制品、不锈钢餐具等产品问题发现率偏高，另外对食品级硅胶制品开展了40批次风险监测，在30%的样品中检出了挥发性有机物。监管部门充分发挥生产许可、监督抽查、风险监测的功能作用，探索建立食品相关产品监管新方式，根据产品存在的风险程度，确定抽查频次，逐步建立完善以质量体检、质量分析、风险防控、政策法规培训为主的产品质量安全监管工作制度，守住食品相关产品的安全底线。

（五）农资产品需加强监管

农资产品的质量直接关系湖南农业大省的根基，为保障农业生产活动顺利进行，巩固"护农"行动成果，2023年，湖南省市场监管局围绕肥料、农膜、农机等产品开展重点抽查，共抽查农业生产资料类产品255批次，不合格18批次，问题发现率为7.06%，质量水平较去年同期有较大提升。农膜与农用机械的质量状况总体平稳；农用肥料中水溶肥料的质量问题较为突出，有机肥与磷肥的质量相比上一年度有明显提升，但是抽查中发现仍有部分肥料存在主要养分含量不合格现象。主要养分含量"减肥"严重，将影响到农作物正常生长，损害农民利益。对农用肥料存在的质量问题要通过控制原料质量、改进生产设备、优化生产工艺、提升职工素质、加强质量自检、规范化肥生产企业经营行为，加强质量监管，促进我省农肥行业健康的发展，为"乡村振兴"保驾护航。

二、主要做法

（一）制订了抽查计划

省市场监管局结合现有财政专项经费规模、现行标准要求和检验检测技能力等情况，广泛征集全社会和消费者意见，科学精准制订了《湖南省重点工业产品质量安全监管目录（2023年版）》（以下简称《目录》）《2023年湖南省省级产品质量监督抽查计划》。全年共对230种工业产品进行了监督抽查，实现生产企业的全部覆盖。省市场监管局坚持问题导向，重点关注涉及人身安全、消费者反映集中的检验项目，进一步提升监督抽查实施细则的精准性，将有限的检验资源集中到风险高的项目上，统筹了管理抽查方案制订、抽查细则编制，实现统一产品、统一方案、统一标准，统一部署"四个统一"，推动了监督抽查工作"一盘棋"。进一步提高了监督抽查的科学性和适用性，确保了《目录》内产品全面监管到位，为有序推动监督抽查工作落实夯实了基础。

（二）突出了问题导向

2023年，省级监督抽查坚持"监管为民、问题导向、服务大局、守正创新"的基本原则，重点围绕"三涉两高"，关注强制性标准要求安全指标、产品关键性能指标，精准高效分类。组织联动抽查、季度抽查、专项抽查，全年抽查230种11 960批次产品，检出不合格产品1 619批次。依据重点产品质量监控目录，结合监督抽查、行政处罚、投诉举报、产品召回等监管信息，强化产品质量安全风险信息研判评估，科学制订监督抽查计划，将抽查对象聚焦在风险程度高的产品上，重点突出危险化学品、电线电缆、水泥、钢筋、烟花爆竹、消防产品、燃气用灶具等重点产品，"一老一小"产品、"护农"产品。加大了团购类、特卖类网售网红产品和直播带货产品抽查比例。坚持"即抽即检""即检即处置"原则，快速处置问题产品，督促企业及时整改，有效防范了产品质量风险，监督抽查震慑效能显著。

（三）贴近了民生保障

民生保障产品是监督抽查工作的重中之重，在2023年的监督抽查中，省市场监管局加强了日用消费品、"一老一小"用品的质量安全监管，聚焦儿童学生用品、妇婴用品、老年用品、适老化家居等产品，深入开展儿童和学生用品安全守护行动和产品质量安全监管"守护夕阳"行动；加强了电动汽车、电动自行车及电池、电取暖器具、燃气具及配件、家用电器等涉安类产品的质量安全监管，强化日常监管和监督检查力度；开展了成品油质量专项整治行动，认真做好成品油市场提质升级推广使用；开展了烟花爆竹行业专项整治、技术帮扶，配合做好亚运会、大运会专供焰火质量监管工作；开展"加强农资监管、守护农业增产"专项整治行动，从生产、流通、仓储三个环节着手，加大日常监管和监督抽查力度，保障农资产品质量安全；加强了对家居建材行业产品质量安全监管，督促大中型家居建材卖场（商超）、装饰装修公司等经营场所全面落实产品质量安全主体责任，有效化解和防范产品质量安全风险，切实维护消费者的合法权益。

（四）开展了专项整治

以"质量安全隐患清零"为目标，突出高风险领域、行业和区域，聚焦危险化学品、车载罐体、电线电缆、水泥、钢筋、烟花爆竹、电动自行车、消防产品、燃气用灶管阀和燃气泄漏报警器等18种高风险产品，紧盯重点区域、重点问题，全面排查整治质量安全隐患，严防发生区域性行业性质量事件，守牢守稳质量安全底线。开展了产品质量整治行动。聚焦燃气具质量安全，全力攻坚开展燃气具质量整治；对危化品及其包装物和容器实行全覆盖抽查，对产品质量严重不合格、连续抽查不合格、国抽不合格的，依法列入失信名单，实施信用惩戒；加大了食品相关产品质量监督抽查力度，突出检测食品相关产品挥发性有机物、铅、汞等重金属污染项目；会同湖南省消防救援总队、省公安厅、省住建厅联合开展消防产品质量专项整治行动；通过全面开展对涉安产品质量的监督抽查，及早发现了质量问题，消除了安全隐患，防范了质量风险，杜绝了因产品质量引发的重大安全事故。

（五）开展了风险监测

建立了由检验机构、行业协会、监管部门组成的风险监测信息监控体系。对社会反映强烈的、媒体报道的及其他部门通报的，对产品标准没有明确要求但有可能影响人体健康和财产安全的项目，或者有可能影响人体健康和财产安全的新型材料、新型产品开展了质量安全风险监测。加强风险信息和风险监测结果评估，及时发布风险预警，督促风险企业采取预防措施，做好风险处置。省市场监管局全年共完成342批次风险监测任务，涉及的产品有食品相关产品、农业生产资料类产品以及日用消费品，发现存在风险的产品93批次，向有关监管部门发送风险通报6份，向企业发布风险警示报告55份。

（六）深化了质量分析

运用大数据分析模式，结合日常监管、质量投诉、质量召回、社会舆情等方面，精准选择8类社会关注度高、行业影响面大、质量隐患较多的行业或产品，分行业、专业化、小成本、点对点剖析质量问题，发布消费提醒，发送监管提示。综合分析产品合格证管理、监督检查、监督抽查、风险监测、专项整治、质量体检等情况，深入分析质量监管状况，找准薄弱环节，研究对策措施，形成年度重点工业产品质量监督抽查分析报告。分析报告发送至全省14个市州，并抄报市场监管总局，为各级政府部门重要决策提供参考。

三、工作成效

2023年，省市场监管局坚持聚焦中心任务，围绕重点工作，督促广大民营企业积极落实产品质量主体责任，不断提升质量水平，以高度的政治意识和强烈的责任担当，积极营造安全稳定的质量环境。一是服务大局有担当。在成都大运会、第二届湖南旅游发展大会专供焰火质量保障任务中，市场监管部门省市县三级联动，全程监管、加严监管，湖南烟花爆竹企业担当作为，加强质量管理，全力保障了重大活动成功召开。二是守护安全有成效。2023年全省开展了一系列专项行动，强化对重点行业、重点领域、重点环节的治理。开展了燃气用具安全专项整治。对生产和流通领域进行网格化摸排，全省排查燃气具及相关产品生产、销售企业7 205家，发现并整改隐患154个，全面整治了问题"灶、管、阀"；强化了重点产品的排查治理。采用"前端排查、中端抽查、末端整治"的闭环工作链条，对危化品、电线电缆等18类涉及安全的重点产品，全面、迅速、扎实开展了质量安全隐患排查治理工作，严厉打击和查处生产销售不符合产品标准、假冒伪劣、"三无"产品违法行为，保障了重要工业产品质量安全。三是服务发展有作为。全省民营企业紧贴经济社会发展大局，玻璃钢化粪池、肥料等生产企业积极融入乡村振兴战略，助力农业增产、农村人居环境改善。

塑料购物袋、农用薄膜、成品油、车辆等生产企业积极落实省委、省政府污染防治攻坚战、交通顽瘴痼疾整治以及推进化解过剩产能等各项工作部署和要求。纤维制品、家用电器、卫生用品等消费品民营企业，围绕社会需求、围绕民生安全，落实产品质量主体责任，假冒伪劣、有毒有害产品逐步减少，保障了消费安全和民生安全，为促进湖南经济社会发展发挥了重要作用。

市州篇

长沙市民营经济发展报告

长沙市工商业联合会

2023年,在长沙市委、市政府的坚强领导下,全市各级各部门坚持以习近平新时代中国特色社会主义思想为指导,深入贯彻落实党的二十大精神,认真贯彻实施习近平总书记考察湖南重要讲话与指示精神,始终坚持"两个毫不动摇",积极推进系列促进民营经济发展壮大的政策措施落地见效,不断优化民营企业发展环境,提振民营经济发展信心,大力促进长沙民营经济高质量发展。

一、长沙民营经济发展现状

(一)民营经济整体规模稳步扩大,第三产业占比最大

2023年长沙民营经济实现增加值9 301.61亿元,比2022年增长4.9%,增速高于2022年0.2个百分点;民营经济增加值占GDP的比重为64.9%,较2022年提高0.1个百分点。从整体来看,民营经济为全市贡献了40%以上的高新技术产业增加值、50%以上的"四上"企业营业利润、60%以上的GDP、65%以上的"四上"企业就业人员、70%以上的工业企业研发费用和接近90%的"四上"企业数。从三次产业看,第一产业实现民营经济增加值为449.95亿元,比2022年增长3.8%,占比为4.8%;第二产业实现民营经济增加

值为 3 459.72 亿元，比 2022 年增长 5.1%，占比为 37.2%；第三产业实现民营经济增加值为 5 391.93 亿元，比 2022 年增长 4.9%，占比为 58.0%。

（二）三个行业占比接近七成，民营工业位居首位

2023 年长沙市民营经济各行业中，民营工业、民营其他服务业、民营批发和零售业增加值均超千亿元，合计实现增加值 6 400.55 亿元，占比为 68.8%。其中民营工业实现增加值为 2 697.43 亿元，占比为 29.0%，位居首位；民营其他服务业实现增加值 2 433.36 亿元，占比为 26.2%，比 2022 年提高 1.4 个百分点；民营批发和零售业实现增加值 1 269.76 亿元，占比为 13.7%，比 2022 年提高 0.4 个百分点。此外，民营建筑业、民营房地产业、民营农林牧渔业占全部民营经济的比重均超过 5%，分别为 8.2%、6.8% 和 5.2%（见表 1）。

表 1　2023 年长沙民营经济分行业发展情况

按行业分	增加值（亿元）	增速（%）	构成（%）
民营经济	9 301.61	4.9	100.0
农林牧渔业	483.69	3.8	5.2
工业	2 697.43	6.7	29.0
建筑业	762.29	-0.4	8.2
批发和零售业	1 269.76	5.1	13.7
交通运输、仓储和邮政业	432.99	3.9	4.7
住宿和餐饮业	379.30	10.8	4.1
金融业	209.35	3.6	2.3
房地产业	633.44	-4.0	6.8
其他服务业	2 433.36	6.6	26.2

（三）民营企业营收占比超过五成，骨干企业支撑显著

截至 2023 年年底，长沙市共有经营主体 177.7 万户，同比增长 13.6%；其中企业 68.3 万户，同比增长 16.3%；2023 年，长沙市新设市场主体 35.4 万户，同比增长 12.9%，新设企业 13.8 万户，同比增长 14.1%，市场主体增加数量在中部省会城市中排名第三，企业新设增速在中部省会城市中排名第二。"四上"骨干企业作用显著，截至 2023 年年末，长沙共有"四上"民营企业 8 493 家（不含房地产，下同），占全部"四上"企业数的89.5%；实现营业收入1.35万亿元，占比为56.3%，其中年营收过亿的骨干企业2 044家，占全部"四上"民营企业数的24.1%，实现营业收入1.15万亿元，占全部"四上"民营企业营业收入的85.4%，对全市民营企业支撑显著；实现营业利润558.53亿元，占比为54.5%；实现应交增值税271.43亿元，占比为60.0%；拥有从业人员102.40万人，占比为69.5%。此外，其中民营高新技术产业增加值、民营工业企业研发费用占比分别为43.4%、73.5%，对全市推进全球研发中心城市建设奠定了坚实基础。创新发展实力强劲，长沙市A股上市公司87家，其中民营企业57家，占比达65.5%。长沙市有55家企业入围2023年三湘民营百强榜，占据了湖南省民营企业百强榜的半壁江山，居市州首位。长沙市专精特新中小企业累计达到1 127家，占湖南省比重30%（湖南省3 764家），位居中部城市前列。

（四）营商环境持续优化，护航民营企业发展

连续5年滚动推出"1+N"营商环境改革体系，打造环节更少、流程更快、成本更低、政策更优、服务更好、获得感更强的一流营商环境。行政效能提速升级，400多个事项实现"一件事一次办"，一次办比例提升至90%以上，办件承诺压缩率达81%，政务服务提速40%以上。市场动能不断激活，积极推广"银税互动"贷、知识产权质押贷等企业融资新模式，2023年降低融资成本超12亿元；水电气网等市政公用服务报装接入实现"一网通办"，2023年累计降低水电成本超8亿元。法治保障持续强化，开通行政复议涉企"绿色通道"，搭建企业维权"快速通道"，深度探索合规改革，保障企业合法权益；深化商会商事调解，2023年，长沙市商调组织成功调解案件2 682件，涉案金额达7亿余元，商事调解相关案例入选全国工商联"百家商会调解典型案例"。惠企服务全面深化，持续推进"万名干部进万企"优化营商环境服务行动，2023年解决企业问题8 617个；聚焦湘商回归，打造"迎老乡 回故乡 建家乡"品牌工程，2023年湘商回归新注册企业153家，累计到位资金1 040亿元；依托长沙市星商之声企业发展服务中心，升级星商之声"1+N"服务体系。政企沟通不断完善，举办推进高质量发展企业座谈会，交办解决企业提出的问题建议96条，擦亮"政企恳谈、排忧解难"的工作品牌；12345-1"政企通"专线持续服务民企，2023年累计受理企业诉求21万件，问题解决率98.9%。

二、长沙民营经济发展面临的压力和挑战

当前有效需求不足、部分行业产能过剩、社会预期偏弱、风险隐患较，长沙民营经济发展仍然面临不少压力和挑战，主要是在三个方面"亟待提升"。

一是能级水平亟待提升。仅有4家长沙企业上榜"2023中国民营企业500强"榜单，少于经济体量相近的宁波（20家）、无锡（26家）等城市。全市专精特新"小巨人"只有26家挂牌上市，武汉是46家，合肥是30家；每万户市场主体培育"小巨人"企业比率为105.35%，低于武汉（153%）与合肥（113.14%）。

二是投资热情亟待提升。2023年长沙民营经济增加值增速虽高于2022年及全市整体经济增速，但部分行业民营领域增速仍低于全行业水平或2022年水平。如规模以上民营工业增加值增速为7.8%，低于上年3.2个百分点；资质以上民营建筑业总产值同比下降2.4%，低于全部资质以上建筑业总产值增速6.2个百分点，比2022年回落6.1个百分点；民间投资同比下降7.9%，低于全部固定资产投资增速1.1个百分点，比2022年回落7.0个百分点。长沙全社会研发投入强度为3.27%，虽有较大幅度提升，但低于武汉（3.67%）和合肥（3.91%）；全市9 000余家规上民营企业中，仅有31.9%的企业有研发投入。

三是盈利能力亟待提升。长沙市民营企业市场竞争力不强、盈利能力较弱、融资成本较高、企业规模偏小等问题依然存在。如在盈利方面，2023年全市"四上"民营企业共负债8 228.77亿元，资产负债率为60.9%，高于非民营企业（含国有、港澳台及外资控股企业，下同）0.8个百分点，其中1/3的企业资产负债率超过80%；营业利润率为4.1%，低于非民营企业0.4个百分点；亏损面为27.8%，高于非民营企业1.3个百分点。

三、促进长沙民营经济发展壮大的建议

（一）聚焦"六个倍增"计划，持续做大民营经济总量

深入开展"产业质效倍增年"活动，围绕工程机械产业、新一代自主安全

计算系统产业、新能源汽车、先进能源材料、生物医药、新型合金材料产业等优势产业集群，做大做强行业龙头民营企业，培育引进配套企业，提升产业链供应链稳定性和竞争力。加快布局人工智能、量子科技、智能网联等未来产业，提高长沙民营经济中"三新经济"比重，优化产业结构。完善民营企业梯度培育体系，建立行业龙头企业、优质中小企业等培育库，强化政策支持、服务体系、典型示范，力争孵化一批三类"五百强"企业和国家级专精特新"小巨人"。深入实施招商引资"一号工程"，持续推进湘商回归，引进一批牵引性、撬动性强的优质民营项目。积极深化融资服务，加大银企对接力度，探索设立融资风险补偿资金，加大优势产业集群、房地产等重点领域融资支持力度，大力推动民营企业综合融资成本逐步降低，有效解决民营企业融资难、融资贵问题，助力民营企业发展壮大。

（二）聚焦扩大有效需求战略，有效赋能民营企业发展

以创建国际消费中心城市为目标，培育壮大新型消费，鼓励老字号传承发展，发掘文娱旅游、体育产业、国货"潮品"等消费新增长点，提振新能源汽车、电子产品、家电家具家装等大宗消费。开展内容丰富、形式多样的消费活动，提高各类旅游景点、度假区服务水平和推介力度，加大数字文化培育引进力度，做大做强民营文化企业规模。积极推进公开招标与邀请招标双向发力，降低民营企业参与门槛和竞标成本，以增加政策的公平性和民营企业的市场参与度。推动产业供需对接，借助在更高起点上扎实推动中部地区崛起的机遇，完善相关服务体系和服务团队，支持民营企业抢抓"一带一路"、RCEP等国家重大战略，依托中欧班列优势，帮扶民营企业加大出口力度。探索通过政府购买服务等模式，开发适用于民营企业数字化转型的通用产品和服务，降低民营企业数字化转型成本。

（三）聚焦全球研发中心城市建设，增强民营企业科技实力

深入实施研发企业（中心）集聚、战略平台支撑等七大工程，引进培育一批"三类500强"企业研发中心（总部）和研发企业（中心），提高民营企业研发奖补力度，激发民营企业研发活力。支持协调创新，围绕长沙17条产业链，

支持龙头企业牵头组建创新联合体，政府以"揭榜挂帅"、定向委托等方式给予精准支持，加快形成新质生产力。将高层次人才认定权限下放给符合重点产业发展方向的民营企业，吸引人才自发流动到民营企业。充分发挥长沙高校优势资源，探索推进示范民营企业建立高校"定向委培班"和企业"定点实习基地"，推动人才与企业双向选择，实现长沙人才留得住、解决企业用工荒的双赢局面。加快培育高新技术企业、专精特新中小企业和"小巨人"企业，大力实施数字赋能战略，深入开展"智赋万企"行动，加快推进民营企业数字化转型。加快发展专利密集型产业，加大企业专利申请奖补和保护力度，积极推进民营企业科技成果转化，助力增强民营企业科技实力。

（四）聚焦持续优化营商环境，提振民营企业发展信心

着力构建亲清政商关系，继续落实市级领导干部联系民营企业和商会工作制度，定期召开政企恳谈会，长沙市委、市政府主要领导与民营企业家面对面答疑解惑、纾困解难。持续丰富政企沟通方式，市发展改革委、市工商联等单位联合高规格举办长沙"企业家日"活动，适时表彰一批民营经济领域先进典型，营造尊商重企良好氛围。继续擦亮"1+N""星商"品牌，分行业、分主题邀请行内专家、企业家深度研讨，提升民营企业家能力素质，激发民营企业创新活力。强化合法合规治理，围绕落实"民营经济31条"及湖南"民营经济30条"等开展专项督查，着力解决新官不理旧账、损害市场公平交易等政务失信行为；推广柔性执法行为，拓展和巩固"综合查一次"制度；实施涉企积案清理专项，建立积案清理台账，将积案清理纳入法院办案质效考核；深入开展市场准入壁垒排查清理，探索在重大工程和补短板项目中，选取一定收益水平和条件相对成熟的项目，向民营企业集中发布，以稳预期来激活力。

衡阳市民营经济发展报告

衡阳市工商业联合会

2023年是全面贯彻党的二十大精神的开局之年，是三年新冠疫情防控转段后经济恢复发展的一年。衡阳市全面落实"三高四新"美好蓝图，全力打好"发展六仗"，大力实施"制造立市、文旅兴城"发展战略，着力创新政策举措、完善服务体系、优化营商环境、激发发展活力，统筹推进民营经济发展，衡阳市民营经济发展势头保持良好，相关经济指标稳居全省前列，已经成为经济高质量发展的生力军和重要力量。

一、民营经济发展现状

（一）发展质效逐步提高，效益增长重要拉动作用日益显现

1. 民营经济持续壮大

2023年，全市民营经济实现正增长，总量持续扩大，增加值达2 974.03亿元，比2022年全市民营经济实现增加值增长5.4%，比全市GDP增速提升0.1个百分点，占地区生产总值的71.0%，与2022年占全市GDP的比重持平。

2. 民间投资持续向好

随着一系列鼓励民间投资、支持民营企业政策的落地实施，全市民间投资保持增长势头，持续高于整体投资增速。1—12月，民间投资持续成为引领投资增长的主要力量，全年民间投资比2022年增长13.9%，比固定资产投资（不含农户）增长高7.5个百分点，比全省民间投资增长高13.1个百分点。分经济类型看，国有投资增长2.8%，非国有投资增长7.3%，比全省全年非国有投资增长高9.2个百分点。

3. 产业结构持续优化

2023年，全市民营经济三次产业结构比为15.4∶33.8∶50.8，第二、三产业占比继续提高，其中第一产业占比较2022年降低4.6个百分比，第二产业占比较2022年提升3.8个百分点，第三产业占比较2022年提升0.8个百分点。

（二）民企数量稳步增长，经济推动作用发挥明显

1. 民营企业发展活力增强

坚持量质并重，打好"育苗、入规、升高、上市"组合拳，2023年，衡阳市净增市场主体6.49万户，总量突破60万户，净增企业3.13万户，新增"四上"单位856个，累计新增"四上"工业、批发零售业、住宿餐饮业企业161家、238家、114家。58家企业进入省上市后备资源库名单。新增湘商回归企业111家、到位资金367.18亿元。

2. 改善民营企业预期

坚持"两个毫不动摇""三个没有变"，衡阳市委、市政府高度重视民营经济发展，召开系列民营经济发展大会和座谈会，密集走访调研民营企业，把民营经济发展放在心上、落在行动中。"万家民营企业评营商环境"排名全国地级市第29名，实现三年三进位。发布"一奖一榜"和出台惠企制度手册，完善《衡阳市市级领导联系民营企业和商协会制度》。建强市县两级民企服务中心，完善民企维权体系。园区赋权改革持续完善、管理体制和薪酬制度改革纵深推进。"放管服"改革持续深化，"湘易办"衡阳旗舰店上线事项数量排全省第1。"一件事一次办"高频事项网上、掌上可办率达95%。"12345"热线获评全国"品质争先典范"称号。4家企业入围"2023三湘民营企业百强"，5家企业获新湖南贡献奖先进集体，7人获新湖南贡献奖先进个人。

3. 民企效益稳步提升

持续用好"五制一平台"、重大项目联合保障等机制，着力降低企业经营成本，深入开展"三送三解三优"、优化法治化营商环境等行动，累计帮助企业解决各类问题1 055个。中小企业公共服务体系建设工作获国家工信部肯定。54个省重点项目、432个市重点项目完成年度投资计划。特变电工云集5G产业园、瑞启储能固态铅电池等重大项目达产。

（三）科创能力不断提升，动力变革积极推动作用更加彰显

1. 深耕原地倍增

全力扶持骨干企业扩能升级，全面提升产业集聚度和竞争力，78家亿元以上工业企业实现产值、税收大幅度增长。输变电装备产业集群入围全省"4+6"先进制造业产业集群建设名录，高新区下一代信息网络创新型产业集群获批国家创新型产业集群，盐卤化工新材料产业集群入选全省先进制造业集群。

2. 发力数字经济

深入实施"智赋万企"行动，衡阳市连续两年入选全国城市创新能力百强榜、全国数字百强市。2023年，6 254家企业上云、1 314家企业上平台，数量分别居全省第二、第一。持续推进衡州大道数字经济走廊建设，新入选国家级服务型制造示范企业2家、制造业质量管理数字化典型场景3个。数字经济产值达1 600亿元，增长15%。

3. 加速动能转化

2023年，全市高新技术企业净增217家，总数突破1 000家，完成高新技术产业增加值716.71亿元，比上年增长5.5%。科技型中小企业达2 095家，同比增长72%。新增省级以上各类创新平台84家。新培育国家级专精特新"小巨人"企业7家、省级专精特新中小企业107家。入围全省制造业单项冠军企业14家。全社会研发经费投入92亿元，增长12.8%。专利转让许可1321次。祁东县、耒阳市获批省级创新型县（市）。连续三年举办衡阳"博士行动"，累计引进博士857名。

二、面临的主要问题

（一）民营经济发展的质量仍待提升

"2023三湘民营企业百强榜"中长沙市共有55家企业入围，上榜企业数量居全省第一，其次株洲市、岳阳市各有8家，而作为全省两家省域副中心城市之一的衡阳市，入榜企业仅4家，较2022年上榜数少1家，且基本集中在制造业、化工业等。2023年在库衡阳市"四上"民营企业中支撑、带动全市经

济高质量发展的大中型企业较少，八成以上是小、微型民营企业，规模小，管理技术落后、企业融资难，市场竞争力不强，抵御风险能力较弱。

（二）民营企业科研创新效益仍需提升

尽管近年来衡阳民营企业的科技创新能力明显增强，但研发投入略显不足，关键核心技术与高端装备对外依存度较高，创新体系尚不完善，科技成果向现实生产力转化的有效机制尚未真正形成。从研发投入看，衡阳市民营企业研发投入占比较低，科研经费相对较少，大大制约了技术、产品创新能力的提高。如全市高技术制造业增加值同比下降14.4%、装备制造业增加值仅增长0.2%，均远低于全市规上工业增加值增速。主要因为衡阳市民营企业制造业产品仍处于以模仿、跟踪为主的阶段，原始创新能力不足，缺乏自主设计、引领潮流的产品，制造业信息化水平低，科技附加值不高，在产业链上处于较低端位置。

（三）民营企业经营发展困难犹存

政策落实不够细化，园区配套措施不够完备，小微民营企业融资难、融资贵，民营企业人才技术引进难，对民营经济的引导和扶持力度与实际需求相比仍显不足，企业发展成本偏高等问题长期制约民营企业发展。从四季度景气调查来看，789家企业参与调查的服务业企业中，有298家企业反映当前生产经营面临的突出问题是市场需求不足，164家企业反映用工成本上升较快影响企业经营，131家企业反映当前面临融资难、融资贵的问题。

三、几点对策和建议

（一）坚持制造立市，夯实高质量发展之基

大力实施产业发展"万千百"工程，持续擦亮核技术应用、输变电装备、有色金属、文化旅游、现代农业"五张产业名片"，在全省"4×4"现代化产业体系中明确主攻方向，在全省"4+6"先进制造业产业集群中挑大梁。做大做强输变电产业，力促输变电产业集群纳入国家先进制造集群。培育壮大盐卤化工、新能源新材料、数字经济产业，助力全市支柱性产业提质发展。突出企业创新主体地位，支持民营企业加强基础研究和应用研究，参与国省"揭榜

挂帅"，聚焦行业发展瓶颈，持续推进"卡脖子"技术攻关。鼓励民营企业对标先进，以转型升级、提质增效为主攻方向，推动重大科技成果转化和产业化，稳步拓展市场份额。掌握民营企业发展动态，加强对在库民营企业的跟踪指导、跟进服务，帮助民营企业稳产增产，纾困解难。

（二）用好园区"主阵地"，持续引领高质量发展

纵深推进"五好"园区建设。持续深化园区管理体制和薪酬制度改革，推进市场化运作、企业化运营。加大闲置标准厂房处置力度，探索建立"土地超市"，盘活园区闲置低效用地，实现"地等项目"。严格园区投资履约监管，加强招商落地成效评估。加快推进高新区、松木经开区、水口山经开区等园区调区扩区。支持有条件的园区创建国家级园区。理顺白沙绿岛园区管理体制。布局推动特色园区建设。抓好衡南绿色食品产业园、衡阳县船山时间谷、界牌陶瓷工业园和小家电产业园、衡山智能制造产业园、衡东泵业产业园和印章产业园、祁东储能新材料产业园、常宁湘南纺织服饰基地、耒阳童车产业园、珠晖眼镜小镇、石鼓新型装备产业园及高新区智能视听产业园等建设，拓展承接产业转移载体，打造经济新增长极。

（三）加大招商力度，持续推进项目建设

注重充分发挥异地商会作用，利用载体、平台和"衡商大会"等重大活动有针对性地组织在外湘商回乡考察，扎实开展"湘商回归"工作。围绕产业链断点堵点难点，深入实施"精准招商"行动，补齐产业链薄弱环节，做大做强输变电、钢管及深加工智能视听等产业集群。牢固树立"以重大项目促进高质量发展"的鲜明导向，坚持以体量大、质态优、带动强的项目来增强发展信心，对重点项目分月细化投资进度与形象进度，紧盯节点推动项目早落地、早开工、早投产达效。

（四）全力助企纾困，持续优化营商环境

提高民营企业家地位，增强政策的整体效能，创造公平参与市场竞争环境，以民营企业需求为导向，深入开展"三送三解三优"服务活动，持续深化"放管服"改革，帮助民营企业解决实际问题。积极对接民营企业用工需求，配合

摸排各县市区劳动力就业意愿，推进"校企合作"，开展"人才引进"，实现"点对点"精准送工，进一步降低企业用工成本。组织开展政银企对接活动，为全市多家有需求民营企业搭建面对面交流、深层次了解的良好平台，缓解企业融资难、融资贵等问题。充分发挥政府投资的带动效应，动态更新重大工程、产业链供应和特许经营三张清单，编制扶持民营企业投资清单目录。

（五）保持紧密联系，完善亲清政商关系

一是加大事前调研。在制定涉企政策前，深入细致做好调研工作，摸清民营企业发展中遇到的急难愁盼问题，增强政策的科学性、精准性和实操性，着力解决政策"宽而不细、普而不专""接天线多、接地气少""停电""打折"等突出问题。二是完善参政机制。建立完善民营企业家参与涉企重大决策、重大政策制定机制，邀请民营企业家列席政府重大会议，充分听取企业家对推动民营经济高质量发展方面的意见建议，确保惠企政策的稳定性、连续性和通达性。三是加强沟通交流。建立完善民营企业座谈会、助企纾困恳谈会制度和工作机制，用好民营企业服务中心平台，动态了解掌握民营企业所思、所需、所盼。

株洲市民营经济发展报告

株洲市工商业联合会

2023年，株洲市委、市政府高度重视、支持和鼓励民营经济高质量发展，深入实施湖南省促进民营经济"六个一"工作和株洲市"民营经济十条"，以更加鲜明的导向、更加务实的举措、更加扎实的作风，优化发展环境，助企纾困解难，促进株洲民营经济不断发展壮大。

一、民营经济发展现状

（一）从总量规模看，民营经济占比不断提高

2023年，全市实现民营经济增加值2 492.12亿元，占GDP比重为67.9%，比2022年增长4.8%。其中，第一产业增加值276.2亿元，占行业比重99.7%，同比增长3.5%；第二产业增加值1 077.54亿元，占行业比重66.8%，同比增长3.8%；第三产业1 139.12亿元，占行业比重64.1%，同比增长6.1%。全市民营经济增加值三次产业构成比为11.1∶43.2∶45.7。全市新增民营经营主体48.3万户，比2022年增长16.95%，其中民营企业12.8万户。全市民间投资增长7.9%，高于全市固定资产投资增速10.6个百分点；民间投资占固定资产投资的比重为69.7%，同比提高7.3个百分点。全市"四上"民营企业营业收入持续增长，其中规模以上工业营业收入1 590.48亿元、比2022年增长7.5%，规上服务业营业收入355.6亿元、比2022年增长14.8%，限上批发零售业营业收入427.9亿元、比2022年增长2.9%，限上住宿餐饮业营业收入37.4亿元、比2022年增长15%。

（二）从支撑作用看，民营经济发展质量不断提高

全市新增"四上"企业 643 家，其中民营"四上"企业 587 家，占全部"四上"企业的 91.3%。规模工业新增企业最多，新增民营规模工业企业 140 家，新增民营餐饮企业 102 家；新增民营服务业企业和批发企业分别是 101 家和 95 家。强化企业创新主体地位，打造创新平台，提升企业的核心竞争力，省市十大技术攻关项目中民营企业占 6 个，申报入库科技型中小企业 2 369 家，其中民营企业为 2 044 家，占 86.28%。新增省级以上民营企业创新平台 50 家。新增创新型中小企业 363 家、省级专精特新中小企业 185 家、国家专精特新"小巨人"企业 24 家、省级制造业单项冠军 33 家，排名均全省第二。9 家民营企业成功申报国家、省级标准化试点。培育省级专精特新"小巨人"涉农企业 11 家、规模以上农产品加工企业 21 家，省级示范性家庭农场 33 家、市级示范性家庭农场 62 家。在新湖南贡献奖、三湘民营企业百强榜中，7 个先进集体、6 名先进个人荣获第二届新湖南贡献奖，8 家企业入围"三湘民营企业百强榜"。唐人神集团入选"中国民营企业 500 强"，4 家企业入选"2023 民营企业发明专利 500 强"榜单，1 家企业入选"2023 民营企业研发投入 500 强"榜单，1 家企业进入 2023 年第一批民营企业标准"领跑者"名单。2023 年株洲市"四上"企业行业分布情况详见表 1，2023 年株洲市分行业"四上"民营企业营业收入情况详见表 2。

表 1　2023 年株洲市"四上"企业分行业分布情况

单位：亿元、%

	增加值		增速		民营经济增加值占本行业比重
	全部	民营经济	全部	民营经济	
地区生产总值	3 667.88	2 492.12	5.2	4.8	67.9
农林牧渔业	287.91	286.18	3.6	3.6	99.4
工业	1 258.12	870.09	5.6	5.3	69.2
建筑业	356.62	208.32	3.0	-1.4	58.4
批发和零售业	529.76	413.59	7.9	7.1	78.1
交通运输、仓储和邮政业	119.67	81.15	10.6	11.0	67.8

续表

	增加值		增速		民营经济增加值占本行业比重
	全部	民营经济	全部	民营经济	
住宿和餐饮业	68.44	67.68	11.9	13.7	98.9
金融业	144.76	29.42	4.4	4.4	20.3
房地产业	202.35	194.64	0.1	−1.6	96.2
其他服务业	700.24	341.03	4.2	6.8	48.7
第一产业	276.20	275.46	3.5	3.5	99.7
第二产业	1 613.86	1 077.54	5.0	3.8	66.8
第三产业	1 777.82	1 139.12	5.6	6.1	64.1

表2 2023年株洲市分行业"四上"民营企业营业收入

单位：亿元、%

	规模以上工业		规上服务业		限上批发零售业		限上住宿餐饮业	
	营业收入	增幅	营业收入	增幅	营业收入	增幅	营业收入	增幅
全市	1 590.48	7.5	355.6	14.8	427.3	2.9	37.4	15.0
荷塘区	48.29	1.8	26.3	−9.2	85.6	26.8	2.6	11.8
芦淞区	63.55	9.2	33.7	37.8	38.5	0.0	2.2	9.6
石峰区	83.63	20.5	49.1	−34.7	35.9	−14.2	3.5	−1.9
天元区	227.19	12.8	42.4	12.6	100.1	14.8	8.4	12.5
经开区	20.50	17.5	—	—	—	—	—	—
渌口区	48.57	−5.4	46.3	34.6	21.8	21.6	1.2	33.6
攸县	178.10	−9.4	58.8	6.0	37.7	−17.5	2.2	32.7
茶陵县	94.53	18.8	11.5	9.8	42.4	−7.5	1.9	−10.0
炎陵县	90.53	6.9	5.0	126.6	11.8	−7.0	2.7	24.8
醴陵市	735.60	9.2	82.6	100.8	135.2	11.6	12.4	23.1

（三）从履行责任看，民营经济社会贡献日益彰显

857家民营企业与1 157个村建立结对共建关系，实现全市村企结对帮扶全覆盖，集体经济"薄弱村"清零目标提前一年完成。万樟园林、龙华农牧、浙江商会、温州商会等7个单位获评全省"万企兴万村"行动先进典型。积极开展扶危济困。引导民营企业家参与"大爱株洲·金秋助学"活动，捐款

76.36万元；发动上海市株洲商会醴陵分会，捐资44万元支持家乡教育事业；在基层党组织中开展"公益先锋行"活动，川渝商会、河南商会、品牌服饰联合会、邵东商会等基层组织积极慰问困难党员、老党员，参与爱心公益事业，捐款捐物30余万元。

二、主要做法

（一）以"创业株洲、万事无忧"营商环境品牌为目标，着力营造民营经济发展良好氛围

坚持打好优化发展环境持久仗，激发市场主体活力，在全省率先启动个转企、一窗通办等活动，企业开办实现"1个环节、5份材料、0.5个工作日、零成本"，实现17个事项"一件事一次办"。开展"一把手走流程"活动，推进政务服务事项由"网上可办"向"全程网办、掌上好办、跨域通办"转变，上线700项"一网通办"，"非接触式"办税率90%以上。加强外贸综合服务平台建设，为出口企业提供通关、结汇、退税一站式服务。全面推进"双随机、一公开"监管，出台《株洲市不刁难企业负面清单（试行）》，梳理20个方面共155条刁难企业行为负面清单。依法打击治理破坏市场经济秩序违法犯罪行为立案224起，起诉71案。发展商会调解组织13家，2个案例入选全联的"百佳商会调解典型案例"。全面推进优化法治化营商环境"五项整治、五大打击、四项优化服务"行动。积极探索"简事合规""合规+检察建议"等办案模式，办理合规案件17件，"持续推进知识产权司法保护专项行动"获评全国民营企业产权司法保护协同创新百佳实践案例。组建"涉企疑难复杂问题法律攻坚团"，无偿为企业提供服务300余次，开展法治体检767次，提供法律咨询813次，解答涉法问题417条，提出法律风险防控建议1 307条。

（二）以"企业办事不求人"机制为抓手，着力提振民营企业发展信心

落实市级党政领导联系商会协会制度，开展"三送三解三优""百会千企大走访"行动，实施制造名城服务企业"一降一升"专项行动。完善非公经济统战工作机制。落实市非公有制经济工作领导小组工作规则和领导小组办公

室工作细则，研究部署民营经济领域重要事项，开展"民营经济十条"落实情况专项督查，进一步完善协调机制，压实工作责任，形成更强合力。完善政企沟通机制，将政企"早餐会"升级"制造名城早餐会"，通过"早餐会"搜集企业问题建议31条，针对重大项目卡点难点问题，召开16场调度会，累计交办问题111个，办结销号48个。加快打造"企业办事不求人"升级版，选派2 117名干部帮扶4 786家企业，"企业办事不求人"专班共收集问题3 921个，解决3 775个，办结率96.3%。

（三）以要素保障为支撑，着力激发民营经济发展活力

坚持实打实给予民营企业要素保障支持，积极为民营企业纾困解难。加强金融支持，启用风补系统线上平台，为科技型企业提供超过14亿元贷款；组织"政银企"融资对接会，累计发放专精特新贷、知识价值信用贷1.5亿元，制造业贷款余额465.36亿元，同比增长35.61%。设立民营企业人才队伍建设补助资金、"小升规"企业奖励资金、招商引资奖励资金，积极争取上级扶持民营企业专项资金6.87亿元。强化人才支撑，制定民营企业职称评定17条措施，承办株洲市通用航空等现代产业高级职称专场评审会，108名民企代表参评，通过率达65%；举办各类招聘活动513场，提供岗位23.5万个，评定20家企业为"2023年度株洲市民营企业就业贡献奖"。优化用地用能供给，建立以企业亩均效益为核心的评价制度，制定出台《降低企业用地成本六条措施》，服务企业降本增效。推行"三零""三省"服务，对小微民营企业实行"零上门""零审批""零投资"服务。

三、主要问题

（一）资金周转有待进一步加强

一是"回款难"。该问题企业反映较多，在建筑、房地产及相关行业中尤为突出，造成企业的生存和发展困难。如有企业反映，建筑行业工程完工后回款仅50%左右，一些国有企业不按合同比例支付工程款。因"回款难"无法如期支付材料供应商、农民工工资产生诉讼和纠纷，导致在招投标中面临障碍，形成恶性循环。有企业反映，应收账款难收回，部分涉及"保交楼"的款项打

官司也没用。二是中小微企业"融资难"。企业反映，对于专精特新"小巨人"和规模以上等优质企业，融资较为便捷，但中小微企业融资贷款依旧受限，同时，金融机构与中小微企业之间信息不够畅通，很多小微企业对金融产品了解不多。

（二）要素保障有待进一步加强

一是用电不稳定给企业造成较大损失。如有企业反映，从2018年开始，该公司因为供电供应不稳或故障原因导致经济损失近1 000万元，每年有2~3次突发事件。虽经交办供电公司回复"加强对配网线路的运行维护管理，确保线路正常运行，减少停电故障"，但2023年仍遇到了3次左右电压不稳定情况，导致企业经济损失。企业预计2024年夏季、冬季也会出现电压不稳定情况。有企业反映，荷塘区厂区、天元区湘怡厂区、天易厂区、湘瓷厂区4个园区用电困难，尤其是每一年的夏季和冬季。经市企业服务中心交办回复"优先保障居民生活和涉及公众利益、卫生防疫、国家安全等重要用户电力供应"。二是用电、用气价格上涨造成成本上升。如有企业反映，2023年4月前，非居民用天然气价格为3.216元/m³。4月以后约4.39元/m³，按企业2023年的产值将增加800万元的成本。有企业反映，自2021年10月工业用电电价上调以来，用电价格一直呈上升趋势，目前用电价格涨至0.8~0.9元/度，电费成本很高。有企业反映，2021年，全年用电平均单价只需要0.85元/度。2023年以来，该公司用电平均单价上涨到1.13元/度。按此推算，单纯电费一项，2023年成本比2021年成本要上浮超过70万元，对企业影响巨大。三是高端人才、技能型人才引进难。有较多企业反映该问题。

（三）产业配套有待进一步加强

有企业反映，曾有一批福建企业来株洽谈项目，因株洲服饰产业配套问题而搁浅。比如，作为重要生产环节的洗水满足不了服装企业需求，拉链、纽扣、线等辅料需从外地运输等。有企业反映，由于株洲没有符合表面处理、热处理工艺环保要求的园区，使株洲原有该类企业搬迁至长沙，增加了中小企业物流成本和时间成本。同时，全市目前没有一个全面、系统的产品检测机构，给许多制造业企业检测带来不便。有企业反映，希望进一步完善园区基础配套，加大土地供应力度,降低企业水、电、气、污水处理等成本。有企业反映,株洲没有专门的食品工业园区,一批有意进入或投资扩产的食品企业找不到合适的土地和厂房,部分已选择落户湘潭。

四、对策建议

(一)在优化环境上再发力,进一步激发市场活力

完善"企业办事不求人"机制,持续推动"一把手走流程"活动,深入推进企业全生命周期"一件事一次办""跨省跨城通办"。持续开展"惠企政策大宣讲"和"春雨润苗"活动,建立健全涉民企资金直达快享机制。加大知识产权司法保护力度,依法监督纠正政策不兑现、拖欠企业账款以及限制经营、排除竞争等违法行政行为,全面落实涉企执法检查扫码留痕管理,推广涉企柔性执法,落实不刁难企业负面清单制度。做好"情暖湘商"系列活动,开展"商会民企县乡行"活动,实施"湘商回归"工程,助推"重大项目攻坚年"活动。

(二)在要素保障上再强化,进一步提振民营企业信心

落实金融支持民营经济发展政策,深化"政会银企"四方对接活动。抓好"新人才30条"、支持企业家成长十大行动实施,开展"智汇潇湘 才聚株洲"活动,推进"民企高校(职教)携手促就业"行动,加大企业柔性引才用才支持力度。树立"亩均论英雄"导向,提高土地用地效益。实施好服务企业"一降一升"行动,降低企业用能成本、物流成本,落实税费优惠政策,优化28条便民办税缴费举措。

(三)在培优做强上再突破,进一步提升发展能级

深入推进"智赋万企"行动,推动制造业"增品种、提品质、创品牌",支持民营企业高端化、智能化、绿色化改造,塑造一批标杆企业。支持民营企业主动承担省、市十大技术攻关项目,联合有关高校、科研院所组建研发平台,推进"创新成果转化年"活动,发展新质生产力。实施企业上市"金芙蓉"跃升行动,加强民营企业品牌建设。支持民营企业建立现代企业制度,持续深入推进企业开办标准化规范化,助力中小民营企业提升质量管理水平。

湘潭市民营经济发展报告

湘潭市工商业联合会

2023年，面对错综复杂的外部环境，叠加交织的困难挑战，湘潭市上下坚持以习近平新时代中国特色社会主义思想为指导，锚定"四区一地一圈一强"建设，聚焦高质量发展这个首要任务，以打好打赢"发展六仗"为总抓手，顶住外部压力、抢抓战略机遇，克服内部困难、加快动能转换，全市民营经济运行呈现整体好转、稳中提质的良好态势。

一、湘潭市民营经济发展现状

（一）民营经济市场主体稳步增长

2023年湘潭市市场主体为270 569户，其中民营经济市场主体为265 585户，占比98.15%，民营经济市场主体中私营企业为54 678户，比2022年度增长22.58%；个体工商户为206 271户，比2022年度增长8.87%；农业专业合作社为3 918户，比2022年度减少0.41%。截至2023年年底，全市有"四上"民营企业2 889家，占全市"四上"企业总数的92.95%，相较于2022年增长10.6%；2023年全市新增"四上"民营企业350家，占新增"四上"企业总数的87.06%。

（二）民营经济增加值占比下降

2023年，湘潭市实现民营经济增加值1 866.0亿元，比上年度增长4.8%，低于湘潭市经济增速0.3%；民营经济增加值占地区生产总值比重68.1%，比2022年度比重下降了2.1个百分点。

（三）民营经济产业结构保持稳定

从产业结构来看，全市民营经济集中在二、三产业，"二、三、一"的格局保持稳定。2023年民营经济在第一产业增加值为182.2亿元，同比增长3.5%，占全市民营经济增加值的9.76%，占湘潭市第一产业增加值的99.8%；第二产业增加值为929.7亿元，同比增长4.8%，占全市民营经济增加值的49.82%，占湘潭市第二产业增加值的67.3%；第三产业增加值为754.1亿元，同比增长5%，占全市民营经济增加值的40.41%，占湘潭市第三产业增加值的64%。

（四）民间投资增长放缓

全年固定资产投资（不含农户）比上年增长6.1%。其中，民间投资增长3.8%。分经济类型看，国有投资增长3.3%，非国有投资增长6.6%。从增长情况来看民间投资增长率和非国有投资增长率都有所放缓。

（五）税收贡献度稳步提升

2023年，全市民营经济纳税主体缴纳各项税收98.37亿元，同比增长18.36%，整体税收增速是11.56%。民营经济税收占全市税收总量的57.15%，较2022年增长3.29个百分点。

（六）行业发展保持稳定

从行业增加值来看，民营经济对农林牧渔业、住宿和餐饮业、房地产业建筑业贡献较大，民营经济增加值占全市增加值比率超过90%。其中民营经济餐饮住宿业增加值达44.9亿元，比上一年度增长15.7%，与全市该行业增长率持平；民营经济房地产增加值下降趋势较为明显，民营经济房地产业增加值187.2亿元，比上一年度下降3.5%，低于全市该行业增长率0.5个百分点。

（七）民营企业转型发展质量提升

新增高新技术企业54家，达823家，国省科技创新平台49家，达225家。新增国家级专精特新"小巨人"企业5家，达37家；新增省级专精特新"小巨人"企业130家，达251家。吉利加大在潭战略布局，列入省十大产业项目、年产15万辆的远程新能源轻型商用车，实现3个月开工、12个月首车超级VAN下线。湖南裕能跻身全国民营企业500强，蓝思科技营收首破100亿元，金龙、伍子醉营收首破50亿元。资产证券化取得历史性突破，湖南裕能、崇德科技、永达股份相继上市，新增上市企业数量全省第一，总数达到8家，提前实现"三年倍增计划"。

二、主要做法

2023年，湘潭市委、市政府召开"全市推进民营经济高质量发展大会"，发布《关于促进民营经济发展壮大的实施意见》，围绕提升发展信心、提升服务质量、提升要素支撑、提升政策效果、提升品牌效应、强化政治引领、强化法治保障、强化队伍建设、强化舆论支持、强化机制创新十个方面出台36条具体措施支持民营经济发展壮大。

（一）着力推进优化营商环境"一号工程"

一是全面推行"极简快办"。以"湘易办"超级服务端为枢纽，持续打造"一件事一次办"升级版。推动《营商环境指标湘潭标准》落地见效，发布营商环境评价指标"揭榜竞优"清单，做实做优"亲商管家"服务平台，打造"工改3.0版"。分级建立重点服务企业"白名单"。二是深入推进民营市场主体准入准营改革。实行"证照分离"，持续深化企业简易注销改革。推行企业开办"1050"标准，实行企业开办"首席服务员"制度。三是依法保护民营企业产权和企业家权益。严格执行《湘潭政法机关优化法治化营商环境40条举措》，完善民营企业不予行政处罚、减轻行政处罚、从轻行政处罚、不予行政强制事项清单"四张清单"，对发现的一般违法行为慎用查封、扣押等措施，最大限度地依法减少侦查办案对正常办公和合法生产经营的影响。四是进一步提高执法效能。创新方法、改进作风、提高效率，推行综合执法、无打扰执法和部门联合"双随机、一公开"监管，减少多头重复检查和执法，最大限度减少对企业正常生产经营的干扰。五是提升监管标准化规范化水平。提高监管公平性、规范、简约性，杜绝选择性执法和让企业"自证清白"式监管。开展联动执法。按照教育与处罚相结合原则，推行告知、提醒、劝导等执法方式，对初次违法且危害后果轻微并及时改正的依法不予行政处罚。

（二）着力强化民营企业要素保障

一是深入实施湘潭市十大人才行动。落实"莲城人才行动计划"，为民营企业高层次人才和急需紧缺引进人才在购房、子女入学、户籍迁移、办理社会保险等方面给予政策支持和优质服务。搭建民营企业、个体工商户用工和劳动者求职信息对接平台，大力推进校企合作、产教融合，帮助民营企业解决用工难问题。二是优化用地供给。支持民营企业土地兼容复合利用、"工业上楼"、盘活闲置低效土地等资源资产，加快实现产能提质增效。坚持"亩产论英雄"综合评价，优先保障符合条件的民营企业获得用地及用电、用水、用能等资源。实施"标准地+承诺制+代办制"改革。三是着力破解民营企业"融资难、融资贵"问题。加强政府性担保体系建设，力争3年业务规模达到100亿元。建立健全政银企融资服务协调工作机制，保障民营企业信贷投放增速不低于全部贷款增速、增量不低于上年。鼓励民营企业盘活存量资产回收资金。支持民营企业以商标、专利等知识产权进行质押融资。支持优质民营企业在多层次资本市场融资、挂牌和上市，参照《湘潭市企业上市"金芙蓉"跃升计划（2022—2025年）》相关规定给予激励。四是支持科创平台建设。指导民营企业积极申报企业技术中心、工程技术研究中心、重点实验室、重点研发计划、"揭榜挂帅"、校企合作、科技成果转化平台和项目，争取奖补资金和政策支持。五是实施数据要素赋能实体经济行动。鼓励民营企业开展数字化共性技术研发，参与数字湘潭投资建设和应用创新。支持民营企业数字化转型，支持民营企业依托湘潭市公共数据资源开发服务平台，加快培育一批优质民营数据供应标杆单位和数据应用标杆单位。

（三）着力推动民营企业转型升级

一是支持民营企业提升核心竞争力。对新认定的专精特新"小巨人"企业、省级专精特新中小企业，对营业收入首次超过10亿元、20亿元、50亿元、100亿元的企业，参照《湘潭市"专精特新"中小企业"裂变"计划（2022—2025年）》《湘潭市100亿级企业"聚变"计划（2022—2025年）》政策给予奖励。对新入规的民营工业企业、服务业企业分别一次性奖励10万元、5万元。二是激励民营企业加快转型升级。激励支持民营企业由中低端走向中高端、数字化、智能化、绿色化。对民营企业实施智能制造新建或改造项目，获评省级、国家级两化融合、智能制造试点示范，民营企业开展节能、节水、降碳、减排改造，项目达产后实际效益达到10%以上的，对首次列入国家、省级绿色工厂、工业绿色设计示范、绿色供应链管理、绿色数据中心等试点示范的企业，按照《湘潭市"智赋千企"行动方案（2023—2025年）》等相关政策给予奖励。对民营企业"三改一扩"标杆企业按照《湘潭市工业企业实施"三改一扩"促进提质增效三年行动方案（2023—2025年）》等相关政策给予奖励。

（四）着力提振民营企业发展信心

一是一以贯之落实党和国家鼓励支持民营经济方针政策。坚持"两个毫不动摇"，落实"四敢"要求，深入开展"走找想促""三送三解三优"活动，切实解决实际困难，持续优化稳定公平透明可预期的发展环境，指导帮助民营企业渡过难关、转型升级、发展壮大。二是全面构建亲清政商关系。落实市、县两级党政领导及部门联系民营企业家和商协会制度，探索建立"亲清会客厅""亲清面对面""亲清服务团""亲清直通车"机制，探索推广党政领导与产业链企业家通过"早餐会"等形式加强沟通，深入交流，心连心、面对面释疑解惑、助企纾困，推动企企合作。三是充分尊重民营企业意见建议。邀请民营企业代表和商协会负责人参加有关重要会议，参与人大制定修改地方性法规的调研和讨论。制定涉企政策时听取民营企业家代表意见建议。四是切实加强预期引导。支持民营企业践行新发展理念，转方式、调结构、强动能，坚守主业、做强实业。把促进民营经济发展壮大和"新官要理旧账"工作纳入领导干部考核指标，把促进民营经济发展壮大纳入各级各部门主要负责人年度述职述廉报告。

（五）着力促进民营企业和民营企业家健康成长

一是加强思想政治建设。深入开展理想信念教育和社会主义核心价值观教育。教育引导民营经济人士中的党员坚定理想信念，发挥先锋模范作用，坚决执行党的理论和路线方针政策。引导民营企业家增强爱国情怀、勇于创新、诚信守法、承担社会责任、拓展国际视野，敢闯敢干，不断激发创新活力和创造潜能。二是加大一流企业家培育力度。实施民营企业家培育行动，每年培训优秀民营企业家200名以上，培养造就一支优秀企业家队伍。深入实施优秀企业家种子计划、年轻一代企业家薪火相传行动。将民营企业家和民营企业管理技术人才纳入莲城人才行动计划的重点任务，深入推进"百名青商培养工程"，对入库的青商人物持续跟踪培养、动态管理。每年定期举办"青董培训班"等学习培训活动，5年内培育300名左右领军型年轻一代民营经济人士。三是优化民营经济代表人士队伍结构。健全选人机制，规范政治安排，完善相关综合评价体系，稳妥做好推荐优秀民营经济人士作为各级人大代表候选人、政协委员人选工作。四是充分发挥纽带作用。深入推进工商联改革和建设，按照"四好"商会标准，发挥工商联在民营经济人士有序政治参与中的主渠道作用，推动统战工作向商协会组织有效覆盖，加强与异地湘潭商会联系联络。健全履职考核制度和退出机制，对已作政治安排的民营经济代表人士，任期内开展"思想状况和政治表现"评价。推荐优秀民营企业家作为营商环境监督员。

三、存在的主要问题

（一）民间投资增长的支撑作用明显减弱

2023年湘潭市争取到了特殊再融资债券650.9亿元，市本级债务穿透后银行资金占债务总额比重达90%以上，成本降至4%以下，化债工作虽然迎来拐点，但沉重的债务负担并未减轻，土地市场发生重大变化，财政压力空前加大。2023年，全市民营经济增加值占地区生产总值比重下降2.1%，全市民间投资增长率为3.8%，较上一年度民营经济投资显著减少4.9个百分点，民间投资对全市投资的支撑作用明显减弱。

（二）民营企业融资难、融资贵问题较为突出

一是由于企业能够提供的担保方式与银行机构担保要求存在矛盾以及部分行业的授信限制，民营企业融资需求未能完全满足。二是企业融资期限匹配难。银行对中小民营企业贷款期限与企业对期限需求期限不匹配，贷款期限需求到期后不能保证续贷、续贷手续烦琐及过桥资金成本高。三是信贷风险防控难。

受不良贷款影响，在不良贷款追责日益严格的情况下，各金融机构对中小民营企业放贷趋于谨慎并给予较高的风险溢价。

（三）民营企业综合竞争力有待加强

湘潭市民营经济主要集中在传统行业，全市企业市场主体中，30.18% 的民营企业是批发零售业企业；12.45% 的民营企业是建筑业企业；11.09% 的民营企业是租赁和商务服务业企业；制造业民营企业仅占 10.91%。从工业企业来看，多数企业属于产业链分工体系中的加工环节，附加值较小，处于中低端的市场地位，缺乏综合实力较强的龙头企业。2023 年湖南省工商联公布的"三湘民营企业百强榜"，湘潭市仅 3 家企业上榜。

四、对策及建议

（一）积极稳妥防范化解债务风险

一是坚决防止新增隐性债务。对重大政府投资项目实行资金来源评估和提级审核，严格财政承受能力评估，严禁超出财力铺新摊子上新项目。分类处置"半拉子"工程。加大债务领域监督力度，整饬财经秩序，对违规举债行为严肃追责问责。二是积极稳妥化解存量债务。不折不扣落实过紧日子要求，积极盘活国有资金资产资源，多渠道筹集资金，抓实既定化债举措，落实法定债务到期偿还责任，完成累计化债任务。健全债务监测机制，开展风险评估预警。严禁虚假化债和数字化债。三是加强政府债券管理。积极争取新增政府债券限额。聚焦重点领域、重点方向、重大项目，组织市县优质储备专项债券项目。加快专项债券使用进度，加强全生命周期管理。

（二）持续抓好招商引资"头等大事"

一是推进产业招商。聚焦"三优三特"产业集群，加大对行业龙头、制造业单项冠军及专精特新等优质企业的招引力度，做强产业链条。找准供应链薄弱环节，有针对性地招商引资、引智、引技，补足产业链。紧紧围绕实施"三改一扩""智赋千企"行动，依托湘钢、吉利、湘电、湖南裕能等本地产业链龙头企业开展以商招商，大力挖掘、对接、推动产业链上下游配套关联项目落地。

对产业链龙头企业开展以商招商，成功引进项目的，按有关政策措施予以奖励。二是推进湘商回归。组织市内外异地商会、行业协会、专业园区和企业以小分队、小活动形式，搭建活动平台开展以商招商、产业链招商，让湘商回归活动更加精准，更具特点，更具成效。深入开展"百名潭商"联络拜访行动计划，抢抓春节、中秋、国庆等契机，创新举办系列特色对接活动，引导更多湘商潭商及其上下游企业回潭落地项目，全力支持已落地湘商潭商企业扩能升级，持续推动湘商潭商回归。三是推动"校友回湘"。成立"湘潭市校友工作促进会"，组建校友回湘服务工作专班，鼓励湘大、科大、工程学院等驻潭高校加大校友回潭投资支持力度。

（三）推进优化营商环境"一号工程"

一是创新营商环境评价体系。建立营商环境"体验官"制度，完善"亲商管家"平台。按季度归集并公开部门评价指标动态情况，建立营商环境案例周通报制度。二是加强政府诚信履约机制建设。畅通违约失信投诉渠道，充分用好失信惩戒措施"工具箱"，实施历史遗留问题处置专项行动，开展拖欠民营企业账款专项清理，着力解决朝令夕改、"新官不理旧账"、损害市场公平交易、危害企业利益等政务失信行为。三是保护民营企业产权和企业家权益。注重发挥湘潭民营企业服务中心职能作用，坚持依法办事，坚决拆掉"弹簧门""玻璃墙"，兑现"三个不拖欠"承诺，深入开展企业合规改革工作，依法保护民营企业产权和企业家权益，畅通涉民企案件"绿色通道"。四是全面构建亲清新型政商关系。大力弘扬优秀企业家精神，进一步营造关心企业家、呵护企业家、理解企业家、帮助企业家的浓厚氛围。持续完善党政领导干部与民营经济人士常态化沟通协商。

（四）支持民营企业做大做强

一是注重企业梯次培育。大力实施"千百十"工程，持续推动企业"入规、登高、智造、上市"。加强对企业的"全生命周期"服务，支持存量企业扩能升级，实施"新增规模工业企业"行动、企业上市"金芙蓉"跃升行动、专精特新"小巨人"企业倍增工程，大力推动"个转企、企升规、规改股、股上市"。

二是支持企业创新发展。加强科技企业孵化器、众创空间等建设布局，提升以科技为支撑的创业载体专业化能力，加快高新技术企业和科技型中小企业成长。加大对企业中青年科技创新领军人才、重点领域创新团队的培育和支持，鼓励更多的科技人员带着科技成果到企业开辟发展新领域新赛道，不断塑造发展新动能新优势。三是助推企业培优做强。统筹抓好促进民营经济发展壮大36条政策措施落地见效。加强关爱引导，分类分批次梯度培育优秀民营企业家、青年创业者，弘扬企业家精神，着力打造素质优良的潭商队伍，树立民营企业高质量发展标杆。持续推进民营企业培优做强行动，建立健全定向培育企业名录和后备企业库，推动新增一批"三湘民营100强"企业、民营规上企业和民营高新技术企业。

（五）持续激活民间投资

一是规范推进政府和社会资本合作新机制。梳理国家重大工程和补短板、重点产业链供应链、完全使用者付费的特许经营"三张清单"项目，定期向民间资本推介一批优质项目，择优实施一批重点领域民间投资示范项目。二是鼓励社会资本参与盘活国有存量资产。坚持项目融资服务工作专班机制，深入开展政银企融资对接洽谈活动，注重激发重点企业投资动能。

（六）加大金融支持力度

一是加强制造业金融服务。用好再贷款再贴现、碳减排支持工具等结构性货币政策工具，引导全市金融机构加大制造业首贷培植，增加制造业中长期贷款投放，助力构建湘潭特色的现代化产业体系。二是推动金融与科技双向赋能。大力推动科技金融发展，为科技企业提供全生命周期的多元化、接力式金融服务。三是加大对企业"走出去"的金融支持力度。助力外贸企业稳订单、拓市场。加快和完善政府性融资担保体系建设，鼓励县市区、园区结合实际创新金融合作模式，全力支持中小微企业发展。

邵阳市民营经济发展报告

邵阳市工商业联合会

民营经济是推进中国式现代化的生力军，是高质量发展的重要基础。近年来，邵阳市坚持以习近平新时代中国特色社会主义思想为指导，深入贯彻习近平总书记关于民营经济发展的重要论述和指示精神，围绕高质量发展总体目标，锚定"三高四新"美好蓝图，多措并举推进民营经济高质量发展。民营经济规模持续扩大，效益稳步提升，为全面建设现代化新邵阳提供了有力支撑。

一、2023年邵阳民营经济发展概况

（一）民营企业数量占比较高

2023年，全市"四上"单位在库数中，民营工业企业为1 919家，占全部规模以上工业企业的比重为96.0%；民营建筑业为281家，占全部有资质的建筑业的87.3%；民营批发零售业为1 237家，占全部限额以上批发零售业的96.0%；民营住宿餐饮业为370家，占全部限额以上住宿餐饮业的99.7%；民营房地产为284家，占全部房地产开发经营业的94.4%；民营服务业为696家，占全部规模以上服务业的91.9%。

（二）民营经济总量持续增长

2023年，全市民营经济实现增加值1 996.51亿元，同比增长4.9%，高出GDP增速0.1个百分点；民营经济增加值占GDP的比重达73.1%，与上年持平。从三次产业看，第一产业实现民营经济增加值434.06亿元，同比增长3.0%，占比为99.5%；第二产业实现民营经济增加值739.75亿元，增长6.1%，

占比为82.4%;第三产业实现民营经济增加值822.70亿元,增长5.0%,占比为58.9%。分行业来看,民营经济部分占行业增加值的比重提升的有:工业由90.2%提升到90.3%,批发和零售业由79.0%提升到79.1%,交通运输、仓储和邮政业由80.5%提升到80.6%,住宿和餐饮业由98.3%提升到98.4%,房地产业由90.4%提升到90.5%,其他服务业由51.8%提升到51.9%,均同比提升了0.1个百分点。

(三)民营经济发展势头向好

2023年,全市实有民营经济市场主体50.33万户,同比增长13.09%,占全部市场主体的97.71%,其中民营企业10.82万户,增长18.97%。民营企业入库税收88.79亿元,同比增长14.71%,占全部税收的56.36%;民间投资同比增长9.9%,占全部投资比重77.1%;民营企业进出口204.2亿元,占全部外贸总值的95.6%。高新技术企业总量突破658家,较上年净增85家以上。入库科技型中小企业3 407家,同比增长171.9%。全市共认定邵阳市高层次人才1031人次,现有持卡人员922人,其中民营企业53人,占5.75%。截至2024年2月末,全市民营经济贷款余额958.31亿元,占全部贷款的31.8%;民营企业(不含个体工商户)贷款余额442.31亿元,占全部贷款的14.68%。

(四)民营工业经济运行平稳

2023年,全市规模以上工业中民营企业利润总额129.85亿元,占全部规模以上工业企业的97.7%;民营企业平均用工人数为17.32万人;民营企业营业收入2 378.2亿元,增长1.8%;规模以上民营工业经济增加值增长6.0%,占规模以上工业企业增加值总量的93.0%,拉动全市规模工业企业增加值增长5.63个百分点,对全市规模工业企业增加值增长贡献率为89.57%。

(五)行业产业占比各季度有差异

受季度性因素影响,每个行业和产业在各季度的发展有差异,导致各行业和产业的占比在季度之间会有波动。以产业结构为例,一、二、三产业占GDP的比重在各季度中表现不一,2023年三季度一、二、三产业占比分别为19.83%、31.35%、48.82%;全年一、二、三产业占比分别为21.74%、

37.05%、41.21%，相比三季度，一产业提升1.91个百分点、二产业提升5.7个、三产业下降7.61个百分点，一、二产业中民营经济部分占比在全年分别达到99.5%、82.4%，均高于三产业民营经济占比（58.9%），一、二产业占比的提升相应会拉高全年GDP中民营经济的占比。

二、邵阳民营经济发展面临的困难

（一）拉动不明显

受价格指数等因素影响，民营经济占GDP的比重在各季度会有波动。因受制造业工业生产者出厂价格指数下降的影响，工业在增速较快的基础上，其总量仍增长较慢；2023年生猪价格下滑且缩减指数上升，而生猪占农林牧渔业的比重较大（22.5%），受此影响，使得农林牧渔业的增量较少。而民营工业和民营农林牧渔业是民营经济中占比第一大和第二大的行业，它们总量增势不明显直接影响整个民营经济的总量和占比，从而导致民营经济对整个经济的拉动作用不明显。

（二）发展不平衡

东部和西部县市区发展不平衡，2023年，邵东地区生产总值为763.32亿元，总量超绥宁、新宁、城步、武冈4个西部县市总和（540.21亿元）；邵东社会消费品零售总额为336.69亿元，总量高于绥宁、新宁、城步和武冈四个县市的总和（299.48亿元）。邵东和邵阳经开区的外贸量值占全市的比重为61%。

（三）企业融资难

民营企业大多数是中小型企业，自有资金较少，信用度低，缺乏担保，企业发展资金主要依靠自身积累、民间借贷和内部员工筹措等，较难得到银行的贷款，直接融资的股票、债券市场门槛太高，中小企业很难进入，致使企业现金流不足，负债问题日益突出。近年来政府虽然推出了专项资金贷款，但在实际操作中，有的银行存在上有政策、下有对策，部分政府专项资金贷款形同虚设，难以解决民营企业资金需求。同时，邵阳市综合金融服务平台尚未上线，银企双方难以便捷获取有效信息，各部门"信息孤岛"现象仍然存在，制约了银企双方融资对接效率。2023年，邵阳市每期开展的"企业家接待日"都有企业提出面临融资难、融资贵、融资渠道不畅通的难题。

（四）企业创新乏力

民营企业创新需要投入大量的人力、物力成本，全市一些民营企业多是通过高额贷款来支持前期的研发投入，企业背负了严重的债务成本，而一旦创新投入后续乏力，没能获得良好的效果，就有可能导致企业遭受灭顶之灾。同时，高端成熟人才缺乏，人才供给结构性失衡，与民营企业需求难以匹配。2023年，全市"四上"企业中，开展创新活动的企业仅占44.05%，其中，建筑业、服务业和批发零售业开展创新活动的企业分别占22.22%、12.24%和11.8%。企业创新活动不足、创新乏力将直接影响全市民营经济的进一步发展壮大。

三、进一步促进邵阳民营经济发展壮大的建议

（一）大力发展数字经济，为民营经济发展添活力

一方面充分利用大数据、云计算、人工智能等信息化技术，着力深化数字经济与民营经济相融合，推动各领域民营企业融通发展，实现企业间、产业间互联互通，为全市打造数字经济新优势、增强民营经济发展新动能提供有力支撑。另一方面建立健全完善的公共服务体制，及时修改与数字经济不相适应的旧体制老政策，在政策和制度上为数字经济发展提供空间，注入创新动能，大力发展数字经济，为助力民营经济发展添活力。

（二）持续优化营商环境，为民营经济发展增动力

"营商环境就是生产力，优化营商环境就是解放生产力，提升竞争力"。一是要减轻企业负担。各级地方政府应树立"不抓营商环境就是失职，抓不好营商环境就是不称职"的观念，过好紧日子，算好长远账，推进民营企业减税降费，切实减轻民营企业负担，厚植民营企业未来发展空间。二是要解决企业难题。持续高效开展"三送三解三优"活动，落地落实落细"最多跑一次改革""不见面审批"，全面推动审批制度"马上办、网上办、就近办、一次办"，为民营企业送服务、解难题，打通服务堵点，尽可能让"数据多跑路"，让"群

众少跑腿"。三是要站好服务岗。要把民营企业家当作自己人看待,真正发挥民营企业的重要作用,真正将民营经济作为重头戏来抓,引导支持民营企业在产业发展中"挑大梁",让民营企业在邵阳办得成事、雇得到人、赚得到钱,让民营企业家在邵阳有归属感、有获得感、有成就感,以"服务员""店小二"精神为民营企业和民营企业家站好服务岗,为助推民营经济高质量发展增动力。

(三)健全完善发展要素,为民营经济发展聚合力

一是积极深化融资服务,加大银企对接力度,探索设立融资风险补偿资金,加大优势产业集群、房地产等重点领域融资支持力度,大力推动民营企业综合融资成本逐步降低,有效解决民营企业融资难、融资贵问题,助力民营企业发展壮大。二是充分发挥高校优势资源,探索推进示范民营企业建立高校"定向委培班"和企业"定点实习基地",推动人才与企业双向选择,实现邵阳人才留得住、解决企业用工荒的双赢局面。三是加快培育高新技术企业、专精特新中小企业和"小巨人"企业,加快发展专利密集型产业,加大企业专利申请奖补和保护力度,积极推进民营企业科技成果转化,助力增强民营企业科技实力,凝聚民营经济发展合力。

岳阳市民营经济发展报告

岳阳市工商业联合会

2023年，在岳阳市委、市政府的坚强领导下，全市各级各部门坚持以习近平新时代中国特色社会主义思想为指导，锚定"三高四新"美好蓝图，深入践行"1376"总体思路，不断创新举措，提升服务实效，有力促进了民营经济高质量发展，为建设"七个岳阳"贡献了民营经济力量。

一、主要特点

（一）主要指标逆势上扬，发展态势稳进向好

2023年，全市地区生产总值完成增加值4 841.78亿元，增长4.6%；全市完成民营经济增加值3 532.75亿元，增长4.5%；民营经济增加值占GDP比重为73.0%，高于全省平均水平4.2个百分点。全市民营经济固定资产投资高于全省投资增速2.4个百分点，占全市投资比重66.7%。全市民营企业外贸经营主体实现进出口总额438.7亿元，增长1.0%，进出口增速高于全省平均水平15.2个百分点，累计进出口占岳阳市外贸总值的比重达到63.3%，其中，出口总额147.6亿元，占全市出口总额的94.3%。岳阳连续六年上榜"中国外贸百强城市"。城陵矶港集装箱吞吐量增加到120万标箱，成为长江中上游第3个百万标箱大港。

（二）市场主体扩量提质，产业结构不断优化

2023年，全市实有经营主体588 658户，增长12.57%；其中：实有企业130 784户，增长30.08%，占总量的22.22%。全年新增"四上"企业1 399家，

培育创新型中小企业 284 家、省级以上专精特新中小企业 142 家、制造业单项冠军企业 16 家，远大再生油、六九零六、金叶众望"新三板"挂牌。2023 年，全市民营经济增加值三次产业结构比为 13.5∶39.5∶47.0。其中，第一产业实现增加值 476.39 亿元，增长 3.4%；第二产业实现增加值 1 396.22 亿元，增长 3.8%；第三产业实现增加值 1 660.14 亿元，增长 5.2%。

（三）科技创新赋能强基，实体企业提速发展

2023 年，全市高新技术产业实现增加值 1 164.66 亿元，居全省第二位，高新技术企业数净增 153 家，达到 919 家，其中民营企业达 877 家，占 95.4%。实现高新营业收入 1 065.58 亿元，其中，民营企业 758.76 亿元，占 71.2%。全市技术合同成交额达 334.91 亿元，其中，民营企业技术合同交易额 258.01 亿元，占 77%。全年新认定国家、省、市科技创新平台 57 个，其中，民营企业牵头组建的有 36 家，占比达 63%。湖南中科电气股份有限公司与湖南大学、合肥工业大学共建"电能高效高质转化全国重点实验室"，是岳阳市首个企业参与建设的全国重点实验室。湖南科伦制药成功获批国家企业技术中心。民营企业科技人才队伍逐渐壮大，累计培育现代石化、装备制造等科技创新人才团队 172 个，引育省科技创新"三尖"人才 33 人，其中，民营企业占比达 87.9% 以上。

（四）发展质效持续提升，社会贡献日益突出

2023 年，岳阳市民营企业共申报销售收入 4 409.61 亿元，较 2022 年增长 5.7%，占全市的 66.6%。民营企业实缴税收 160.31 亿元，较 2022 年增长 19.37%，占全市税收的 49.71%。从三次产业看，民营经济一、二、三产业分别贡献税收 0.45 亿元、80.61 亿元、79.24 亿元。民营企业安置就业 240 万人次。全市共有 1134 家民营企业参与"万企兴万村"行动，帮扶村 753 个，实施帮扶项目 1 413 个，累计投入资金 78.7 亿元。"万企兴万村"工作经验在《中华工商时报》刊载。引导民营企业积极履行社会责任，参与乡村振兴、公益慈善活动，累计帮扶物资、资金 1 200 余万元。

二、主要工作措施

（一）切实优化营商环境

在全省率先推进"一码通"数字化改革，创新面向自然人、法人的"一码通城"服务体系，186项事项实现"就近办一次办"；在全省率先推进人社政务服务综窗建设，确保所有社保业务能"一窗通办、一窗办成"。大力推进"湘易办"岳阳旗舰店部门服务专区建设，开通城管、文旅、交通等20个特色专区，新增400多个服务事项，已有280多万市民享受便捷"掌上服务"。发布《持续优化营商环境40条》，打造低成本、高效率营商环境。开展"营商清风101"专项行动，严肃查处不作为、慢作为、乱作为和违纪违法问题。打造"岳商通"平台，推进惠企政策"免申即享"，被国务院办公厅《电子政务工作简报》推介。2023年湖南营商环境省评价位列全省第二。2023年"万家民营企业评营商环境"评比，岳阳综合得分位列全国103个地级市第39名。

（二）全力助企纾困解难

深入开展"走找想促""三送三解三优"活动，常态化开展"企业家沙龙""企业吐槽会"等系列活动，市级层面共举办企业家沙龙活动18期，收集问题205个，办结161个，为企业解决政策落实、企业融资、生产要素、上市扶持等问题71个，办结问题55个，帮助企业解决融资贷款15亿元。企业家沙龙获全国工商联实践创新成果奖。积极落实税费支持优惠政策，助力企业减税降费，实行重点项目办电服务"项目长"负责制。编制《岳阳市民营企业支持政策手册》，积极推行惠企政策一站汇聚、一网通办、一键直达，推进全省首例以"企业秒申报、部门秒审批、资金秒到账""三秒"方式兑现案例——46家高新技术企业首次认定奖补资金460万元。2023年，全市63家民营企业获奖补资金3 288.86万元，占全市企业奖补资金总量的96.2%。

（三）畅通惠企融资渠道

探索"信用+金融+数字科技"服务实体经济稳健发展新路径，着力推进以信促贷。在全省乃至全国率先创新完成"全市一盘棋、市县一体化"政府性融资担保体系建设，累计担保企业 6 900 多户，担保金额 210 亿元。举办岳阳市九大重点产业链龙头、重点企业政银企对接会，85 家企业共达成贷款意向 12.78 亿元。推动科技型企业知识价值信用贷款改革，探索中小企业动产抵押和订单质押等贷款模式。推进中小企业商业价值信用贷款改革试点工作。用好岳阳市产融对接服务平台、"岳阳·金融港"普惠金融信息服务平台等载体，累计为中小微企业争取信贷资金共计 45.84 亿元。组织岳阳市小微融资担保公司等 5 家融资性担保公司申报中央财政小微企业融资担保业务降费奖补资金，2023 年全年共获得奖补资金 1 269 万元。

（四）创新法律维权机制

建立重点项目派驻专项监督组机制，受到《中国纪检监察报》推介；创新推行涉企纠纷立案容缺办理；在全省开创金融领域执行案件全流程智能化处置机制，助力执行工作质效全面提升。在全省首创公检法协同推进的工作模式，深入推进"涉案企业合规改革"试点工作。2023 年，共办理涉案企业合规案件 32 件，涉及企业 43 家，挽救科技创新型企业 10 家、纳税额 1 000 万元以上的企业 6 家，相关做法得到最高人民检察院专题推介。制定《岳阳市中级人民法院、岳阳市人民检察院、岳阳市公安局关于协同推进涉案企业合规改革的工作意见（试行）》。市人大常委会出台《关于深化涉案企业合规改革工作的决定》。

（五）激发投资驱动潜力

深入开展"项目建设年"活动，累计实施省重点建设项目 109 个，完成投资 1 433.8 亿元；争取到位财政性资金 572.6 亿元，发行专项债券 212.5 亿元。2023 年，九大重点产业链新签约项目 559 个；全市新开工项目 586 个，完成投资额 434.43 亿元；新投产项目 544 个，完成投资额 571.41 亿元。建立湘商数据库，在全国 40 多个城市建立异地联络站，向 16 家异地岳阳商会颁授"岳阳市湘商回归和返乡创业联络服务站"。高规格召开第三届岳商大会，评选表彰"杰出岳商"40 名，发布"迎老乡、回故乡、建家乡"标志性项目 29 个。组织召开全市"湘商回归"和返乡创业工作推进会，举办各类乡贤乡友活动 200 余场。2023 年，岳阳市新引进"湘商回归"投资项目 256 个，实际到位资金 761.78 亿元。

全市成立乡镇（街道）商会 97 家，覆盖率 74%，2024 年将实现全覆盖，相关工作经验被中央统战部、全国工商联推介。

三、存在的困难与问题

（一）比重增速双回落，困难与挑战并存

从占比来看，2023 年民营经济占全部经济比重为 73.0%，分别比 2022 年和 2021 年回落 3.4 个百分点和 2.2 个百分点。从增速上来看，2023 年民营经济增长 4.5%，分别比 2022 年和 2021 年回落 0.8 个百分点和 3.8 个百分点。岳阳市全年固定资产投资同全省固定资产投资都呈下降态势，其中，岳阳市民间投资同比下降 4.8%，高于固定资产投资增速 2.4 个百分点，占全市固定资产投资比重 66.7%。2019—2022 年，岳阳市民间投资分别增长 14.2%、8.8%、11.3%、18.2%。2023 年受经济下行压力影响，整体市场需求疲软，企业发展面临严峻复杂形势，民营企业抗风险能力较弱等问题逐步显现，大部分民营企业采取缩紧投资等措施应对风险，民营企业投资同比下降 17%，不少民营企业出现投资方向不明、投资意愿不强、投资动力不足等问题，岳阳市民间投资稳增长面临压力和挑战。

（二）要素保障不齐全，发展制约因素偏多

在融资上，由于民营企业发展水平偏低，优质企业不多，加之金融机构贷款审核严，特别是国有大型商业银行申请贷款条件要求高，抵押担保物要求严，大多数小微企业被拒之门外。受三年疫情影响，部分行业有效信贷需求不足，不敢贷款投资生产，授信后提款积极性不高。银行普遍反映贷款已由"需求等资金"转换为"资金等需求"。在人才上，民营企业普遍存在"缺管理人才、缺技术人才、缺营销人才"现象，具有核心竞争力的特色产品少、名优产品少、高附加值产品少，产品科技含量偏低，市场竞争力不强，受岗位需求、劳动薪酬、用工环境等因素制约，造成招工难、求职难现象同时并存，人才引进不足，外流现象也较为普遍。在土地、水电气等要素上，价格偏高问题比较突出，工业用水价达 5.2 元 / 吨、排名全省第二，工业用气价 3.13 元 / 立方米、比长沙高

12.8%，大工业用电到户均价 0.713 元 / 度、高于长沙和湘潭。此外民营经济活跃度不高、县域经济不强等短板突破不大，与省域副中心地位还不完全相称。

（三）产业结构不平衡，创新发展动能不足

岳阳市民营经济涉农比重较高，涉农存续市场主体占 10.79%，比全省平均高 0.77 个百分点；涉农行业实现销售收入占 16.29%，比全省平均高 9.65 个百分点。战略新兴产业比重偏低，岳阳市民营经济中战略新兴产业存续市场主体占 14.33%，比全省平均低 2.26 个百分点；战略新兴产业实现销售收入占 27.02%，比全省平均低 1.1 个百分点。2023 年，岳阳市民营企业共申报出口金额 62.03 亿元，较上年下降 20.05%，外贸依存度仅为 1.41%，比全省平均低 1.38 个百分点。岳阳市民企走出国门，参与国际竞争还有待进一步提高。从全省来看，岳阳市实有外商投资企业（含分支机构）640 户，在全省排第 9 位，落后于长沙、常德等地市。

四、对策与建议

（一）坚持高位推动，打造一流营商环境

学习温州等先进地区模式，将优化营商环境提升为岳阳市"一号改革工程"。推行政务服务增值化改革。全面推行企业开办"一网通办"、全程电子化网办。对行政审批、收费和中介服务项目进行系统梳理，删、减、并、转，实现最优最简设置。协助高校与企业举办最新科研成果发布会和供需对接会。在产业园区探索设立研发、测试等公共服务平台，降低企业研发检测成本。每年发布一次"民营企业 50 强"榜单，评选一批"优秀民营企业、民营企业家"。深化涉案企业合规工作改革，对符合合规改革要求的企业及重点人员，依法从宽处理。畅通涉企案件快立、快诉、快审、快调、快结、快执通道。

（二）加大信贷支持，满足企业融资需求

做大岳阳市普惠金融发展风险补偿基金资金池，建立"白名单"制度。降低企业融资成本，对符合创业担保贷款申请条件的个体工商户提供创业担保贷款，给予最高 3% 贴息，贴息资金由市、县两级财政按比例分担。优化融资服

务模式，引导金融机构继续创新推广"知识产权质押贷""应收账款质押贷""供应链融资贷"等专项金融产品。要加快中小微企业普惠金融发展，持续完善"岳融通"科技金融服务平台、"岳阳金融港"普惠金融信息服务平台服务功能。

（三）壮大实体经济，提升产业竞争实力

做大做强做优现代石化产业，全面打造"油头化身材料尾"全产业链。实施新能源加速变革行动，全力打造中部地区综合能源基地。大力推进现代石化、食品、纺织等产业数字化智能化绿色化转型升级；把培育壮大新兴产业作为主攻方向，大力推进先进装备制造、新能源、电子信息等产业规模化发展；把前瞻布局未来产业作为动力引擎，大力推进人工智能、先进材料等产业创新发展。加快培育一批龙头骨干企业、"独角兽"企业、专精特新"小巨人"企业和"单项冠军"企业。

（四）整合资源要素，提高对外开放水平

用好用足通江达海优势，加快打造服务全省、辐射周边、江海直达的长江航运物流中心。加快"三区一港五口岸"开放平台专业化升级，加快完善海外空水航线、打通中欧货运专线。抓牢抓实外贸企业"破零倍增"工作，持续开展"稳外贸百日攻坚""助力百企稳外贸"双百行动，深入实施外贸主体创新发展"三大行动"，加快中非工贸产业园和科特迪瓦农产品加工厂项目建设，推动外贸进出口态势稳进向好。

（五）突出产业配套，拓展招商引资渠道

围绕岳阳市"1+3+X"现代化产业体系，实施产业链链长招商负责制，分领域分层级组建市县联动机制，深入开展精准招商。加快湘商数据库建设，推动组建长三角、珠三角、京津冀等重点地区重点城市岳阳商会。协助市委、市政府举办长三角地区岳阳招商推介会、长江经济带绿色发展论坛。做实"湘商回归"和"迎老乡、回故乡、建家乡"活动，引导更多岳字号企业回归、资本回流、项目回投、人才回聚、总部回迁。

常德市民营经济发展报告

常德市工商业联合会

2023年是全面贯彻党的二十大精神的开局之年，也是三年新冠疫情防控转段后经济恢复发展的一年。常德市民营经济人士坚持以习近平新时代中国特色社会主义思想为指导，锚定"三高四新"美好蓝图，聚焦高质量发展这个首要任务，全力打好"发展六仗"，全市民营经济向好发展趋势持续稳固，较好地发挥了民营经济是常德市经济社会发展重要力量的应有作用。

一、民营经济发展基本情况

民营经济在推动常德市经济社会发展中发挥着不可替代的作用，是推动常德高质量发展的重要力量。2023年，常德市民营经济呈现"66999"发展格局，即对全市贡献了60%以上的GDP、60%以上的税收、90%以上的新增城镇劳动力就业、90%以上的高新技术企业、90%以上的新增企业数量。

（一）民营经济是常德市场经济的"中流砥柱"

从经济总量看，据统计部门统计，2023年常德市民营经济GDP达2 926.1亿元，贡献了全市GDP总量的66.7%，比2022年增长1.1%。2023年民营经济增加值占全市三次产业的比重分别为99.6%、52.6%、70.3%。从投资情况看，据统计部门统计，常德市2023年固定资产投资下降13.8%；民间投资占比69.6%，上升2.9个百分点。从主体数量看，据市场监管部门统计，截至2023年年底，常德市累计实有各类市场主体52.07万户，其中企业12.68万户；新增市场主体5.59万户，其中企业2.86万户。从实缴税金看，据税务部门统计，2023年常德市实缴税金197.94亿元，其中民营经济实缴税金124.05亿元，占比62.7%。

（二）民营企业是常德扩大就业的"主要阵地"

民营企业体制机制灵活，是最具市场活力的经济细胞，直接或间接创造了大量的工作机会，是稳定和扩大就业的重要支撑。据统计，2023 年，常德市城镇新增就业 5.5 万人，新增农村劳动力转移就业 3.7 万人，其中民营企业提供了 90% 以上的就业岗位，是常德市就业的"主渠道"。

（三）民营企业是常德科技创新的"活力源泉"

党的十八大以来，越来越多的民营企业重视创新研发，技术水平持续提升，创新主力军地位持续巩固，助力常德市创新实力稳步提升。据科技部门统计，截至 2023 年年底，常德市现有 728 家有效高新技术企业，其中 693 家民营企业，民营企业占比超过 95%；常德市已有省级工程（技术）研究中心 35 个，其中 27 个依托民营企业；拥有 2023 年度湖南省省级企业技术中心 32 家，31 家设在民营企业。

（四）民营企业是常德对外开放的"中坚力量"

中国经济发展进入新阶段，面对当前经济形势和国家发展战略，常德市民营企业在注重向内发展的同时，主动"走出去"，积极开拓国际市场，参与全球层面的经济竞争与合作，对激发常德市场主体发展内生动力、增强经济发展活力发挥着重要作用。据海关部门统计，2023 年常德市进出口总额 182.3 亿元，比 2022 年下降 27.9%，其中民营企业进出口总额 123.98 亿元，比 2022 年下降 40.4%，占进出口总额的 68%，民营企业进出口总额占全市进出口比重同比下降 14.3%，全市外贸实绩企业（有进出口业务的企业）292 家，其中民营企业 263 家，占比超过 90%。民营企业进出口总额占全市进出口总额比重下滑较严重，但仍坚守常德市第一大外贸主体的地位，是对外开放的主要力量。

二、民营经济发展中存在的困难及问题

（一）创新能力不足

2023 年常德市民营高新技术企业占比达 95.2%，比 2022 年增加 0.8 个百分

点,虽然常德市民营高新技术企业的数量占比高,增长较快,但仍显后劲不足,高新技术企业含金量不高,以研发费用投入、知识产权、科研人员数量、产业增加值等核心指标来评价科技创新"含金量",质的提升相对缓慢,从体现创新硬实力的高新技术产业增加值来看,据统计部门统计,2023年常德市高新技术产业增加值增长4.4%,比2022年下降6.6个百分点;从发明专利来看,据统计部门统计,常德市2023年授权专利2846件,其中发明专利562件,占湖南省比例分别为3.8%、2.8%,比2022年分别下降1个百分点、1.7个百分点。当前,常德市很多民营企业虽然重视科技创新,积极加大研发投入,但面临的障碍依然不少,一是经济结构单一。常德市民营经济主要集中在技术含量较低的产业,多点支撑、多元发展产业格局尚未形成,且产业融合度低,缺乏有力产业支撑,民营经济发展后劲不够强。二是创新发展研发投入存在障碍。一方面,研发费用投入较大、研发成果转化周期长,很多民营企业不敢投入过多的资金进行技术创新、科技研发,在技术使用上往往以引进技术为主,新产品开发意识不强,导致企业在竞争市场上普遍呈现专业性不强、产品在市场上缺乏竞争力。一方面,受制于民营企业自有资金相对不足、民营经济领域金融服务不够完善等问题,民营企业研发投入资金不足。三是高层次人才招引难。主要表现为:人才招聘"遇冷"。社会舆论认为民营企业工作不体面、就业不稳定、退休待遇低,包括"双一流"高校的毕业生、优秀人才普遍倾向去机关事业单位和国企,到民营企业工作意愿不强或选择外地的民营企业工作。民营企业在职称评审、项目申请、档案管理等方面,相比体制内单位要难得多。新兴产业人才短缺严重,尤其是新技术、新模式、新业态相关人才缺乏。例如,数字化、自动化生产线相关运维人才缺口较大。在高层次人才税收减免、住房和医疗保障、配偶就业、子女教育等方面,民营企业仍然面临一些困难。例如,在分配人才公寓时预留给民营企业的指标偏少,在人才招聘时缺乏竞争力。

(二)发展环境不够优

相较于国有经济,常德市民营经济发展空间有限,受行政和政策制约较大。一是市场准入不公平。民间投资"负面清单"未能得到有效落实,同时地方保护和所有制壁垒未能完全打破,部分行业特别是第三产业开放力度不够大,"玻璃门""弹簧门""旋转门",甚至"无门"等现象仍然存在。二是市场竞争不公平。部分政府部门习惯性以国企为重,并未将扶持和引领民营企业视为工作重点。三是法治环境不够完善。当下部分法律对民营经济发展环境建设推动和保障还不够充分,一些特定产业领域政策体系仍存些许不足,相关配套行政法律规范制度体系还相对比较欠缺,民营企业政策获得感、安全感不强。

(三)融资难题尚存

常德市信贷结构不断优化、金融产品持续创新、利率普惠力度加大、审批流程大力精减,融资难、融资贵、融资慢问题得到了一定程度的改善,但很多民营企业反映银行贷款额度偏低、适用于民营企业的贷款产品少、渠道不宽、抵押担保条件较高、抵押物创新不足、抵押物评估值过低等问题,不仅增加了民营企业融资成本,而且提高了民营企业从银行获取贷款的难度。主要原因有:一是民营企业处于产业链相对弱势地位,议价能力较弱,现金流和利润容易被侵蚀,且普遍存在规模小、散,持续经营能力弱,财务不够规范,缺乏有效抵质押物、信息透明度不高等问题,降低了民营企业融资的可获得性。二是银行信用贷产品额度偏低、抵质押物范围窄、抵押物评估值过低,且出于风险把控和盈利能力考虑等,银行贷款多面向重点行业和重点企业,对民营企业存在惜贷的情形,在一定程度上制约了民营企业的融资渠道和融资效率。

三、促进民营经济发展壮大的建议

(一)加强创新能力培育,积极塑造发展新动能新优势

一是在支持民营企业参与重大科技项目上下功夫。主动对接国家、省发展新质生产力重大发展机遇,在湖南省委、省政府推进"三个高地"标志性工程、构建"4×4"现代化产业体系、重点产业倍增计划、创新平台建设等活动中,多谋划常德重大项目,争取更多资金提升常德民营经济创新能力,实现常德民营经济科技发展与上级重大决策实施同频共振。支持民营企业参与新型基础设施、新能源等领域投资建设和应用创新,支持民营企业数字化转型,推动低成本、模块化智能制造设备和系统的推广应用,加大生产工艺、设备、技术的绿色低碳改造力度,加快发展柔性制造,提升应急扩产转产能力,提升产业链韧

性。二是在支持民营企业产学研一体化上下功夫。培育一批关键行业民营科技领军企业、专精特新中小企业和创新能力强的中小企业特色产业集群，支持民营企业与科研机构合作建立创新平台，开展共性技术联合攻关。三是在创新人才培养和引进机制上下功夫。坚持高端人才、团队人才、技能人才并重，完善人才落地的住房、医疗、子女教育等方面配套服务政策，开辟更多管用、有效的职称申报评审渠道，破解民营企业职称评审的堵点、痛点问题。

（二）持续优化发展环境，支持民营经济发展壮大

一是持续破除市场准入壁垒。全面贯彻市场准入负面清单制度，督促落实"全国一张清单"管理模式；努力畅通民营企业反映问题渠道，建立健全民营企业市场准入壁垒投诉和处理回应机制，完善典型案例归集和通报制度。二是全面落实公平竞争审查制度。持续破除民营经济领域在获取各类生产要素方面存在的障碍，促进要素资源在更大范围内畅通流动，更好保证民营企业依法平等使用生产要素，公平参与市场竞争。三是强化民营经济发展法治保障。依法保护民营企业的自主经营权、知识产权，帮助民营企业提高安全防范能力，健全民营企业法律服务机制，畅通民营企业不规范司法行为反映渠道，维护民营企业和企业家合法权益，切实保障民营企业守法合规经营。

（三）着力破除体制障碍，推动缓解融资难题

一是放宽投资领域。敢于打破"卷帘门""玻璃门"等现象，鼓励民营企业参与国有企业改革，放宽民间投资领域，破除招投标隐形壁垒，推动"非禁即入"普遍落实，为民营企业创造更加广阔的发展舞台。二是加大信贷支持力度。鼓励金融机构增加对民营企业支持力度，提高民营企业的融资便利性和融资成本竞争力，加大对重点项目，创新型、成长型企业的信贷支持力度，真正让资金流向企业急需处、发展重点处。继续鼓励金融机构加大减费让利力度，引导商业银行扩大面向民营企业发展信贷业务，为民营企业量身定制金融产品，加大知识产权等质押融资支持力度，拓宽民营企业融资途径。三是创新信贷支持举措。探索不同类型民营企业贷款差异化监管政策、贷款风险管理模型和评估机制，分类优化不良贷款容忍度，完善贷款人员考核方法，让资金敢于流向民营企业。

张家界市民营经济发展报告

张家界市工商业联合会

2023年是全面贯彻党的二十大精神的开局之年，是新冠疫情防控转段后经济恢复发展的一年。在张家界市委、市政府的坚强领导下，全市上下牢牢把握高质量发展的首要任务，认真贯彻落实中央、省委各项决策部署，面对经济下行压力的挑战，全力打好"发展六仗"，经济运行稳中提质，全市民营经济呈现出"68999"的发展格局，即贡献了60%以上的GDP、80%以上的税收、90%以上的科技型中小企业、90%以上的新增城镇劳动力就业、90%以上的市场主体数量，经济发展态势良好。

一、民营经济发展现状

（一）民营经济总量有所提升

2023年，全年经济总量首次突破600亿元大关，实现地区生产总值613.9亿元，比上年增长4.6%。其中，民营经济增加值402.9亿元，增长4.4%。全市规模以上工业企业营业收入113.7亿元，比上年增长2.6%；工业民营经济增加值增长1.7%，工业民营经济增加值占工业增加值比重78.7%，增长3.7%。

（二）市场主体数量有所增加

截至2023年年底，实有经营主体165 722户，增幅9.31%。实有企业34 904户，增幅9.63%，其中，私营企业31 548户，增幅10%；国有、集体及其控股企业3 092户，增幅15.94%；外商投资企业264户，增幅9.45%。实有个体工商户126 887户，增幅9.45%，农民专业合作社3 931户，增幅2.26%。

（三）三产贡献度有所增大

全市三次产业占地区生产总值比重为 14.4∶11.6∶74.0，第一、二产业增加值比重较 2022 年分别下降 0.4 个百分点、1.2 个百分点，第三产业增加值比重较 2022 年上升 1.6 个百分点。第一、二、三产业对经济增长的贡献率分别为 10.6%、–16.8%、106.2%。

（四）民营固定投资有所下降

全年固定资产投资比上年下降 20.6%。按经济类型看，国有投资增长 11.5%，非国有投资下降 37.9%，民间投资下降 35.4%。分产业看，第一产业投资下降 40.1%，第二产业投资下降 21.2%，第三产业投资下降 19.7%。按登记注册类型看，内资企业下降 18.3%，国有企业增长 19.9%，集体企业下降 80.6%，股份有限公司下降 96.3%，私营企业下降 38.4%，港澳台商投资企业下降 64.0%，外商投资企业下降 76.1%。

（五）科技创新能力有所增强

2023 年张家界市新增新认定省级专精特新中小企业 21 家，同比增长 40%。乾坤生物被认定为省级消费品"三品"标杆企业。久瑞生物、继源科技 2 家企业认定为省级单项冠军企业（产品）。九然生物科技（湖南）有限公司被评为 2023 年数字湖南十大应用场景创建计划。

二、主要工作做法

（一）落实落细民营经济"六个一"

市非公经济领导小组发布了"2022 年度张家界民营企业 10 强"榜单，印发了《关于表彰第一届民营经济高质量发展张家界贡献奖先进集体和先进个人的决定》，其中表彰先进集体 20 家，先进个人 46 家。印发了《2023 年张家界市市级领导联系民营企业家和市工商联所属商协会方案》及《关于进一步健全张家界市政企面对面暨企业家接待日工作机制的通知》，举办政企面对面暨企业家接待日活动 9 期，现场解决及交办解决问题建议 72 个。印发了《常态长效

"送政策解难题优服务"助企纾困行动实施方案》；持续开展省政府《稳增长二十条》和市政府《市级配套政策措施四十条》宣传,通过微信转发、发放宣传册、网站转发等多举措推动"省20条""市40条"进企业,督促15个助企纾困成员单位落实相关优惠政策。

（二）强化金融与税费服务

为2 512家企业降低工伤保险费1 876万元；为76家企业缓缴失业保险费126万元；为3 635家企业降低失业保险费8 382万元。持续落实阶段性税收优惠政策，累计实现减税降费8.05亿元（含留抵退税）。优化增值税、留抵退税等网上办税流程，平均办理时长压缩至1.5个工作日内，全市"非接触式"办税率达93.68%。开展中小企业融资贷款改革。市级"信易贷"平台注册入驻企业94 061家企业，发布金融产品108个，累计发布融资需求2 691笔，累计实现成功授信1 758笔，授信金额27.33亿元。推进金融"暖春行动"，开展走访241次，帮助企业解决融资等问题141个，组织政银企对接7次，签约金额329.82亿元，集中开展政策宣讲6次，印发金融产品手册2 900余册。全市普惠小微企业贷款余额182.32亿元，同比增长25.6%。全市民营企业贷款余额341.73亿元，同比增长11.1%。

（三）优化政务服务环境

以数字赋能为着力点，变"出门办"为"在家办"。抓好"湘易办"建管用，"我的张家界"App已整合张家界市各类生活服务和公共服务事项共220项，"湘易办"张家界旗舰店已累计上线1 114项生活服务应用场景，网上服务能力和网办深度不断提升。以平台建设为关键点，变"多事办"为"一事办"。建设统一的政务服务总入口，一体化平台已汇聚42个部门1 245项服务事项。梳理57家市直单位及19家省级以上单位的政务信息资源目录2 776个，数据汇聚总量4.6亿条，开放接口153个。以制度改革为突破点，变"集中办"为"就近办"。持续开展行政许可事项清单调整，发布行政许可事项清单。实施项目审批便利提速行动，细化优化项目审批流程，开展政务服务事项"三化"提升，提升四级网办深度事项992项，截至目前，共发布行政许可事项实施规范、办事指南2 189项，业务办理项实施清单1 982项，填报率发布率均达到100%，同一事项在本市已基本做到同标准、无差别办理。

（四）维护民企合法权利，推进行政执法"三项制度"全覆盖

修订完善行政执法公示、执法全过程记录、重大执法决定法制审核等配套制度，完成行政处罚"三张清单"，规范执法程序，市场主体均对行政执法反馈满意率达97.9%。加强重点领域监管，畅通知识产权领域信息交换渠道，建立商标恶意注册和非正常专利申请的快速处置联动机制，国家知识产权局在张家界市设立专门窗口，可直接受理商标注册申请、变更、地理标志备案申请等业务；建成并运营湖南省知识产权综合服务（张家界）分中心，设立张家界商标品牌指导站，为企业提供知识产权代办、信息咨询、维权、交易等事务的"一站式"服务。发挥司法行政职能，聚焦激发创新活力与维护公平竞争两大核心诉求、主动回应市场主体司法需求，从信息化诉讼服务、多元解纷、案件繁简分流、市场主体权益保护等九个方面，提出35项工作措施，全面提升立案、审判、执行、办理破产质效。严厉打击违法犯罪。与41家企业建立警企常态联系工作机制，联系企业181家，走访企业445次，解决问题509个，及时为企业排忧解难。

三、存在的主要问题

（一）市场主体发展质量还不够高

全市虽有市场主体165 722户，但是其中企业仅为34 904户，占比21%，数量占比较低。同时，全市新增市场主体数量同比增速不高，与长株潭相比增速差距较大，市场主体退出率还相对较高。全市市场主体进入"三湘民营企业百强榜"还未实现零的突破，全市民营企业后备上市企业还未实现零的突破。

（二）民营企业发展环境还不够好

从全省营商环境来看，张家界市营商环境总体评价还相对靠后。同时，由于地理位置、交通环境等多种要素的制约，张家界市在供水、供电、供气、物流等要素保障上成本还相对较高。由于张家界市民营企业总体呈现出小、散、

弱的特点,抗风险能力不强,金融产品供给和服务还相对有限。

(三)民营企业产业结构还不够优

张家界市三次产业占地区生产总值比重为 14.4∶11.6∶74.0,第三产业占比相对较高,一、二产业占比较低,尤其是第二产业工业占比最低,工业基础还相对薄弱。在招商引资过程中,由于受政策等因素的影响,工业企业、工业项目落地还不多,产业结构调整相对较为困难。

四、下一步工作打算

(一)坚持便捷高效,进一步完善政企交流机制

认真落实市级领导联系商协会制度,持续开展"政企面对面暨企业家接待日"活动,畅通政企沟通渠道,有效化解企业发展"急难愁盼"问题。发挥"三联三畅三化解"常态化联企行动长效机制作用,深入推动"送政策解难题优服务"行动,切实让市场主体"免申即享"惠企政策。用好市政府 12345 热线、"政企通"专席,积极协调解决企业问题。严格落实到企业检查报备批准制度,加强协同监管,减少对企业不必要的打扰,让企业安心生产、放心生产。

(二)坚持便民利民,进一步提升行政服务效能

全面深化"三集中三到位"改革,坚决杜绝"体外循环"。持续提升"一网通办"能力,全面抓好"湘易办"App 建管用。大力精简整合审批环节,实行"审管联动"新模式,压减申请材料,压缩审批时间,提高服务效率。推动项目审批"线上全入驻,线下无审批"。推动重点建设项目及园区产业项目洽谈即服务、签约即供地、开工即配套、竣工即办证,全面提速项目落地。深入推进"互联网+"智慧政务建设,打破"数据壁垒""信息孤岛",推动更多事项"一网通办""全省通办""跨省通办"。

(三)坚持惠企兴企,进一步降低企业各项成本

完善市主城区土地收储机制,特别是在控制征地拆迁成本上,进一步理顺关系,压实属地控制成本责任。积极向湖南省发展改革委等部门汇报对接,尽

快核定大湘西燃气管网的合理管输费,减轻用气负担。加速推进石门—慈利—张家界长输管网连通工程规划建设,尽早实现大湘西管网与湖南省燃气主管网连通,实现与省内管网"同网同价"。建立健全市级金融机构参与"潇湘财银贷"金融产品服务经营竞争择优、动态调整机制,有序扩大"白名单"企业规模,不断提升金融服务实体经济能力。

(四)坚持依法依规,进一步打造规范严格执法环境

坚持公正文明执法与柔性人性执法相结合,大力推行涉企首违不罚、轻违不罚、一般违法行为从轻减轻处罚清单制。以"执转破"为抓手,提高破产受理与结案数量,充分发挥破产办理府院协调机制作用,推动职能部门与外地司法机关支持配合张家界市破产案件办理工作。加大各类执法队伍和新经济领域急需紧缺专业人才的招录、选用、培育与管理,进一步提升执法人员法治思维、业务能力、服务意识、文明素养和信息化技术能力,打造忠诚干净、公正文明、人民满意的执法队伍。

益阳市民营经济发展报告

益阳市工商业联合会

2023年，益阳市坚持以习近平新时代中国特色社会主义思想为指导，深入学习贯彻习近平总书记关于发展民营经济的重要讲话精神，加快民营企业转型升级，益阳民营经济持续健康发展。

一、基本情况

（一）发展态势稳中有进

2023年，益阳市全年实现地区生产总值（GDP）2 136.21亿元，比2022年增长3.4%。其中：第一产业增加值353.53亿元，增长3.5%；第二产业增加值931.25亿元，增长3.4%；第三产业增加值851.43亿元，增长3.2%。人均地区生产总值56 567元，增长4.3%。第一、二、三产业对经济增长的贡献率分别为18.1%、43.8%、38.1%。益阳市民营经济增加值达1 598.79亿元，增长2.8%，占益阳市GDP比重的74.8%。民营经济农林牧渔业增加值376.37亿元，增长3.8%，占比99%。益阳市固定资产投资比2022年增长6.8%。从经济类型看：国有投资下降8.0%，非国有投资增长15.3%，民间投资增长20.1%。益阳市经营主体数量稳中有升，发展至41.78万户，企业占比突破20%。

（二）产业发展扬帆起

深入实施产业发展"千百十"工程，重点培育电子信息、食品加工、装备制造、新材料、新能源五大战略性产业集群，统筹推进碳基材料、电容器、食品加工、先进储能材料、工程机械、线路板、纺织服装、船舶、装配式建筑、生物医药十大产业链；实施打造"都谷极"三年行动，铝电解电容器成功入选国家中小企业特色产业集群、电子电路板获评省先进制造业集群，金博碳素纳入全省创新联合体建设试点，"都谷极"产值增长10%。益阳市电子电路板、电容器、船舶、纺织、竹材、新材料等优势产业年产值分别占湖南省的80%、80%、80%、20%、20%、7%；深入开展"智赋万企"三年行动，出台"稳增长17条"，兑现先进制造业专项奖补资金9 026万元，"上云上平台"企业近5 000家、年产值过十亿元企业12家、过亿元企业58家，培育专精特新"小巨人"企业、制造业单项冠军产品等超过150个，惠同新材成功登陆北交所，华慧能源、华翔科技成功挂牌新三板；加快推进"五好"园区建设，园区亩均税收达到15.5万元、增长26%，桃江经开区升级为省级高新区。

（三）工业经济压舱石

2023年规模以上工业企业实现增加值比上年增长3.3%，新增规工企业152家。全年规模以上工业实现营业收入2 679.3亿元，比上年增长0.8%，实现利润116.2亿元，增长5.8%，工业投资增长17.3%。其中，工业技改投资增长19.5%，居湖南省第2位；生态环境投资增长10.7%。工业对经济增长贡献率35.2%；制造业增加值占GDP比重33.7%，居湖南省第2位；工业税收占全行业税收比重36.8%。

（四）发展动能更加强劲

重点改革不断深化。深入推进"放管服"改革，新增"一件事一次办"事项32项。开放水平不断提升。积极融入长江经济带、洞庭湖生态经济区等国省战略，大力推进东接东融，与长沙对接的29项重点任务取得积极成果，益阳高新区、龙岭产业开发区获批自贸试验区协同联动区，设立岳麓山中药材种业创新中心安化分中心。开展"益企益品、走进中东"等4批次赴境外经贸洽谈，15个国家（地区）客商组团来益考察合作，赫山竹木、沅江纺织入选全省县域外贸特色产业集群试点，沅江游艇"艇"进迪拜湾。科创能力不断增强。新增国家级科技企业孵化器2家、重点实验室1家、省级创新平台52个，培育高新技术企业154家，入库科技型中小企业2 895家。

（五）营商环境持续优化

助企纾困有力有效。深入开展"三送三解三优"行动，2023年共收集企业用工、用钱、用地、用能等问题1 256个，解决率达96.5%；市政府12345便民服务热线设立"政企通"专席，畅通政企沟通交流和维权渠道。惠企服务落地有效。"无证明城市"建设成效明显，政务服务行政效能、"湘易办"推广、企业开办全程网办率均居全省前列；创新推出惠企政策直通车、主动提醒服务等一系列特色做法，惠企帮扶力度进一步加大，全年新增减税降费及退税缓费超22亿元。亲清政商关系进一步构建。发布政商交往正负面清单，首次设立企业家日，首次聘任招商顾问，重商爱企氛围进一步浓厚。执法监管彰显温度。全面推行市场监管领域柔性执法"四张清单"，对轻微违法行为首违不罚，2023年益阳市系统办理柔性执法案件1 202件，有效提升执法监管"温度"。益阳市综合金融服务平台上线运行，各项贷款余额增长13.8%，存贷比提升2个百分点。法治保障接续完善。开展涉案企业合规第三方监督评估工作。积极履行益阳市涉案企业合规第三方监督评估机制管理委员会成员单位及管委会办公室职能，通过涉案企业合规第三方监督评估工作对涉案企业进行合规整改，绿岛物业有限公司、湖南诺亚水陆联运有限公司被检察机关依法作出不起诉决定，促进了民营企业合法合规经营，维护了民营企业合法权益。

二、主要问题

（一）发展信心不足，多持观望态度

当前民营企业发展面临的最大难题仍是信心不足。一方面，民营企业无法做到"放心投资"。实体企业经过三年新冠疫情冲击，普遍处于发展低谷，虽然旅游、消费等行业已经率先释放了强烈复苏信号，但全行业恢复仍旧缓慢。特别是在市场不稳的环境下，民间投资下滑明显，中小民营企业风险承受能力差，保守起见大多选择"躺平"不投资或少投资。另一方面，民众无法做到"放心消费"。近几年来，从中央到省市，各级政府一直强调促进内需，增加消费，虽然取得了很大成绩，但大多数民众仍感到"不放心"，实行"有节制，有计划，有分寸"的消费，有效消费显得后劲乏力，对经济总体增长的推动力有限。

社会消费不足、市场不振进一步给民营企业发展带来了较大压力。

（二）科技创新能力不足，总体实力不强

与省内先进地区相比，益阳市民营企业规模普遍小、科技实力不强。主观方面来看，部分民营企业家存在"小富即安"和"急功近利"的思想，缺乏做强做大的内生动力和创新转型的紧迫感。客观方面来看，益阳市制造业企业大部分处于产业链中下游，与高校、科研院所合作偏少，技术创新方面投入不足，科技水平普遍不高，对高端产品的前瞻性布局、研发方向、新技术、新工艺等把握不准，导致产品更新迭代慢、科技含量低。且多家工程机械、电子信息产业企业均从事原材料加工、出品中间产品，接触终端客户群较少，产品议价能力弱，利润空间小，在同类产品中竞争优势不明显，实力偏弱。

（三）高层次人才引进难，流失率较高

益阳市中小企业存在"家族式"企业经营管理方式，注重招聘一线员工，对科研、管理人才引进不太重视，本地职业和技工院校毕业生输送本地企业较少，外地返乡工作人才不多、意愿不强。企业人才培训平台偏少，技术人才培育不够，新引进人才尤其是年轻员工流失率高。目前益阳市虽然已经制定了很多引才育才的优惠政策，但国家级（省级）领军人才、"高精尖缺"、职业经理人等高层次人才引进难、留住难的问题仍然存在。

（四）服务意识薄弱，为企纾困成效不明显

2023年以来，市、县两级领导对民企服务工作形成了高度的统一，通过开展"营商环境提升年"专项行动，营商环境也不断优化。但长期与企业打交道的业务部门仍然存在门易进、脸好看、事难办的情况。有的是区县级部门或科长就能解决的问题，要找到区县委一把手甚至找到市委一把手才能得到解决；有的反映个别部门对民营企业的执法检查和处罚频繁，严重影响了企业正常生产经营。

三、对策建议

（一）提振企业发展信心

大力宣传习近平总书记关于促进民营经济发展的重要论述，持续跟踪中央

"民营经济31条"、省"民营经济30条"、市"稳增长17条"等系列助企纾困政策措施的落实。加强中央和省、市支持民营经济发展壮大政策的宣讲及各类涉企政策的全面、及时、精准解读,将惠企政策纳入企业家培训、调研走访、招商活动的重要内容,推动政策宣讲进商会、进园区、进企业,引导民营企业家正确认识和把握经济形势预期。

(二)着力推动民营企业改革创新

一是支持民营企业转型升级。鼓励民营企业因地制宜、聚焦主业,依托自身的多重优势,加快转型升级、培育壮大新兴产业、谋划布局未来产业,勇于推动技术、业态、管理、制度等各方面创新,争当发展新质生产力的主力军。坚持"引进来"和"走出去"相结合,用好"一带一路"、自贸区、中非经贸博览会等开放平台,支持民营企业拓展发展空间。二是支持民营企业科技创新。加大对民营企业科技创新的投入,充分发挥创新主体作用,鼓励民营企业在产品、工艺、技术等方面开拓创新,不断提升自身竞争力。持续加大专精特新中小企业的培育力度,进一步完善创新型中小企业、专精特新中小企业、专精特新"小巨人"企业梯度培育库,通过企业动员、精准辅导和能力提升等,多渠道支持专精特新中小企业的技术创新、企业发展。

(三)着力强化人才举措

充分用好人才新政25条等现有人才政策,鼓励和引导各县市区针对细分特色优势领域出台政策,形成引才政策叠加效应,持续优化引才留才环境,引导企业加强校企合作,倡导"柔性用才",推动科技成果转化,打造吸引人才的"强磁场"。开展"人才引进院校行""人才企业行"活动,组织市内优势民营企业组团赴省内外高校开展引才活动,了解企业人才需求,匹配与高校毕业生专业相符的岗位。进一步开展有针对性的职业技能培训,帮助企业稳岗扩岗,推动解决"招工难"与"就业难"结构性矛盾。

(四)着力加强筹融资服务

搭建政银企沟通桥梁,及时组织开展政银企项目对接合作活动,鼓励和引导金融机构开发个性化、差异化的金融产品和服务,鼓励金融机构依托产业链核心企业开展产业链金融业务，创新丰富供应链融资产品和服务模式。支持产业链核心企业和配套小微企业融资，加强"银税互动"，适当增加信用贷款额度，延长贷款期限，对纳税信用良好的守信小微企业及时发放免抵押、免担保的信用贷款。

（五）着力推动招商引资

一是探索市场化招商引资。与粤港澳、京津冀、长三角等重点区域益阳商会开展市场化合作，从政府招商向政府采购招商服务转变，努力形成多方面参与、多领域互动、多角度发力的招商格局。二是实现精准招商。充分发挥益阳交通区位优越、产业基础较好、能源供用充足等比较优势，结合益阳五大千亿级产业及资阳PCB、赫山电容器、南县医疗器械、沅江船舶制造、安化黑茶等"一县一链"，着力引进一批产业链上下游、供应链各环节的成长性项目，推动产业链式集群发展。三是着重关注重点人群和重点企业。针对回归意愿强烈以及与益阳市产业发展密切相关的民营企业，建立常态化联系沟通机制，精准掌握重点湘商的动态信息，做到上下连通、数据共享，实现"按图索骥"精准招商。

（六）着力优化民营企业服务

一是进一步增强服务意识。全面落实"营商环境提升年"行动的各项举措，切实帮助民营企业解决实际困难和问题。树牢"企业带着资金来，剩下的事情由我办"的服务意识，对民营企业实行全周期、精准化的暖心服务，持续构建亲清新型政商关系，真正做到"有求必应、无事不扰"。二是全面加强队伍建设。有步骤有计划地开展能力素质的学习培训，加大培养交流工作，畅通"入口"和"出口"，提升干部的业务能力和服务水平，激发干事创业的活力。三是畅通各职能部门协作机制。加强各职能部门之间的联动配合，共同构建日常联系企业、联合调研、联合普法和民主监督等协作机制。

郴州市民营经济发展报告

郴州市工商业联合会

一、郴州市民营经济发展现状

2023年，郴州市深入学习习近平新时代中国特色社会主义思想，认真贯彻习近平总书记关于做好新时代党的统一战线工作重要思想和关于促进非公有制经济健康发展重要论述，全面落实中央、省、市关于促进非公有制经济发展的政策措施，持续推动全市民营经济发展壮大，全市非公有制经济呈现"经济指标稳步回升、主导产业有力推进、创新动能持续释放"的发展态势，为锚定"三高四新"美好蓝图，深入推进"六大新行动"、全面彰显"七个新担当"，加快郴州高质量发展作出了积极贡献。

截至2023年年底，郴州市GDP 31 105 800万元，比2022年增长5%，其中，民营经济实现增加值23 238 800万元，比2022年增长4.9%，占GDP比重74.7%。全年民营经济增加值中第一产业3 236 600万元、第二产业9 770 800万元、第三产业10 231 400万元，增速同比分别为3.8%、6.6%、3.7%。民营企业纳税1 506 300万元，增长2.9%，占郴州市税收比重65.1%；民间投资完成14 017 900万元，同比增长20.3%，占郴州市固定资产投资比重73.4%；民营企业进出口总额3 906 000万元，占全市进出口总额比重87.9%。

郴州市实有各类市场主体37.89万户，同比增加8.9%，其中，民营企业规模以上工业企业1 241家，增长4.6%。高新技术民营企业总数608家，比上年增长24.08%。科技型中小企业入库2 149家，同比增长135.64%，超过省定目标949家，排名全省第三。全市共有省级"小巨人"企业145家，国家级"小巨人"企业14家，国家重点"小巨人"企业6家，湖南省创新型中小企业142家。其中，湖南省专精特新"小巨人"企业新增63家，湖南省创新型中小企业新增114家。金煌实业等6家民企入选"2023三湘民企百强榜"，入选企业数排名全省第三。长隆环保等5家民企获评第二届"新湖南贡献奖"先进集体，何益荣等6名民营企业家获评"第二届新湖南贡献奖"先进个人。郴州民营经济发展呈现出"67999"的发展格局（即为全市贡献了65%以上的税收、70%以上的GDP、90%以上的新增城镇劳动力就业、90%以上的高新技术企业、90%以上的市场主体）。

（一）加强思想政治引领

深入学习贯彻习近平新时代中国特色社会主义思想和党的二十大精神，推进"党的二十大精神十进十联十讲主题宣讲活动"，1 700余名党建指导员进企业宣讲党的二十大精神。深入学习《中共中央 国务院关于促进民营经济发展壮大的意见》，在民营企业家中广泛开展主题热议活动，引导鼓励民营企业主动担当抓发展，走专精特新之路。深入开展"我心向党·忠诚为国"、"守法诚信经营、坚定发展信心"、"同心大讲堂"、"郴商讲堂"、"小巨人"企业培育、科技创新等主题培训活动20余场次，共培训民营企业代表人士1 400余人次。组织近80名民营企业家赴厦门大学、中南大学、珠海开展理想信念教育暨能力素质提升专题培训。加强商协会党的建设，选派21名党建指导员，指导27家商协会党组织开展"一月一课一片一实践"活动，引导民营经济人士深刻领悟"两个确立"的决定性意义，增强"四个意识"、坚定"四个自信"、做到"两个维护"，始终听党话、感党恩、跟党走。

（二）抓实"六个一"工作

发挥"一榜"效应，持续发挥第一届"郴州民营企业30强榜"入榜企业的示范带动作用，激发全市民营企业正确认识宏观经济形势和面临的困难，进一步坚定加快发展的信心和决心；突出"一奖"作用评选第一届"新郴州贡献奖"先进集体和先进个人，引导民营企业在项目建设、产业链发展、创业就业、技术创新、国家税收、社会公益等方面争做贡献；强化"一中心"功能，市民营企业服务中心通过郴州市"政企通"联动工作机制处理营商环境类案件1 026件，回访办结满意率100%。目前郴州我市市县两级已全部设立民营企业服务中心，实现了全覆盖；抓实"一册"服务，将编制和对外发布《郴州市惠企政策汇编》纳入"一件事一次办"，更新编制《汇编》2023年版，动态更新税收、降本增效、资金奖补等方面政策内容，开展惠企政策宣传200余场，印刷发放《汇编》1 000本，精准对接企业110余家；提升"一办"工作，进一步完善郴州市营商环境考核方案，配合省里开展营商环境评价，推动营商环境实现县市区、园区和部门评价考核全覆盖；用好"一平台"机制，组织海德威、高鑫材料等15家企业单位申报2023年度省级工程技术研究中心。

（三）培优做强民营企业

召开全市推进民营经济高质量发展大会，印发《关于支持民营经济健康发展高质量发展若干措施》《郴州市民营经济高质量发展推进年活动方案》《郴州市民营企业培优做强行动方案》，出台《郴州市以降成本为核心的优化营商环境若干措施》。邀请省地方金融监管局、上交所和北交所专家领导来郴开展多轮企业上市辅导调研，走访企业100余家次。组织开展"金芙蓉"企业上市高级研修班等各类资本市场培训共10余场次、200余人次。先后引进了科力远、威领股份2家上市公司，郴州市上市公司数量达到5家。晶讯光电申报深交所主板上市材料获受理。推荐郴州市24家企业申报2023年湖南省中小企业发展专项资金。建立环境权益质押奖补机制，设立制造业重点项目库、绿色项目、科技型企业项目库，预算安排50万元对绿色贷款进行奖补引导，普惠型小微企业贷款余额386.85亿元，较年初增长24.07%。推进金融惠企行动，与全市17家金融机构全面开展金融战略合作，举办"凝心聚力助发展金融赋能创未来"银企对接会暨融资集中签约，共计29.71亿元。

（四）提升招商引资实效

完善各类郴商信息，建立郴籍企业家、郴籍人才库等信息及返乡投资项目等数据库，在异地商会成立"湘商回归返乡创业"联络服务站，大力实施"双招双引"工作，推动形成"郴商回归"热潮，全市工商联系统招商引资项目

51个，投资总额372亿元，其中重大项目44个。目前已经开工项目42个，开工率82.35%。举办2023年郴商大会，现场签约项目15个，总投资339.1亿元。助力第二届湖南旅游发展大会，支持引导广大民营企业参与重大文旅项目建设和运营，全市28个旅发大会重点观摩项目，民营企业主体投资占70%以上，引导商协会及会员企业捐款捐物1 269.22万元。

（五）优化发展营商环境

持续打造"身在郴州、办事无忧"营商环境品牌，推行"1+N"工作机制，与纪委监察、工信等职能部门建立沟通联系机制。健全政企沟通交流平台，持续开展"林邑茶话·企业家沙龙""早餐会""企业家日"活动。推行"两员"服务机制，帮助企业（项目）解决资金、用工用地等问题。12345热线"政企通"受理营商环境投诉件2 000余件，满意率达98%。深化"四下基层"和"走找想促"活动，累计走访商协会、企业100余次，召开座谈研讨40余次，个别访谈200余次，听取意见建议80余条，帮助企业解决困难问题120余个。开展法律进企业、进商会活动20余次，法律讲座和税法宣讲活动4场次，培训企业家300余人。组织开展涉案企业合规第三方监督评估，指导5家企业完成合规整改，稳定民生就业1125人。

二、主要问题

（一）企业发展信心不足

受外部经济环境和新冠疫情冲击的影响，尽管新冠疫情已过，部分民营企业家仍然觉得投资风险较大，收益预期不强，加之缺乏开阔视野、长远规划和战略眼光，看不清发展形势、找不准投资方向，对投资持保守态度，不敢新增或扩大投资。

（二）服务民企还不尽如人意

服务民营企业的职能比较分散，惠企政策的落实不够及时，企业生产经营的要素成本比较高，获得感不强，尤其部分职能部门重复检查，多头检查、随意检查的现象比较严重。

（三）政商关系需进一步规范

随着反腐败斗争的深入推进，尤其涉郴腐败案的查处，一些民营企业家涉案，严重破坏了亲清政商关系，部分领导干部也因此心存顾虑，怕跟企业家交往，不敢与企业家交朋友，干脆"多一事不如少一事"，缺乏为企业服务的担当精神。

四、工作建议

（一）抓好引领，促民营经济健康发展

深入学习宣传贯彻习近平总书记关于民营经济发展的重要论述、党的二十大精神和中央经济工作会议精神，认真落实湖南省委、郴州市委经济工作会议和市委六届七次全会决策部署，引导民营经济人士忠诚捍卫"两个确立"、坚决做到"两个维护"，唱响"光明论"、绘好"同心圆"、开创新局面。聚焦市场关注和企业需求，依托"同心大讲堂"、国内高校等平台，开展各类专题培训，引导民营企业家深化理想信念、政策理论、市场知识学习教育，不断提升企业适应经济形势、把握发展方向、优化管理的能力和水平，消除焦虑、提振信心，顺势而为、乘势而上。

（二）抓实提升，促民营企业培优做强

围绕"1221"现代化产业体系，引导民营企业加大产品结构调整力度，加快新产品研发步伐，集中精力做好企业、产业、产业链、产业生态，不断增强企业的抗风险能力、核心竞争力与科技创新能力，发展新质生产力。按照优势互补、资源共享的原则，依托产业链有针对性地对优势企业的资源进行整合，实现强强联合，做大做强一批非公有制企业。鼓励企业积极申报创新型中小企业、专精特新中小企业、"小巨人"企业，对申报成功的企业给予资金支持。加大企业上市培育和支持力度，加快推进企业上市"金芙蓉"跃升行动。

（三）抓优活动，促郴商彰显担当作为

深入落实郴州市委六届七次全会精神，引导民营企业深度融入深入推进"六大新行动"、全面彰显"七个新担当"，进一步抓实民营经济"六个一"工作，

开展第二届"民营企业30强榜"评选活动，弘扬郴商精神，树立行业标杆。做好郴商大会、湘商回归座谈会、"沪洽周"招商推介会、欧洽周等省市重大招商活动，积极主动"走出去"与"请进来"，依托异地商协会推动更多郴商回郴投资。加强民营企业先进典型的宣传推介，做好优秀青商的代际传承工作，营造非公经济人士健康成长的良好社会氛围。

（四）抓强服务，促一流营商环境打造

进一步发挥民营企业服务中心作用，明确职能定位，完善受理、办理、督办机制，搭建党委政府与民营企业沟通新平台、便企服务新通道，提升"企业敢干"的营商环境。落实好以降成本为核心的优化营商环境39条，调整完善市级领导联系服务商协会制度，更好促进民营经济发展壮大。全面落实"企业无扰日"制度，统筹入企执法、检查、调研、参观等需求，严格控制入企频次，坚决杜绝多头检查、重复检查、频繁检查等突出问题，真正做到"有求必应、无事不扰"。深刻汲取易鹏飞案教训，引导民营企业尊重市场规律，增强法规意识，弘扬新时代企业家精神，大力推进"清廉民企"建设，全面构建亲清政商关系。

永州市民营经济发展报告

永州市工商业联合会

2023年是全面贯彻党的二十大精神的开局之年，永州市委、市政府坚持以习近平新时代中国特色社会主义思想为指导，深入学习贯彻党的二十大精神和习近平总书记关于湖南工作的重要讲话重要指示批示精神，锚定"三高四新"美好蓝图，谋划实施一批新的重大改革举措，打好"发展六仗"，把握"六大战略支点"，顶住压力、克服困难，全力以赴激发民营经济发展活力和内生动力，推动民营经济驶入高质量发展的"快车道"。

一、民营经济发展现状

（一）民营经济发展质效稳中有进

2023年全市民营经济增加值1811.36亿元，同比增长3.0%，低于全市GDP增速1.2个百分点，占全市GDP比重为72.6%（见图1）。截至2023年年底，全市实有民营经济市场主体42.53万户，同比增长8.3%，占全部市场主体比重98.2%，其中民营企业8.61万户，同比增长34.3%。全市民营企业入库税收141.09亿元，同比增长10.3%，占全部税收比重78.1%；民间投资同比增长-0.3%，高于全部投资增速5.6个百分点，占全部投资比重70%；民营企业进出口417亿元，同比增长14.3%，占全部外贸总值95.6%。

（二）区域先进制造业高地建设取得新成效

全年新增规模工业企业156家，均为民营企业，排同类市州第1位；规模工业增加值增长2.5%，工业经济恢复向好的基础持续筑牢。新培育创新型中小

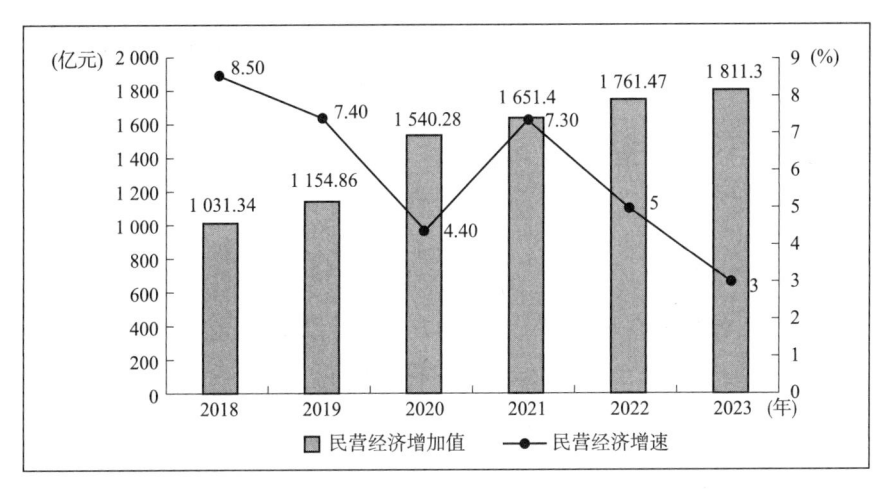

图 1　2018—2023 年永州民营经济增加值、民营经济增速

企业 294 家，省级专精特新企业 105 家、省级制造业单项冠军 6 家，国家级专精特新"小巨人"企业 3 家，民营企业占比超 96%。全力推进民营企业数智转型，全年 9 064 家企业"上云"、1 171 家企业"上平台"，新增省"上云上平台"标杆企业 3 家、两化融合管理体系贯标获证企业 10 家，打造智能制造企业 40 家、智能制造产线 61 条、智能工位 415 个。温氏畜牧、天宇建设跻身"2023 年三湘民营企业百强榜"，丰辉电机、贵得科技等 24 家企业创建省级技术创新中心，新金浩茶油、东骏纺织、金箭新材料 3 家民营企业被认定为"三品"标杆企业，科力尔电机、永靓中药成功创建国家绿色工厂，昊利新材料、锦络电子等 6 家民营企业创建省级绿色工厂。

（三）优势产业体系培育打开新局面

构建产业集群培育梯度发展体系，新培育省级产业集群及培育对象 5 个，总数排全省第 2 位，其中，祁阳轻纺制鞋—纺织产业集群、蓝山轻工轻纺—皮具玩具产业集群、江华智能小家电电机产业集群新晋为省级产业集群，永州特优中药材植物提取产业集群、宁远锂电材料产业集群新入选省级产业集群培育对象。工业投资挺进全省第一方阵，全市工业固定资产投资增长 22.3%，排全省第 2 位；列入省级产业发展"万千百"重点项目 5 个，累计完成投资 76.66 亿元。十大产业项目完成投资 110.96 亿元，新引进投资 5 000 万元以上项目 387 个。

湖南稀土新材料产业园、科力尔智能制造产业园开工建设，鲁丽绿色新材料科技产业园、东安特种制造基地一期建成并已试投产。

（四）科技创新高地建设取得新突破

净增高新技术企业72家，总数达582家，民营企业占比98.3%；科技型中小企业入库2 011家，民营企业占比98%。完成技术合同登记2 537项，技术合同交易额177.66亿元，同比增长97.7%。十大科技创新项目完成突破了10项关键核心技术，申请专利45件，授权专利16件，获批省级以上科技项目103项，新增省以上科创平台53家（其中国家级2家，省级51家）。全市共有91家企业与58所高校及科研单位实施了118项产学研合作项目，首次组建木本油料国家重点实验室永州分支机构，成立首家省级外国专家工作站，全省首个在建县级算力中心落户宁远，获批"国家级引才引智示范基地"，"科技要素市场工作站、科技型企业知识信用价值贷款风险补偿、创新创业孵化平台"实现县市区全覆盖。

（五）改革开放高地建设再创新佳绩

坚持高水平"走出去"，新增外贸实绩企业42家，全年蔬菜出口117.13亿元，占同期湖南省蔬菜出口的93.53%，货值和总量分别居全国地级市第1位、第3位。开通湘粤非铁海联运果秀专列，实现了永州—蛇口港班列的常态化运营。永州陆港跨境电商交易中心投入运营，永州（蓝山）皮具箱包跨境电商产业带被认定为省级跨境电商产业带，全市新增开展跨境电商业务企业16家。新增境外投资企业9家，新增对外实际投资额1 691万美元，同比增长85.62%。坚持高质量"引进来"，52家市县级异地永州商会全部挂牌成立湘商回归和返乡创业联络站，全年新注册湘商项目123个，全省排第2位，湘商投资累计到位资金532亿元，全省排第3位。引进投资10亿元以上项目34个，三类"500强"项目33个，实际利用外资4 063万美元。

二、民营经济面临的困难和问题

（一）民营经济整体实力较弱，经营状况不容乐观

由于永州仍处于经济欠发达地区，民营企业总量规模偏小，缺乏带动性强的龙头企业。在全市"四上"企业中大型企业不多，中小企业规模普遍偏小，平均水平也普遍偏低，在"四下"企业中，"家族式管理"和"小作坊"模式还较为普遍，抵御市场风险的能力较弱。在经济下行压力叠加外部环境恶化的挑战下，民营企业生产经营普遍困难，全市规模工业企业营业收入1741.04亿元，下降1.0%；实现利润总额82.17亿元，下降14.4%，其中亏损企业亏损额4.44亿元，增长26.2%，亏损面9.6%，比2022年增长7.1个百分点。

（二）企业预期偏弱，复苏进程不及预期

根据每季度开展的民营企业调查点情况看，民营企业的发展信心偏弱。42%的企业反映最大的担忧和烦恼是国内经济承压，市场需求不足。40.3%的企业认为2024年一季度公司经营水平仅能恢复到新冠疫情前的30%及以下，38.3%的企业认为生产经营需要一年以上恢复到疫情前的平均水平。从固定投资情况看，全年固定资产投资同比下降5.9%，其中，民生投资下降33.5%，生态投资下降4.3%，基础设施投资下降29.2%，工业技改投资下降19.2%。全年施工项目个数同比下降30.4%。其中，新开工项目下降39.9%，本年投产项目个数下降48.6%。

（三）产品科技含量低、产业基础薄弱

终端产品呈现"缺芯""少核""弱基"状态，一些关键"卡脖子"技术还没有突破，部分关键基础材料、零部件缺失，很难形成有市场竞争力的高端产品。新兴技术产业化能力以及产业链管控能力弱，知识密集型企业和高新技术企业所占比重太小，要素保障服务能力建设相对滞后，多元化中介服务体系尚未建成。产业分散、基础弱、配套能力差，产业链上下游、产业链内循环和产业链之间互动严重不够，产业空间布局碎片化，融合整合能力不强，产业分

布不集中、企业规模偏小、很难集聚发展，品牌价值培育力度不够。

（四）中小企业面临较大的融资难困境

在对全市部分银行、金融主管部门、担保公司、非银行类金融机构、454家中小企业调研中发现，全市银行业中小微企业贷款余额占全部贷款余额比例仅为37%，有72.7%的企业有融资需求，却只有29.7%的企业在过去两年中获得了融资，其中70.5%来自银行。有36.7%的企业家反映贷款难，没有享受到国家优惠信贷政策的光辉。各大商业银行线上产品虽然简单快捷，却额度过小不能满足企业需要；线下贷款流程复杂，超过半数的银行平均一笔贷款审批通过需要7天以上，如果加上贷前收集资料和调查审核最少要1个多月，最长超过3个月，这与中小企业周期短、频率高、额度小的融资需求严重不对称。有29.8%存在民间借贷、网络借贷行为，高达12%~30%的综合融资成本也往往成为压垮中小企业的最后一根稻草。

（五）营商环境优化还存在短板

短板主要体现在四个方面：一是执法不规范。不亮证执法、以罚代管、只罚不管的现象较为突出，在民营企业调查中发现，有32.1%的企业反映多头检查、重复检查、干扰正常生产经营；有28.3%的企业反映自由裁量权过大、执法随意性强。二是法治保障不完善。法院普遍反映案多人少，立案难、执行难问题较为突出；"少捕慎诉慎押"落实难，基层检察院存在"不捕不立案"现象，有的超范围查封、扣押、冻结等。三是民营企业账款拖欠严重。受访调研的中小企业中，约40%被拖欠账款，政府部门、大型国企和医院等事业单位均存在拖欠情况，有债务压力、财政困难、领导变换等各种理由，有不签合同、不开发票、不验收、不审计或者不结算等各种方式。四是"放管服"效能有待提升。部门间一些业务系统数据暂未互联互通，影响"一网通办"效率，部分审批窗口授权不够充分，企业既要线下办理又要线上推送，企业来回跑，"门好进、脸好看、事还是难办"现象凸显。

三、支持民营经济高质量发展的对策建议

（一）加快优质企业和特色产业培育

大力实施优质企业培育工程，加快健全"创新型中小企业—专精特新中小企业—专精特新'小巨人'企业—制造业单项冠军企业—产业链领航企业"的优质企业梯度培育体系，推进"链主、链长、链生态"紧密结合。聚焦园区"主特"产业定位，突出特色发展，加快编制产业集群"一图四库一清单"，构建集群产业生态，实施产业集群梯度培育工程，做大做强省级产业集群，差异化培育市级产业集群，将祁阳、江华打造为县域先进制造业高质量发展示范区。

（二）推动科技创新为产业发展蓄势赋能

加速融通产学研，统筹整合本地高校、科研院所创新资源，大力推进关键核心技术攻关和绿色制造，把深入开展"智赋万企"行动作为推动企业"智改数转"的主抓手，赋能传统产业转型升级，加速"数实融合"。大力实施科技创新主体培育工程，优化"微成长、小升高、高变强"的梯次培育机制，推进高新技术企业与规上工业企业双向转化。高标准布局培育建设一批市级创新平台，支持有条件的企业联合高校和科研院所创建省级工程技术研究中心、中试基地、众创空间、科技企业孵化器、新型研发机构等具有地方特色的关键核心技术和创新平台，为新能源新材料、生物医药、农产品精深加工等产业链发展提供平台支撑。

（三）返乡创业赋能县域经济提档升级

以农村创业创新园区及孵化实训基地建设为抓手，进一步加强农村双创平台建设，培育农村双创主体。加强调度调研编制一批项目储备，为返乡创业找到投资项目。鼓励返乡创业人员充分利用地方优势资源，精准对接市场需求，科学规划实施种养业项目，建设种植基地、合理布局发展养殖场，大力发展优质蔬菜、水果、药材等特色产业。鼓励和支持有发展思路、有经济实力、有发展愿望的返乡创业人员创办领办家庭农场、农民合作社、农业企业、社会化服务组织等新型经营主体，提高行业组织化、集约化程度，增强抗风险能力和市

场竞争能力。

（四）着力破解中小企业融资难题

加大中小微企业贷款业务考核权重，鼓励一线信贷人员主动走进企业，了解需求，提高信贷工作效率。出台细则、加大典型宣传推动银行尽职免责和容错纠错机制落地落实，切实减少基层组织和一线员工服务中小微企业的顾虑和压力，变"拒贷""惧贷"为"愿贷""敢贷"。金融主管、监管部门要加大对一线信贷人员的业务培训，提升服务小微企业的能力和素质，适当提高基层一线信贷相关待遇。通过政府购买服务委托第三方专业机构，引导、帮助中小企业尽快建立起适应市场经济要求的现代化管理制度，完善法人治理结构、规范财务报表、增强诚信观念，构建"相互依存、融合共进、合作共赢"的新型银企关系。

（五）聚力打造法制化便利化营商环境

强化行政执法公示、执法过程全记录、重大执法决定法治审核"三项制度"，做好行政执法的监督检查和跟踪评估。改进和创新执法方式，整治不作为乱作为、不文明不透明等问题，严厉打击逐利执法，取消职能部门行政罚款指标。抓好涉案企业合规改革工作，积极探索适合小微企业的简式合规模式，在保证合规计划制订、实施、验收评估等基本环节的同时，简化合规审查、评估、监管等程序，降低小微企业合规成本。把"新官理旧账"作为考核干部的一项重要内容，建立清理拖欠账款长效机制，督促全市党员干部树立一任接着一任干的正确政绩观。加快推进数字政务建设，建设永州市"大数据"枢纽，实现政务数据汇聚、治理、使用等数据全生命周期的规范化管理，全面破除数据壁垒，促进网络互联互通、数据按需共享和业务高效协同，引领驱动政府数字化、智能化转型。

怀化市民营经济发展报告

怀化市工商业联合会

一、怀化市民营经济发展现状

（一）民营企业总量持续增长

2023年，全市民营经济增加值1 316.59亿元，比2022年增长6.1%，增速高于全市GDP增速0.5个百分点，增加值占全市GDP比重67.6%；全年民间投资同比增长17.9%，高于全部投资增速10.3个百分点，占全部投资比重64.3%；民营经济市场主体入库税收90.41亿元，占全市税收比重63.96%，比2022年同期占比提高7.61个百分点；全市实有民营经营主体37.98万户，同比增长10.40%，占经营主体总量的98.07%；认定备案高新技术企业总量达到524家，增幅13.91%；登记入库科技型中小企业达到1 431家，增幅86.33%。签约"湘商回归"项目230个，总投资791.54亿元。

（二）民营经济发展质量不断提升

成功举办首届湖南（怀化）RCEP经贸博览会，同步举行西部陆海新通道助推RCEP经贸合作论坛、第三届怀商大会暨怀化市"湘商回归"恳谈会等活动，吸引泰国、老挝等14个RCEP成员国企业和国内中国供销集团、中国电力等600余家知名企业参展参会，签约项目113个、投资总额750亿元；全力筹备办好第十一届全球湘商大会，借助庆典活动等活动或招商推介会大力开展招商活动，利用5月4—6日的首届湖南（怀化）RCEP经贸博览会、第三届怀商大会暨怀化市"湘商回归"恳谈会，7月5日的"粤企怀化行"招商推介会、

8月22日"浙商怀化行"招商推介会等大力开展招商活动；全省"万企兴万村"活动现场会在溆浦召开，湖南省委常委、省委统战部部长隋忠诚出席会议，全市共有494家民营企业、商协会参与"兴村"项目522个，实施"兴村"总数522个，经营类项目投入55.6亿元，公益捐赠类项目投入3 217万元，提高村集体经济收入6 756.5万元。

（三）营商环境不断优化

一方面，提供有力政策支持。持续开展常态长效"送政策解难题优服务"助企纾困行动。按照全省优化发展环境持久仗助企纾困的总体部署，全市各级各部门秉着企业诉求"即来即办、应办快办"的原则，全年共为企业解决"三项清单"问题10余万件，促进企业高质量发展。湖南省优化办交办"新官理旧账"问题线索61个，已解决58个，正在解决2个，短期内无法解决1个，企业满意度98.36%。"码上监督马上办"平台受理企业诉求1 443件，办结1 427件，移送怀化市纪委监委办理难度较大的企业诉求4批16件，现已全部办结。在全省率先打造数字化惠企服务平台，即"怀化营商通"微信公众号，推进涉企政策"智能匹配、精准秒推、直达快享"，实现了由"企业找政策"到"政策找企业"的转变。平台开通以来，共归集国家、省、市、县涉企政策3 200余条，受理企业咨询服务26 000余次，兑现新增减税降费及退税缓费11.86亿元，发放各类奖补资金3.52亿元，清偿无分歧民营企业账款1.934亿元，惠及平台企业10万家以上。另一方面，切实优化营商环境。市非公领导小组成员单位市优化办出台《怀化市持续优化营商环境十二条措施》，打造"怀化营商通"数字化惠企服务平台，累计发放"企业家绿卡"152张，开展"政企面对面"电视访谈和"企业家接待日"活动340场，解决企业诉求719个。市工商联精心组织，扎实工作，2023年省营商环境主观评价位列同类市州第一，并超越了一类地区的常德市、衡阳市和郴州市，企业满意度99.46%，由2022年全省第10名跃升至第4名，洪江市、沅陵县获全省真抓实干督查激励奖。举行首届"怀化企业家日"系列活动启动会，会议宣读了《关于发挥市民营企业服务中心职能作用进一步优化营商环境的意见》《首届"怀化企业家日"系列活动工作方案》，通报了助企纾困工作有关情况，并把尊重企业家、理解企业家、支持企业家以及对企业家精神传承的重视提升至新高度。

二、主要问题

（一）民营企业发展信心不足

整体宏观经济形势对怀化市民营经济冲击较大，民营实体经济面临着不同程度的生存发展困境，受当前价格回落、成本上升、利润空间缩小等影响，企业发展速度明显放缓，经济下行压力凸显，发展信心普遍不足。过去几年的民间投资下滑明显，多数民营企业过去习惯的经营环境已急剧变化，适应新经营环境明显准备不足。企业看不清方向，多持观望态度，选择"躺平"不投资或少投资。

（二）资金瓶颈制约较为突出

多数民营企业存在固定资产挤占流动资金现象，加之市场行情不好，资金回旋空间不大；同时民营企业规模相对较小、经营风险大、信用度较低，加上抵押和担保制度不完善，导致银行对中小企业采取惜贷政策。

（三）拖欠账款影响正常经营

个别企业甚至因上游拖欠导致被下游企业提起诉讼，或者列入失信名单、账户被封，正常的生产经营受到较大影响，甚至已面临破产边缘。一些中小企业承担了大量政府、企事业单位的工程、服务等项目，但因市县财政紧张，拖欠账款现象时有发生，给中小企业资金回笼周转带来了困扰。

（四）发展水平层次依然偏低

受市场准入、企业自身素质等条件限制，怀化市民营经济主要集中在劳动密集型、技术含量低的行业，装备工艺落后，资源利用率低，一些产业能耗高、产业链短、附加值低，技术含量低，很容易受市场波动影响。多数民营企业还未建立现代管理体系，管理水平较低；标准化工作滞后，产品质量堪忧、竞争力不强；技术创新、教育培训等资金投入较少，研发能力不足；民营企业中有影响力的品牌较少，品牌经济发展还需加大力度。

（五）把握发展新机遇能力明显不足

怀化西部大通道战略地位，怀化国际陆港建设给怀化市民营企业转型高质量发展，对接东盟、拓展海外市场带来赢得历史机遇。但因缺乏国际战略眼光和快速应变能力，怀化市本土民营企业参与国际陆港建设的积极性、参与度不高。

三、对策及建议

（一）抓好惠企政策落实，提振民营企业发展信心

通过对中央、省惠企政策的贯彻实施，加大财税支持、加快结构调整、缓解融资困难等，积极推动全市民营经济持续健康发展。加强各类涉企政策的全面、及时、精准解读，引导民营企业家正确认识和把握经济形势预期分类分层多维指导民营企业理解把握相关政策。定期举办高层次的经济形势（宏观形势）分析会，帮助企业及时了解国内外经济政治形势，从而避免方向上的重大误读误判。

（二）加快构建现代化产业新体系，促进民营经济转型升级

根据国家和省相关产业政策，集中人力、财力和物力，以"链长制"为抓手，加快构建"5+10"现代化产业体系，全力推动特色优势产业高质量发展，充分发挥链长企业的辐射带动作用，鼓励企业加强技术创新、管理创新、制度创新，狠抓传统产业改造升级，重点培育发展高科技、高附加值产业和产品，向终端产业和产品延伸，努力实现产业升级，助推怀化市企业做大做优做强。聚焦重点产业链延链补链强链"招大引强"，集中力量招商引资，推动企业"走出去"，引进一批带动能力强的大企业、好项目。

（三）积极拓宽融资渠道，缓解民营企业资金制约

通过政策引导，财政激励等机制，鼓励和引导各类商业银行为民营企业提供贷款服务，发挥好主渠道作用；引进各类民间银行等投资主体到怀化市落户，盘活金融市场；引导民营企业诚信合法经营，改善自身融资环境；加强清理拖

欠民营企业、中小企业账款力度，对推动清欠工作不力的加大问责；帮助有实力的民营企业加快上市直接融资步伐。

（四）加强民营企业家队伍建设，提高民营企业整体素质

加强对民营企业家队伍建设的统筹规划，引导民营经济人士大力弘扬企业家精神、积极履行社会责任。人才引进方面，充分发挥中小企业系统网络优势，适时组织开展网上招聘活动，为民营企业引进更多的高素质人才。人才培训方面，坚持自主培训和远程培训相结合，重点培训经营管理人才和技术管理专业人才，培训企业全员操作技能，提高民营企业整体素质。

娄底市民营经济发展报告

娄底市工商业联合会

2023年,全市上下坚持以习近平新时代中国特色社会主义思想为指导,锚定"三高四新"美好蓝图,紧紧围绕"两个健康",全力以赴打好优化发展环境持久仗,创新服务手段,打造娄商品牌,民营经济在全市经济发展中占据重要地位,展现出强大韧劲,总体呈现持续恢复、回升向好态势。

一、发展现状

(一)经济总量平稳增长

2023年,全年实现民营经济增加值1 320.8亿元,同比增长4.8%,占全市GDP比重达71.2%。全市民间投资增长2.3%,快于全部投资增速1.6个百分点,民间投资占全部投资的比重为68.2%,高于上年同期1.1个百分点。规上大中型企业增加值同比增长11.4%,对全市规上工业增加值增长贡献率达97.9%。10条新兴优势产业链增加值同比增长5.8%,其中钢铁新材和工程机械"两大产业"增加值增长11.3%。

(二)市场主体持续壮大

全年共有经营主体37.58万户,其中企业8.35万户,净增经营主体3.3万户,"个转企"1 782户,涉税经营主体、涉税企业户数分别增长8.4%、9.6%。新增高新技术企业64家,培育国家级专精特新"小巨人"企业、省级专精特新中小企业、创新型中小企业4家、74家、145家,省级以上科技创新平台增至155个,国家级平台达到14个,单项冠军企业13家,高新技术产业增加值同比增长8.3%。"2023三湘民营企业百强榜单"中在娄企业及娄商企业占5家。

（三）社会贡献日益显著

全市引进重大项目120个，其中湘（娄）商投资项目占83%；新注册"湘商回归"企业68家，同比增长36%，实际到位资金额291亿元。第六届全球娄商大会上，32个娄商项目现场签约，总投资545.5亿元。5名先进个人及3个先进集体获评第二届新湖南贡献奖称号。广大民营经济人士积极参与"万企兴万村"行动，414家民营企业投资39.1亿元开展"兴村"项目461个，对口帮扶361个村。

二、主要工作

（一）强化统筹，营造"兴商环境"

认真落实省政府支持娄底市先进材料产业高质量发展若干政策措施，全面实施"材料谷"高质量发展规划，扎实推进"材料谷"产业项目"500工程"，统筹推进10条工业新兴优势产业链协同发展。出台优化发展环境持久战、优化营商环境攻坚行动实施方案及子方案，市委书记坚持每季度召开1次民营企业家座谈会，市长每月召开一次高质量发展指挥部会议专题调度营商环境工作，市委营商环境督导组专责督导，人大常委会开展营商环境专题调研、询问和评议，市政协参与营商环境满意度网上调查，市纪委监委对攻坚行动全过程监督问效。健全完善市级领导挂点重点娄商和商协会、政企定期面对面沟通、涉企政策信息发布、企业诉求直达办理、营商环境测评和评估等制度，全市33名市级领导挂点联系174名重点娄商和42个商协会。

（二）创新手段，提升"亲商环境"

高效运行"营商环境直通车"，市县两级党委、政府主要领导每季度召开企业家座谈会，市工商联常态化与企业家谈心交流，广泛收集企业诉求。自"营商环境直通车"开通以来，市本级共收集诉求1 024件，解决998件，办结满意率97.6%。深入开展"千民干部联千企""市场主体满意度大提升"行动，动员6 839名领导干部为92 505家市场主体"送政策解难题优服务"，实现了一二三产行业类市场主体全覆盖，做到"无事不扰、有事必应"。深入推动"迎老乡 回故乡 建家乡"活动，开展"港洽周""娄商大会""侨商大会""娄商日"等重大活动，授牌"娄底市乡情联络站"，升华"经世致用、崇德尚义、敢为人先、善作善成"的新时代娄商精神，举行娄商之歌《天地这方》首发式和《传奇娄商》报告文学集新书发布式，颁布"2023娄底民营企业20强榜"与"2023娄底民营企业新星榜"，增进娄商家乡情感。

（三）纵深改革，打造"利商环境"

建立完善"政策超市""金融超市""人才超市""土地超市"，资源要素网上见，企业从找政策、贷款、人才、土地，转向线上"商城"直选，共计归集政策信息10 694条，兑现各类资金17.6亿余元，推出金融产品162款，撮合授信121.3亿元、放款92.07亿元，引进各类人才23 545人，同比增长220%。扎实开展"智赋万企"行动，推动先进制造业与新一代信息技术深度融合，"材料谷"科创中心建设取得实质性进展。推动"娄底营商码"扩容开发、市县共用，"娄底营商码"2.0版入驻"湘易办"。41个市政府工作部门1 681项行政许可事项办理环节较2021年平均压减17.5%，办理时间压减56.4%。设置"3+2"民营企业综合受理专区、政策超市和湘中英才专窗，提供企业"帮代办"、上门办、延时办、周六预约办等特色服务。2023年，全市民营经济新增减税降费及退税缓税缓费超13.63亿元，占全部经济主体类型60%。

（四）多措并举，建设"安商环境"

全面推进全市优化法治化营商环境专项行动，市委政法委出台《娄底市政法机关优化法治化营商环境"十个必须""十个严禁"的规定》，市公安局出台服务经济发展20条，市检察院出台保障民营企业发展15条，市中院出台优化法治化营商环境工作实施细则19条，全市涉企案件当场立案率达97%以上。出台《加强和规范事中事后监管实施办法》《关于全面规范涉企检查推行柔性执法的若干规定》，设置"禁令清单""负面清单""自律清单"，22个市级部门、104个县级部门全面推进"双随机、一公开"监管，开展部门联合抽查任务277项，联合任务占比达到34.63%。在线备案涉企执法检查569次，赋码入企检查 1 438 家。全面推行柔性执法，全市共办理"免罚轻罚"案件 7300 余件，惠及市场主体和群众 7 020 个（人）。

三、存在的问题

（一）转型升级压力相对较大

近年来，全市全力打造钢铁新材与工程机械"双引擎"，努力建设先进制造强市，虽然取得成效显著，但是生产方式从传统工艺向数字化、智能化升级根基不深，时间不长，仍有部分民营企业对"智改数转"概念的认识模糊，对技术改造、产品研发、设备更新等重视不够、投入不足，缺少企业竞争的关键核心技术，缺少自主创新产品和具有竞争力的自主品牌。园区企业之间关联度低，各自为战，产业结构层次和技术水平参差不齐，没有达到专业化、高端化的发展水平。

（二）合法权益保护还有差距

行政司法服务水平还有待提升，个别司法人员存在就案办案、机械办案情况，影响营商环境的多头执法、过度执法、随意执法行为还没有完全杜绝，重执法、轻教育，重处罚、轻指导，执法处罚"一刀切"的执法检查依然存在，尤其是柔性执法、报备执法、统一执法上还有待加强。涉企审判执行质效还需提升，涉及民营企业的执行案件一般都有标的额大、分歧多、案情复杂等特点，从申请立案到审判到执行，花费时间长，个别复杂案件久拖不决。

（三）人才技术力量亟须增强

当前，娄底围绕人才引进开展了一系列招才引智活动，搭建"产学研"平台，厚植人才引进和培养的沃土，但后续工作还需要持续跟进加强，有利于人才成长的选人用人机制还需完善，人才评价机制、激励机制还需创新，人才的流动还不够畅通。部分人才引进政策偏重一次性奖励，缺乏长期激励机制，偏重技术类人才，忽视了经营管理类人才，与民营制造业企业实际需求不够匹配。

（四）惠企政策有待精准实施

虽然全市近几年推出了一系列促进民营企业发展的政策和措施，出台了《娄底市促进民营经济高质量发展的若干措施》《关于加强异地娄底商会建设支持娄商发展的意见》等，但部分政策执行效果还不够理想，执行过程中缺乏可考核、可操作的具体实施细则，更没有刚性的保障措施，存在政策悬空现象，出现惠企"最后一公里"现象。异地娄商联络服务经费短缺，异地娄底商会协助家乡招商引资工作积极性有所衰减。

四、相关建议

（一）激发民营企业"智赋万企"腾飞动力

进一步推动民营企业转型升级，抢抓当前重大发展机遇，主动落实国家和省级科技创新发展战略，实施智能化技术改造提质工程，支持工业互联网建设，支持民营企业开展产品创新活动。加快创建智慧园区示范高地，积极引进遴选优秀服务主体，探索适合娄底经济发展的新兴产业，逐步培育一批具有自主创新能力和高附加值的民营企业，增强全市经济发展动力。持续深化"放管服"改革，全面实行权责清单制度，推广"一站式"服务、"一窗式"受理、"一条龙"办结等方法，全面推行告知承诺制和容缺受理服务模式，进一步提升政务服务水平。

（二）加大民营企业人才培育引进力度

人才的密度决定经济发展的程度。立足娄底产业发展实际，通过对高精尖人才结构与人才需求的梳理，及时解决民营企业招工难问题，建立健全民营企业人才引进、培养和激励机制，特别是要加大高精尖技术人才引进力度和优秀民营企业家培训工作力度。不断优化娄底民营企业人才引进奖励政策，向长三角、粤港澳乃至国内外高端人才聚集地广发英雄帖，并做好人才落户、置业和深耕娄底的配套支持。

（三）强化落实各类民营经济支持政策

坚持政企沟通常态长效，整合和利用好"营商环境直通车"平台、政策超市平台、金融超市平台、土地超市平台，促进线上线下融合、互联互通，一键通达、一网办理，全面提升民营企业诉求办理质效。强化市场主体网格化联点服务，为企业提供全链条、全方位、全环节服务。将各项惠企政策宣传到位、落实到位，对已出台的优惠政策进行全面系统的梳理，力度不够的及时完善，扩大政策影响力和受惠面。加强娄商联络服务经费保障支持，确保政策落实落细。加快政策兑现速度，优化政策兑现流程，增强民营企业获得感。

（四）强化管理构建合法权益保障机制

创新打造"大数据+指挥中心+综合执法队伍"新模式，全力打造执法协作共建共治共享新格局。强力推广"赋码入企、一码护商"机制，实行多检合一，严格入企有码、执法必码、码上必评，坚决摒除随意检查、多重检查、重复处罚等执法乱象。全面推行柔性执法，实施"首违免罚""轻违不罚"，建立健全行政司法人员容错纠错机制。加快推进审判工作现代化，依托"电子法院""移动微法院"等智慧法院平台，提升审理执行效率，减少企业诉累。充分利用第三方监督评估机制，推动涉案企业向企业合规延伸、向行业合规延伸。

湘西自治州民营经济发展报告

湘西自治州工商业联合会

2023年，湘西州坚持以习近平新时代中国特色社会主义思想为指导，全面贯彻党的二十大和二十届二中全会精神，锚定"三高四新"美好蓝图，全力打造"三区两地"、建设"五个湘西"，突出打好"发展六仗"，扎实开展"实体经济突破年、乡村振兴推进年、干部能力提升年"工作，着力稳增长、兴产业、抓改革、惠民生、防风险，高质量发展呈现新气象。其中，民营经济发展呈现稳定复苏、稳中向好的发展局面。

一、基本情况及主要特点

（一）民营经济发展韧性不断增强

2023年，全州实现地区生产总值825.85亿元，增长2.6%，增速呈逐季回升态势。其中，第一产业增加值121.71亿元，增长3.6%；第二产业增加值225.48亿元，下降4.7%；第三产业增加值478.66亿元，增长6%。第一产业、第二产业、第三产业增加值占生产总值的比重分别为14.7%、27.3%、58%，工业增加值占生产总值比重为22.2%。全州高新技术产业增加值71.7亿元，占GDP的8.7%。全州民营经济运行呈现"前低、中稳、后升"的向好态势。民营经济增加值增长2.8%，占GDP 66.1%。金融机构存贷款余额1 834亿元、1 745亿元，分别增长9.8%、11%。银行金融机构不良贷款率控制在2%以内，一般贷款加权平均利率降幅居全省第一。

（二）产业带动企业培育持续加力

全州新增"四上"企业 135 家，经营主体总量超过 21 万户。细分形成了全州"1+5+X"现代化产业体系，文旅市场欣欣向荣，全年接待游客 5 770 万人次，实现旅游收入 564 亿元，分别增长 25.3%、18.7%，增速居全省前列。"品牌流量"变成"产业增量"，凤凰县入选全国首批文化产业赋能乡村振兴试点，凤凰、吉首、永顺获评 2023 年中国县域旅游综合竞争力百强县市。规模工业增加值降幅逐季收窄，食品加工、生物医药等产业快速成长。茶叶综合产值近百亿元。消费市场加快复苏，限额以上住宿、餐饮消费保持较快增长，全州社会消费品零售总额增长 2.5%，限额以上住宿、餐饮业营业额均增长 30% 以上。

（三）科技推动新旧动能加快转换

国家级科技企业孵化器实现零的突破，高新技术企业突破 200 家（其中民营企业占比 94.5%）。全州园区技工贸总收入增长 3.5%，新增 2 家国家级"小巨人企业、30 家省级"专精特新"企业，全社会研发投入增长 12%，中医药和生物医药、绿色食品产业税收分别增长 24.2%、88.4%。448 个省州重点项目完成投资 609 亿元，形成了一批经济增长的新引擎、新支撑。湘西边城机场建成通航，越来越多的人才、资金、技术等要素聚集湘西，越来越多的战略投资者主动到湘西来考察洽谈投资合作，开放发展水平不断提升。

（四）"三化"一流营商环境取得成效

全州 29 项改革任务全面完成，在全省率先实现 187 个事项"一网通办"，"揭榜竞优"和"三赋"工作作为典型经验、典型案例向全省推介。优化营商环境"五大提升"行动有新成效，争取落地新增鼓励类产业企业享受新时代西部大开发等优惠政策，天然气报装环节多、中介服务收费高、城区停车难等一批典型问题得到整治，为一批企业解决了难点堵点问题，新建商品房"交房即交证"、存量房交易"带押过户"制度全面推行，公积金实现"跨省通办"，优化营商环境"纳税"指标在全省大幅进位，"三送三解三优"工作获省政府肯定。举办"湘商回归"系列招商活动，新引进"三类 500 强"企业项目 11 个，AEO 高级认证企业和"跨境一锁"通关实现破零，湘西高新区成功获批湖南自贸区协同联动区。

二、存在的主要问题

（一）民营经济稳定增长的基础还不牢固

投资消费增长动力不足，传统产业实力不强，新兴产业尚处于培育期，部分行业、企业生产经营困难，规模工业增加值、固定资产投资、进出口总额分别下降7%、13%、26.8%。农业特色产业缺少龙头企业带动，农产品精深加工水平较低、附加值不高、品牌效应不强。工业结构单一，对酒业、矿业依赖较大，新材料、新能源等新兴产业规模小，尚未形成新的经济增长点。

（二）民营经济市场主体体量偏小

大企业、科技型企业少，全州产值过10亿元的工业企业仅6家，高新技术企业占"四上"企业比重偏低，研发投入占经济总量比重明显低于全省水平。大项目谋划储备不够，引进实施的先进制造业项目少，房地产投资依然低迷，传统基础设施投资增长空间有限。作为"1+5+X"中的"1—生态文化旅游业"资源融合程度不深，业态、形态还不丰富，没有龙头企业的引领示范带动。

（三）要素保障存在不足

新冠疫情"疤痕效应"尚未完全退去，资金、土地、人才等要素保障不够，用能等生产成本仍然居高，有的企业经营效益下滑。招商引资重签约、轻履约，重数量、轻质量，一些招商项目黏性带动不强，部分引进企业享受优惠政策后撤资变向。

（四）营商环境不够优化

项目审批程序、环节仍较为繁杂，有些部门主动服务意识不强，基层执法有的还不规范。存在办事欠速度、执法少温度、监管缺力度等问题，选择性执法、多头重复执法等情况仍有发生。少数干部不想为、不敢为、不善为，服务意识和水平有待提升。

三、主要工作及对策建议

（一）聚焦聚力产业建设，发展壮大民营经济

设立州产业发展引导基金，加快构建具有湘西特色的"1+5+X"现代化产业体系。在文旅产业发展上，重点做好兴业态、促融合、拓市场、强品牌、优环境"五篇文章"，发展规上文旅民营企业和年纳税千万元以上文旅民营企业，加快推进旅游与相关产业深度融合发展。在其他五大支柱产业上，加快绿色食品加工业升级发展，依托酒鬼酒公司延伸建强民营经济相关产业链，抓好上游原粮种植和下游包材印务、商贸会展、工业设计等产业发展。加快发展精制茶、油茶等食品加工业。加快绿色矿业及新材料转型发展，抓好绿色矿业发展示范区建设。加快中医药和生物医药精深发展，抓好药材种植、医药加工和医疗器械生产，加强民族医药挖掘整理和生物制剂、院内制剂研发推广。加快新能源培育发展，重点抓好风光发电、储能电池、新能源材料及装备制造，壮大新能源产业规模。

（二）聚焦聚力要素保障，提升经济发展动能

建设"五好"园区，发挥园区"虹吸聚能"效应，强化"一主两特一配套"企业招引入驻，不断增加全州园区技工贸总收入，不断提升园区规模工业增加值占规模工业比重。加强涉企发展的基础设施和服务设施配套建设，支持建设科技孵化、现代物流、产融合作等平台。用好鼓励类产业企业减按15%征收企业所得税等优惠政策，持续开展"湘商回归""返乡创业"行动，引进"三类500强"企业新投资项目。加强招商项目"全生命周期"跟踪服务，持续提升签约项目履约率、资金到位率、开工率、投产率和企业存活率。加大对进出口民营企业培育和支持力度。

（三）聚焦聚力科技创新，培育发展新质生产力

深入实施人才强州战略，落实好新一轮"武陵人才行动计划"和"乡村育才聚才行动"，通过校企合作、科技特派员、联合科研等多种方式，帮助民营企业提高科技含量，助力民营企业高质量发展。强化企业科技创新主体地位，

提升规模以上工业企业研发机构和研发活动覆盖面，增加全社会研发投入，培育发展专精特新企业。加强科创平台建设，大力建设省级及省级以上创新平台。推动科技创新和成果转化，在锰渣与矿涌水低成本治理、新材料、白酒、茶叶、猕猴桃、百合、莓茶、民族医药等领域，实施一批重大技术攻关"揭榜挂帅"项目，发展新质生产力。持续实施经营主体培育工程，提高经营主体的总量和质量，培育更多的"四上"企业，推动企业成功上市。持续开展纾困增效专项行动，推动惠企政策精准直达快享。深化"政银企"合作，用好普惠金融等政策，用活融资担保、应急转贷等资金，提高金融机构非住户贷款占比。深入实施"智赋万企"行动，新增"上云"企业，发展数字经济。

（四）聚焦聚力优化营商环境，为民营经济高质量发展提供保障

深入开展提升政务服务专项行动，抓好"湘易办"和"一网一码一平台"推广应用，提高网办率。深入开展降低企业经营成本专项行动，着力降低企业用地、融资、用能、物流、劳动力、产能要素、招投标等方面的成本。深入开展规范行政执法专项行动，全面落实"双随机、一公开"监管机制，推行"首违不罚"等柔性执法，依法保护企业和企业家权益。深入开展破解经营主体诉求专项行动，全面落实市场准入负面清单制度，集中破解企业和群众反映较多的痛点、难点、堵点问题，促进民营经济发展壮大。